中学教科書ワーク　学習カード

ポケットスタディ

敬　語

国 語 3 年

Pocket Study

尊敬語は？

言う・話す

謙譲語は？

言う・話す

2

尊敬語は？

行く・来る

3

謙譲語は？

行く・来る

4

尊敬語は？

いる

5

謙譲語は？

いる

6

尊敬語は？

見る

7

謙譲語は？

見る

8

謙譲語は？

聞く

9

尊敬語は？

食べる・飲む

10

謙譲語は？

食べる・飲む

11

おっしゃる

〈例文〉先生のおっしゃるとおりです。

ポイント

謙譲語は，「申す・申し上げる」。

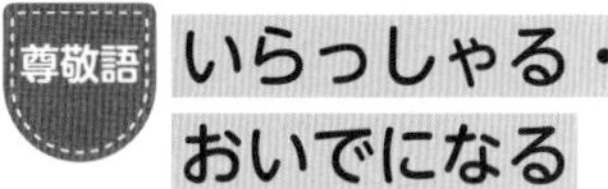

いらっしゃる・おいでになる

〈例文〉お客様は五時にいらっしゃる。

ポイント

「いらっしゃる・おいでになる」は「いる」の尊敬語でもある。

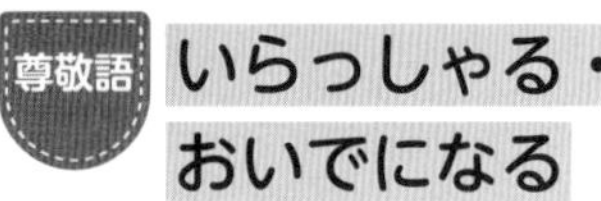

いらっしゃる・おいでになる

〈例文〉山田さんはいらっしゃいますか。

ポイント

「おる」は謙譲語。「おられる」としないように注意。

ご覧になる

〈例文〉校長先生が絵をご覧になる。

ポイント

謙譲語は「拝見する」。

謙譲語

伺う・承る

〈例文〉ご用件を伺います。

ポイント

「伺う」は「行く·来る」の謙譲語でもある。

謙譲語

いただく

〈例文〉「何かお飲み物はいかがですか。」「コーヒーをいただきます。」

ポイント

尊敬語は「召しあがる」。

- ミシン目で切り取り，穴をあけてリングなどを通して使いましょう。
- カードの表面には問題が，裏面には答え・例文・ポイントがあります。

申す・申し上げる

〈例文〉母がよろしくと申しております。

ポイント

尊敬語は，「おっしゃる」。

参る・伺う

〈例文〉父が学校に伺います。

ポイント

「伺う」は「聞く」の謙譲語でもある。

おる

〈例文〉私には兄が二人おります。

ポイント

尊敬語は「いらっしゃる・おいでになる」。

拝見する

〈例文〉チケットを拝見します。

ポイント

尊敬語は「ご覧になる」。

召しあがる

〈例文〉お客様が紅茶を召しあがる。

ポイント

謙譲語は「いただく」。

尊敬語は？

する

12

謙譲語は？

する

13

尊敬語は？

くれる

14

謙譲語は？

もらう

15

謙譲語は？

与(あた)える・やる

16

謙譲語は？

知る・心得る

17

尊敬語は？

出席する

18

謙譲語は？

案内する

19

尊敬語は？

書く

20

謙譲語は？

会う

21

尊敬語は？

選ぶ

22

尊敬語は？

述べる

23

いたす

〈例文〉私が部屋の清掃（せいそう）をいたします。

ポイント

尊敬語は「なさる」。

いただく

〈例文〉旅行のお土産（みやげ）をいただく。

ポイント

「いただく」は「食べる・飲む」の謙譲語でもある。

存ずる

〈例文〉その件については何も存じません。

ポイント

「存ずる」は「考える・思う」の謙譲語でもある。「存じる」ということもある。

ご案内する

〈例文〉お客様，応接室にご案内します。

ポイント

動詞を「ご～する」の形にすると謙譲語になる。

お会いする

〈例文〉明日は先輩（せんぱい）にお会いする。

ポイント

動詞を「お～する」の形にすると謙譲語になる。

述べられる

〈例文〉先生が林さんの受賞について述べられる。

ポイント

上一段・下一段・カ行変格活用の動詞に助動詞「られる」を付けると尊敬語になる。

なさる

〈例文〉どうぞ気楽になさってください。

ポイント

謙譲（けんじょう）語は「いたす」。

くださる

〈例文〉先生がサインをくださる。

ポイント

対義の「もらう」の謙譲（けんじょう）語は「いただく」。

差し上げる

〈例文〉先生に花束を差し上げる。

ポイント

対義の「くれる」の尊敬語は「くださる」。

ご出席になる

〈例文〉市長が卒業式にご出席になる。

ポイント

動詞を「ご～になる」の形にすると尊敬語になる。

お書きになる・書かれる

〈例文〉先生が手紙をお書きになる。

ポイント

動詞を「お～になる」の形にする，「～れる（られる）」を付けると尊敬語になる。

選ばれる・お選びになる

〈例文〉校長先生が本を選ばれる。

ポイント

五段活用とサ行変格活用の動詞に，助動詞「れる」を付けると，尊敬語になる。

中学教科書ワーク　学習カード

ポケットスタディ

古語の意味

Pocket Study

国語３年

意味は？

☆☆☆

あまた

〈あまた〉

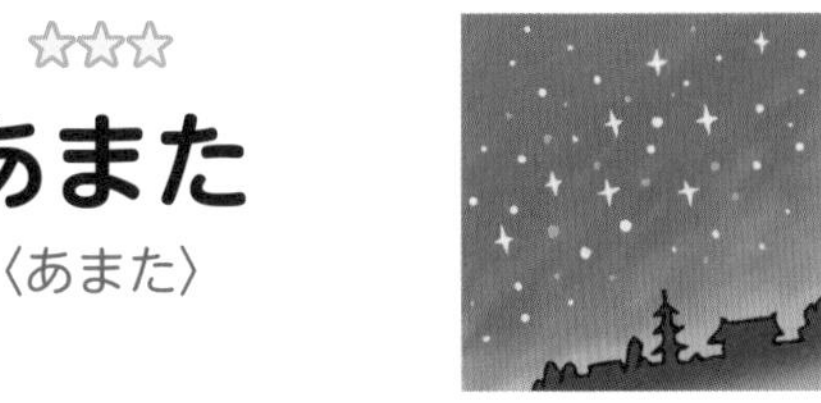

1

意味は？

☆☆

あやし

〈あやし〉

2

意味は？

☆☆☆

ありがたし

〈ありがたし〉

3

意味は？

☆☆☆

いと

〈いと〉

4

意味は？

☆☆☆

いみじ

〈いみじ〉

5

意味は？

☆☆☆

うつくし

〈うつくし〉

6

意味は？

☆☆☆

え～ず

〈え～ず〉

7

意味は？

☆☆☆

おどろく

〈おどろく〉

8

意味は？

☆☆☆

おはす

〈おわす〉

9

意味は？

☆☆☆

おぼしめす

〈おぼしめす〉

10

意味は？

☆☆

げに

〈げに〉

11

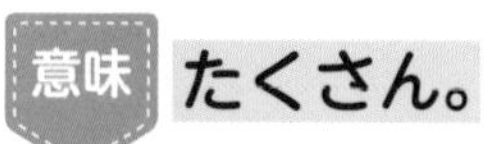

ポイント

漢字では「数多（あまた）」と書き，数量が多い様子を表す。

意味 ①珍（めずら）しい。②優（すぐ）れている。

ポイント

「有り＋難（がた）し」(有ることが難しい)ことから，「珍しい」，めったにないほど「優れている」という意味になった。

意味 程度が甚（はなは）だしい。

ポイント

とても「よい」場合にも，とても「ひどい」場合にも使われる。

意味 ～できない。

ポイント

下に打ち消しの語(ず・じ・まじ等)を伴（ともな）って，「～できない」という不可能の意味を示す。

意味 いらっしゃる。

ポイント

「行く・来（く）」(行く，来る)，「あり・居（を）り」(いる）の尊敬語。

意味 本当に。なるほど。

ポイント

人の言動などに対して，「なるほど，そのとおりである」と納得（なっとく）すること。

使い方

- ミシン目で切り取り，穴をあけてリングなどを通して使いましょう。
- カードの表面には問題が，裏面には答え・例文・ポイントがあります。

意味 ①不思議だ。②粗末（そまつ）だ。

ポイント

「怪（あや）し・奇（あや）し」という字を当てるときは①，「賤（あや）し」を当てるときは②の意味になる。

意味 とても。たいそう。

ポイント

「いと」よりも程度が甚（はなは）だしいときには，「いとど」を使う。

意味 かわいらしい。いとしい。

ポイント

現代語の「美しい」と意味が異なるので注意。

意味 ①気づく。②目を覚ます。

ポイント

もともとは，物音などにはっとするという意味の語であった。

意味 お思いになる。

ポイント

「思ふ」の尊敬語。「おぼす」も「思ふ」の尊敬語だが，「おぼしめす」のほうが高い敬意を表す。

意味は？

☆☆☆

つきづきし

〈つきづきし〉

12

意味は？

☆☆☆

つとめて

〈つとめて〉

13

意味は？

☆☆☆

つれづれなり

〈つれづれなり〉

14

意味は？

☆☆

にほふ

〈におう〉

15

意味は？

☆☆☆

のたまふ

〈のたもう〉
（まう）

16

意味は？

☆☆☆

はづかし

〈はずかし〉

17

意味は？

☆☆☆

やうやう

〈ようよう〉

18

意味は？

☆☆

やむごとなし

〈やむごとなし〉
（ん）

19

意味は？

☆☆☆

ゆかし

〈ゆかし〉

20

意味は？

☆☆☆

わろし

〈わろし〉

21

意味は？

☆☆☆

居(ゐ)る

〈いる〉

22

意味は？

☆☆☆

をかし

〈おかし〉

23

早朝。

ポイント

「翌朝」という意味を表すこともある。類義語は「あした（朝）」。

意味 **美しく色づく。**

ポイント

「にほふ」の「に」は，赤い色のこと。赤い色が目立つ様子から，「美しく色づく」意味になった。

意味 **立派だ。優(すぐ)れている。**

ポイント

自分と相手を比べて引け目に感じる気持ちや，こちらが恥(は)ずかしくなるほど相手が「立派だ」という意味を表す。

意味 **①捨てておけない。②尊い。**

ポイント

「捨てておけない」の意から，それほど大切な「尊い」ものという意味になった。「やんごとなし」ともいう。

意味 **よくない。見劣(みおと)りがする。**

ポイント

他と比べてよくないことには「わろし」，本質的に悪いことには「あし」を使う。

意味 **趣(おもむき)がある。**

ポイント

知的な感動を表す「をかし」に対し，「あはれ」は，心が深く動いたときの感動を表す。あわせて覚えよう。

意味 **似つかわしい。ふさわしい。**

ポイント

物と物とがぴったり合う感じから，「似つかわしい·ふさわしい」という意味になった。

意味 **退屈(たいくつ)である。**

ポイント

鎌倉(かまくら)時代の随筆(ずいひつ)『徒然草(つれづれぐさ)』（兼好(けんこう)法師著）の冒頭(ぼうとう)の一節「つれづれなるままに……」は有名である。

意味 **おっしゃる。**

ポイント

「言ふ」の尊敬語。「言ふ」の尊敬語には，「おほす（仰す）」「おほせらる（仰せらる）」もある。

意味 **だんだん。しだいに。**

ポイント

平安(へいあん)時代の随筆(ずいひつ)『枕草子(まくらのそうし)』（清少納言(せいしょうなごん)著）の一節に，「春はあけぼの，やうやう白くなりゆく山ぎは」とある。

意味 **①知りたい。②懐(なつ)かしい。**

ポイント

そこへ行きたいと思うほど，強く心がひかれる様子を表す。

意味 **座(すわ)る。**

ポイント

秋の季語「居待ち月」は，旧暦(きゅうれき)十八日の月。満月を過ぎ，出るのが遅(おそ)くなった月を，座って待ったことから名付けられた。

もくじ

東京書籍版 国語3年

ステージ3　ステージ2　ステージ1

【写真提供】アフロ，ピクスタ　【イラスト】artbox

確認のワーク　ステージ1

生命は

学習のねらい
●花と虻のたとえから生命というものの在り方を押さえ、作者の思いを捉えよう。
●効果的な表現を味わおう。

解答　1ページ　予想問題　130ページ

教科書の要点

1 詩の種類　この詩に合うものに○をつけなさい。　教見返し

この詩は、用語で分類すると、現代の話し言葉で書かれているので〔ア 文語詩　イ 口語詩〕であり、形式で分類すると、各行の音数に決まりがなく、自由に書かれているので〔ア 定型詩　イ 自由詩〕である。

2 表現技法　（　）に教科書の言葉を書き入れなさい。　教見返し

●擬人法…第一連では、「（①　　）や（②　　）が訪れて／めしべとおしべを仲立ちする」と、人間以外のものを人間のようにたとえている。

●隠喩…第三連では、「私」が誰かを満たすこと、また、誰かから満たしてもらうことを、（③　　）と（④　　）の関係にたとえている。

3 表現技法　「私は今日、／どこかの花のための／虻だったかもしれない」と対句になっている部分を抜き出しなさい。　教見返し

（　　　　　　　　　）

4 構成のまとめ　（　）に教科書の言葉を書き入れなさい。　教見返し

まとまり	内容
第一連　生命の特徴	▼生命は、自分自身だけでは完結できない。 例（①　　）のめしべとおしべは（②　　）や風に仲立ちされている。
第二連　生命の在り方	▼生命はすべて、他者から（③　　）を満たしてもらう。
第三連　「私」と「誰か」の関係	▼私…今日はどこかの花のための（④　　）だったかもしれない。 ▼誰か…明日は私という花のための（④　　）であるかもしれない。 第二連の内容の比喩

おさえよう

主題　〔ア 植物　イ 生命〕は自分自身だけで完結するものではなく、〔ア 家族　イ 他者〕から欠如している部分を満たしてもらって、〔ア 補い合い　イ 争い〕ながら生きている。

知識の泉　漢字や語句のミニクイズです。勉強の合間に取り組んでみましょう。

基本問題

☆ 次の詩を読んで、問題に答えなさい。

教見返し

生命は

吉野 弘

生命は
自分自身だけでは完結できないように
つくられているらしい
①花も
めしべとおしべが揃っているだけでは
不充分で
虫や風が訪れて
めしべとおしべを仲立ちする

生命はすべて
その中に欠如を抱き
それを他者から満たしてもらうのだ

②私は今日、
どこかの花のための
虻だったかもしれない
そして明日は
誰かが
私という花のための
虻であるかもしれない

---

1 ①花も……仲立ちする について答えなさい。

(1) 「花」は、何の具体例として書かれていますか。詩の中から二字で抜き出しなさい。

□□

(2) この部分は、具体的にどのようなことを表していますか。次から一つ選び、記号で答えなさい。

ア 花は、虫や風がつい訪れたくなるような存在であること。
イ 虫や風という自然の助けで、花が充分に美しく見えること。
ウ 虫や風が花の受粉を助けることで、花が繁殖できること。
エ 虫や風が、めしべとおしべの不充分な成長を助けていること。

（　　）

2 よく出る ②私は今日、……虻だったかもしれない とは、どういうことですか。□に当てはまる言葉を、詩の中から抜き出しなさい。

私は今日、なんらかの生命の□□を満たした□□であったかもしれないということ。

攻略！ 「花」「虻」が何をたとえているのかを考えよう。

3 記述 この詩で、生命はどのようなものだと表現されていますか。詩の中の言葉を使って書きなさい。

Q 「□に入っては□に従え」の□に当てはまる共通の漢字はどっち？ ア＝里 イ＝郷

確認のワーク ステージ1

二つのアザミ

解答 1ページ　スピードチェック 2ページ　予想問題 131ページ

学習のねらい

- 本物の「アザミ」と言葉としての「薊」との関係を捉えよう。
- 筆者の、言葉に対する考えを読み取ろう。

漢字と言葉

1 漢字の読み 読み仮名を横に書きなさい。

＊は新出漢字 ▼は新出音訓・◎は熟字訓

❶ 片＊隅　❷ ＊揺れる　❸ ＊咲く　❹ ＊魅力
❺ ▼映える

2 漢字の書き 漢字に直して書きなさい。

❶ （みりょく）がある。　❷ 部屋の（かたすみ）。
❸ 美しく（さ）く。　❹ 風に（ゆ）れる。

❷「すみ」は、部首を「イ」や「ﾐ」にしないようにね！

3 語句の意味 意味を下から選んで、線で結びなさい。

❶ いっこう・　・ア 両方のもの。双方。
❷ 個別・　・イ 文章の意味内容のつながり。
❸ 両者・　・ウ 目の前で見ているように感じる様子。
❹ 生々しい・　・エ 全体から離れた一つ一つ。
❺ 文脈・　・オ 全然。全く。

教科書の要点

1 題材 少年時代の筆者は初め、「アザミ」をどのような表記で捉えていましたか。次から一つ選び、記号で答えなさい。 教p.14〜16

ア 平仮名　イ 片仮名　ウ 漢字　（　　）

2 題材 筆者は、二つの「薊」に、誰の作品を通して出会ったのですか。（　）に教科書の言葉を書き入れなさい。 教p.14〜16

●（①　　　）の「種山ケ原」
●（②　　　）の「闇の絵巻」

3 内容理解 筆者は、「アザミ」というものを、どのように捉えていますか。□に教科書の言葉を書き入れなさい。 教p.16

●「アザミ」…少年の頃に見ていた ①□ としてのアザミ。
●「薊」…②□ と ③□ という正反対のイメージを持つ、④□ としての「薊」。

4 構成のまとめ

（　）に教科書の言葉を書き入れなさい。教p.14〜16

まとまり		アザミについての表現	筆者の感じたこと
第一のまとまり	教初め〜p.14・⑧ 少年時代の実体験	●美しい紫色。 ●濃い緑色の茎。細い筒状の花びら。 ●とげがある。 →本物の「アザミ」	▼「アザミ」を漢字で書いたらどうなるのか。 …うまくいかず、その後も片仮名のまま。
第二のまとまり	p.14・⑨〜15・⑬ 読書体験①	●宮沢賢治「種山ケ原」 「（①　　）の薊」 →言葉としての「薊」	▼言葉に新しい響き。 …これまでにない（②　　）を生み出してくれた。
	p.15・⑭〜16・④ 読書体験②	●梶井基次郎「闇の絵巻」 「（③　　）で薊を踏んづける！」 →言葉としての「薊」	▼（④　　）に沈んだ見えない「薊」。↕明るい陽のもとで映える花。←宮沢賢治の「薊」 ・見えない色だが、とても鮮やか。 ・とげを踏み抜いた足の裏の感触が伝わってくるよう。
第三のまとまり	p.16・⑤〜終わり 二つの「薊」との出会いを受けて	**二つの「薊」との出会いが筆者に与えた影響** ▼野の花としてのアザミ ↑二つの「薊」との出会い ▼明と暗を持つ、（⑤　　）としての「薊」になる。 …「薊」が心の中で、より豊かな花に育つ。 ←▼（⑥　　）の「アザミ」の美しさが増す。 …（⑦　　）を変えてくれた。	**言葉についての筆者の考え** ▼言葉に触れる。 ←▼言葉を（⑧　　）いく。 ←▼見慣れていた光景に（⑨　　）光が当てられる。 →驚き

おさえよう

主題 言葉としての二つの「薊」との出会いが、自分の〔ア 世界　イ 人〕の見方を変えてくれた。本を読み、言葉に触れ、〔ア 感覚　イ 言葉〕を育てる喜びは、そんなふうに、ある物事に対しての自分のイメージに新しい光が当てられる様子を、〔ア 驚き　イ 寂しさ〕をもって眺めることにある。

知識の泉 Q「尻馬に乗る」の意味に近い熟語はどっち？　ア＝付和雷同　イ＝用意周到

実力判定テストA ステージ2

二つのアザミ

30分

自分の得点まで色をぬろう！ 100点 合格！ 80 もう一歩 60 がんばろう！ 0 /100

解答 1ページ

次の文章を読んで、問題に答えなさい。

教 p.14・①〜16・⑫

少年時代、よく友達と遊んでいた原っぱの片隅に、美しい紫色の花の一群がありました。かなりの丈がある濃い緑色の茎の先端に、細い筒状の花びらがふわふわと広がっていて、それが春の風に揺れるのです。うまくすると、花の周囲を舞うアゲハチョウを捕まえることもできました。ただ、下手に触れるととげが刺さって、痛い思いをしたものです。

やがて、①その花がアザミとよばれていることを私は知りました。漢字で書いたらどうなるのだろう。そう思って、花の姿や名前の音にふさわしい文字の組み合わせを考えてみたのですが、なかなかうまくいかず、アザミはその後も、頭の中で片仮名の花として咲いていました。

ところが、ある日、それが「薊」という漢字になって、心に刻まれることになったのです。小学校を卒業した直後の春休みだったでしょうか、町の図書館でたまたま手に取った宮沢賢治の本に、「種山ヶ原」と題された物語が収められていました。達二という名の主人公が、逃げ出した牛を山の中まで追っていく場面があって、そこにこんな一節が出てきたのです。

「ところがその道のようなものは、まだ百歩も行かないうちに、オトコエシや、すてきに背高の薊の中で、二つにも三つにも分かれてしまって、どれがどれやらいっこう分からなくなってしまいました。」

難しい表現は全く使われていません。詩のようにきらびやかな言葉もありません。それなのに、私はこの文章の不思議な魅力に捕らわれてしまったのです。②なぜ心ひかれるのか、最初はよく分かりませんでした。しかし、何度か読み返すうち、この一文の光が、「すてきに背高の薊」という表現から発せられていることに気づいたのです。

「すてき」も「背高」も、個別には知っていた単語です。けれど、両者を組み合わせて、アザミのような花の上に載せるなんて、想像したことさえありませんでした。「すばらしく背の高いアザミ」と書いても、意味としては変わらないでしょう。③宮沢賢治はそれを短く刈り込んで、言葉に新しい響きを、つまり、これまでにない音楽を生み出してくれたのです。

それから長い時間がたって、高校生になったばかりの頃、私は再び書物の中で、漢字の「薊」に出会うことになりました。梶井基次郎の「闇の絵巻」と題された短編を読んだときのことです。真っ暗な闇の中に一歩を踏み出す勇気を、主人公はこんなたとえで表現していました。

④「裸足で薊を踏んづける！」

私は呆然としました。裸足で薊を踏んづけるほどの勇気とは！宮沢賢治の作品を通じて、アザミは明るい光の中ではっきり目に

知識の泉　A ア。「尻馬に乗る」＝無批判に，他人の言動に同調する。

見える紫色の、「すてきに背高の」、明るい陽のもとで映える花として心に刻まれていました。梶井基次郎は、そこにもう一つ、まるで正反対の、闇に沈んだ見えない「薊」というイメージを付け加えてくれたのです。その見えない色の、なんと鮮やかなことでしょう。おまけに、とげを踏み抜いた足の裏の感触まで生々しく伝わってくるようです。

少年の頃に私が見ていた野の花としてのアザミは、優れた二人の書き手の作品のおかげで、明と暗を持つ、言葉としての「薊」になりました。異なる文脈で出会ったことによって、「薊」は私の心の中で、より豊かな花に育っていったのです。

興味深いのは、言葉としての「薊」の色が深まるにつれて、原っぱに咲いている本物の「アザミ」も美しさを増していったことです。つまり、⑤二つの「薊」は、世界の見方を変えてくれたのです。本を読み、言葉に触れ、言葉を育てていく喜びは、こんなふうに、見慣れていた光景に新しい光が当てられる様子を、驚きをもって眺めることにあるのではないでしょうか。

〈堀江敏幸「二つのアザミ」による〉

1 ①その花がアザミとよばれていることを私は知りました　とありますが、本の中で漢字の「薊」に出会うまで、筆者にとってアザミはどのような花でしたか。文章中から五字で抜き出しなさい。（20点）

2 ②なぜ心ひかれるのか　とありますが、何に心をひかれたのですか。（　）に当てはまる言葉を、文章中から抜き出しなさい。（20点）

（宮沢賢治の本に出てきた、「　」という表現。）

3 ③宮沢賢治は……生み出してくれたのです。とは、どういうことですか。次から一つ選び、記号で答えなさい。（20点）

ア　きらびやかな言葉で、美しい響きを持たせたということ。
イ　言葉を逆にして、表現の難しさを和らげたということ。
ウ　表現を簡潔にして、新鮮な印象をもたらしたということ。
エ　多くの言葉を、リズミカルに並べていたということ。（　）

4 よく出る　④裸足で薊を踏んづける！　という言葉に対して筆者が感じたイメージを、文章中から抜き出しなさい。（20点）

（　）

5 よく出る　⑤二つの「薊」は、世界の見方を変えてくれた　とは、どういうことですか。次から一つ選び、記号で答えなさい。（20点）

ア　言葉としての「薊」が明るいイメージを持ったことで、本物のアザミの色がより鮮やかに見えるようになったということ。
イ　言葉としての「薊」が心の中のイメージを豊かにしたことで、本物のアザミがより美しく見えるようになったということ。
ウ　本物のアザミを「薊」と漢字で表すと知ったことで、書物の中の「薊」という言葉に気づきやすくなったということ。
エ　本物のアザミが明と暗の二つのイメージを持ったことで、言葉としての「薊」の色がより深まったということ。（　）

攻略！ 何によって筆者の見方が変化したのか考えよう。

知識の泉　Q「A君を委員長に（押・推）す。」正しいのは（　）のどっち？

確認のワーク ステージ1
俳句の読み方、味わい方
俳句五句

漢字と言葉

1 漢字の読み 読み仮名を横に書きなさい。

＊は新出漢字 ▼は新出音訓・◎は熟字訓

❶ ＊払う　❷ ＊雰囲気　❸ ＊擬人法　❹ ＊穂（訓読み）
❺ 余＊韻　❻ ＊僅か

2 漢字の書き 漢字に直して書きなさい。

❶（ぎじんほう）を使う。　❷（よいん）に浸る。
❸ よい（ふんいき）。　❹（わず）かな数。
❺ 麦の（ほ）。　❻ 注意を（はら）う。

3 語句の意味 意味を下から選んで、線で結びなさい。

❶ 哀歓・　・ア 後に残る味わいや趣。
❷ 日永・　・イ ものに触れたときの感じ。
❸ 充足・　・ウ 春になり、昼間の時間が長いこと。
❹ 感触・　・エ 満ち足りること。
❺ 余韻・　・オ 悲しみと喜び。

教科書の要点

1 俳句の基本 （　）に教科書の言葉を書き入れなさい。 教p.18〜22

●形式
・俳句は、（①　　）・（②　　）・（③　　）の十七音が定型。
・定型によらない（④　　）の俳句もある。

●季語
・季語…俳句の（⑤　　）感を表す言葉。
・季語がない（⑥　　）の俳句もある。
▼定型で、季語を詠み込む形式…（⑦　　）
▼季語を分類・整理した書物…「（⑧　　）」

●切れ字
意味の切れ目に使われる言葉。言葉を印象づける、明確な（⑨　　）を示す、（⑩　　）を持たせるなど、さまざまな働きがある。「や」「かな」「けり」など。

学習のねらい
●情景や感動を表す語句に注意して、俳句を読み味わおう。
●俳句の形式や表現技法について理解を深めよう。

解答 2ページ　スピードチェック 2・16ページ　予想問題 132ページ

知識の泉 A 推。 押す＝力を加える。推す＝推薦する。

2 俳句の表現技法

（　）に教科書の言葉を書き入れなさい。 教p.19

①（　　）
③（　　）
④（　　）

- ②（　　）とともに、一見無関係に思える事柄を詠み込む方法。
- 一句全体で一つのことを詠むこと。
- 人間以外のものの様子や動きなどを、人間のようにたとえる表現技法。

3 季語・切れ字

次の表に、それぞれの俳句の季語とその季節、使われている切れ字を書き入れなさい。 教p.18〜20

俳句	季語	季節	切れ字
たんぽぽや…… 教p.18	たんぽぽ	①	②
囀を…… 教p.19	③	④	⑤
をりとりて…… 教p.19	⑥	⑦	⑧

季語を一句に一つ詠み込むのが俳句の基本的な約束だよ。

4 俳句五句

（　）に俳句の中の言葉を書き入れなさい。 教p.21

俳句	
春風や……	● 春風が吹く中、私は今後の人生に向けた（①　）を抱き、丘に立っている。 ● 季語…（②　）　季節…春 ● 切れ字…（③　）
万緑の……	● 緑が一面に生い茂っている。我が子の白い（④　）がようやく生え始めた。 ● 季語…（⑤　）　季節…夏 ● 切れ字…（⑥　）
赤蜻蛉……	● 赤蜻蛉が飛んでいる。空は晴れ、筑波山には（⑦　）一つかかっていない。 ● 季語…（⑧　）　季節…秋 ● 切れ字…（⑨　）
冬菊の……	● 冬菊は、自分自身の（⑩　）だけを身にまとい、凛と立っている。 ● 季語…（⑪　）　季節…冬 ● 切れ字…なし
分け入っても……	● どこまでもどこまでも、緑が茂る（⑫　）が続いている。 ● 無季・自由律の句。

おさえよう

要旨 俳句は小さな詩だが、多くの人々に愛好されている。それは、俳句が自然や人生の〔ア 目的　イ 哀歓〕まで表現できるからであろう。俳句を声に出して読み、〔ア リズム　イ 単語〕や季語の持つ味わいを感じることで、日本語の美しさと〔ア 生活　イ 四季〕の変化の中で生まれた俳句の、味わい深い世界が見えてくる。

知識の泉 Q「実行をためらう」という意味の慣用句はどっち？　ア＝二の舞　イ＝二の足を踏む

実力判定テストA　ステージ2

俳句の読み方、味わい方
俳句五句

30分

自分の得点まで色をぬろう！ 合格！ もう一歩 がんばろう！ /100

解答 2ページ

★ 次の文章を読んで、問題に答えなさい。

教 p.18・⑥〜19・⑯

A　たんぽぽや日はいつまでも大空に　中村汀女

五・七・五は、それぞれを上五・中七・下五とよびます。この句は、「たんぽぽや」と「日はいつまでも大空に」の二つの部分に分かれていますので、上五で切れている、あるいは上五に「切れ」があるといいます。「たんぽぽや」の「や」は切れ字といい、「たんぽぽ」を印象づけるとともに明確な切れを示します。上五の切れは、間を置くことによって緊張を高め、次への期待を膨らませる効果があります。

この句の場合、上五は春の季語である「たんぽぽ」によって、明るい日差しやのどかさを連想させます。続く中七・下五は、大空の太陽がそのまま動かずにいるのではないかと思うほどの日永の気分を伝えています。この二つの部分が響き合うことによって、春らしい雰囲気の高まりを感じさせるのです。地上の小さな太陽というべきたんぽぽと大空の太陽は、輝きを分かち合っているかのようです。大きな空間を描いたこの句には、春の日の充足感が満ちています。

この「たんぽぽ」と「日はいつまでも大空に」のように、季語とともに、一見無関係に思える事柄を詠み込む方法を「取り合わせ」といいます。

それに対して、次の句では一句全体で一つのことを詠んでいます。

B　囀をこぼさじと抱く大樹かな　星野立子

「囀」は繁殖期を迎えた鳥が縄張り宣言や求愛のために鳴くことをいい、春らしい生命感にあふれた季語です。作者は、たくさんの鳥がさえずりを競っているのを聞き、その声を大きな木が抱きとめていると捉えました。鳥ではなく「囀」を、また「こぼさじと抱く」としたことで、あふれんばかりのさえずりを思わせます。大樹の枝々は腕のようにも見えることから、「抱く」という擬人法が効果的です。

「大樹かな」の「かな」も切れ字の一つです。ここでは「かな」が「囀をこぼさじと抱く大樹」をしっかりと受け止め、根を張るような安定感をもたらす表現になっています。

〈片山由美子「俳句の読み方、味わい方」による〉

1　Aの句について説明した次の文の（　）に当てはまる言葉を、文章中から抜き出しなさい。　5点×2（10点）

この句は、「（　　　）」という切れ字のあるところで切れる。

これを（　　　）で切れているという。

A イ。「二の舞」＝前の人の失敗を繰り返すこと。

2 Aの句の季語を抜き出しなさい。（10点）

（　　）

3 Aの句の、Ⅰ…「たんぽぽや」、Ⅱ…「日はいつまでも大空に」の部分が表していることを、それぞれ文章中から十一字と五字で抜き出しなさい。5点×2（10点）

Ⅰ
Ⅱ

攻略！ Ⅰは「上五」、Ⅱは「中七・下五」とよばれている。

4 よく出る 「取り合わせ」とは、どのような表現方法ですか。それが分かる部分を、文章中から抜き出しなさい。（10点）

（　　）

5 Bの句の、Ⅰ…季語を次から一つ選びなさい。Ⅱ…また、この季語は、どのような季語ですか。文章中から十四字で抜き出しなさい。5点×2（10点）

ア　囀　　イ　こぼさじ
ウ　抱く　　エ　大樹

Ⅰ（　　）
Ⅱ

6 Bの句には、どのような表現技法が用いられていますか。（　　）に当てはまる言葉を、文章中から抜き出しなさい。（10点）

「大樹」が「抱く」と表現する（　　）が用いられている。

7 よく出る Bの句の切れ字を抜き出しなさい。（10点）

（　　）

8 A・Bの句の切れ字の働きを次から一つずつ選び、記号で答えなさい。5点×2（10点）

ア　前の語句を受け止め、句に安定感をもたらしている。
イ　前の語句を後につなぎ、句にリズムを生み出している。
ウ　前の語句を印象づけ、明確な切れを示している。
エ　前の語句の柔らかさと、後の語句の強さを対比させている。

A（　　）　B（　　）

9 よく出る 次の文は、A・Bのどちらの句について説明したものですか。記号で答えなさい。5点×4（20点）

① 取り合わせが効果的に用いられている。（　　）
② 取り合わせを用いず、一句全体で一つのことが詠まれている。（　　）
③ 表現技法を使って、木が鳥の声をこぼすまいと抱くとしたことで、あふれんばかりの鳥の声を表現している。（　　）
④ 地上の植物と大空の太陽を対比させることで空間の広がりを描き、その季節らしい雰囲気も感じさせている。（　　）

攻略！ 筆者の鑑賞文をもとに、二つの句の特徴を整理しよう。

Q 「普遍」の類義語はどっち？　ア＝一般　イ＝本質

俳句の読み方、味わい方
俳句五句

30分

自分の得点まで色をぬろう!
合格! もう一歩 がんばろう!
/100

解答 3ページ

1 次の文章を読んで、問題に答えなさい。　教 p.19・⑰〜20・⑤

をりとりてはらりとおもきすすきかな　飯田蛇笏

　薄は秋の七草の一つであり、秋を代表する植物です。白い穂が風になびくさまは美しく、群生しているところを薄原といいます。折り取った薄には実は重さというほどの重さはありませんが、それを「はらりとおもき」と表現したところに味わいがあります。この句の特徴は全てが平仮名であることです。もしもこれが「折り取りてはらりと重き薄かな」だったらどうでしょう。何やら重そうに感じられ、「はらりと」という感触も伝わりません。

〈片山 由美子「俳句の読み方、味わい方」による〉

1 文章中の俳句のように、十七音の定型で、季語を詠み込む俳句の形式を何といいますか。（5点）

2 レベルUP この俳句の切れ字の働きに当てはまるものを次から一つ選び、記号で答えなさい。（10点）

ア　柔らかく言い止めることで、余韻を持たせている。
イ　言い切って、前の語句の重みを印象づけている。
ウ　切れを曖昧にし、音読にリズムを与えている。
エ　間を置くことで、次への期待感を持たせている。

3 薄の重さを表した言葉を、俳句の中から七字で抜き出しなさい。（5点）

4 記述 この俳句が全て平仮名で表されているのは、何のためですか。（10点）

5 この俳句の作者は、薄の重さに何を感じていますか。次から一つ選び、記号で答えなさい。（10点）

ア　何にもとらわれない自由さへの憧れ。
イ　確かな手応えに対する驚き。
ウ　秋の深まりに対する喜び。
エ　厳しい自然の営みに対する恐れ。

知識の泉 **A** ア。「普遍」は全てのものに共通していること。対義語は「特殊」。

2 次の俳句を読んで、問題に答えなさい。

教p.21

A 春風や闘志いだきて丘に立つ　高浜虚子

B 万緑の中や吾子の歯生え初むる　中村草田男

C 冬菊のまとふはおのがひかりのみ　水原秋櫻子

D 分け入つても分け入つても青い山　種田山頭火

〈「俳句五句」による〉

1 Aの句で、「春風」という穏やかな言葉と対照的に用いられている言葉を、二字で抜き出しなさい。（5点）

2 Bの句から切れ字を抜き出しなさい。（5点）

（　　）

3 Bの句について説明した次の文の（　）に当てはまる言葉を、後の□から選び、書き入れなさい。5点×4（20点）

万緑の（①　　）と吾子の歯の（②　　）の対比により、旺盛な（③　　）が表現されており、我が子の成長への深い（④　　）が感じられる。

生命力　喜び　緑　白

4 Bの句の「万緑」と「吾子の歯」のように、季語とともに、一見無関係に思える事柄を詠み込む方法を何といいますか。（5点）

（　　）

5 Cの句の季語と季節を書きなさい。（完答5点）

季語…（　　）　季節…（　　）

6 よく出る Cの句で使われている表現技法を次から一つ選び、記号で答えなさい。（5点）

ア 体言止め　イ 反復
ウ 擬人法　エ 対句

（　　）

7 Dの句のように、五・七・五の定型によらない俳句を何といいますか。（5点）

（　　）

8 よく出る 次の鑑賞文に当てはまる句をA〜Dから一つずつ選び、記号で答えなさい。5点×2（10点）

① 新しい生命の芽生えが感じられる季節に、新しいことを始めるのだという強い意志を示している。（　　）

② 草木が枯れる季節になっても残って凛と咲き続ける花に、生命の自立した美しさを感じている。（　　）

知識の泉 Q「日直を□（交換・交代）する。」□に当てはまるのは（　）のどっち？

確認のワーク ステージ1

日本語探検1 和語・漢語・外来語
漢字道場1 他教科で学ぶ漢字(1)

解答 3ページ スピードチェック 2ページ

学習のねらい
- 和語・漢語・外来語の特徴を押さえて、見分けられるようになろう。
- 他教科で学ぶ漢字を知ろう。

漢字

1 漢字の読み 読み仮名を横に書きなさい。

＊は新出漢字 ▼は新出音訓・◎は熟字訓

❶ ＊屯田兵 ❷ 開＊拓 ❸ ＊勅語 ❹ ＊津軽
❺ 海＊峡 ❻ ＊酪農 ❼ 重＊曹 ❽ ＊缶詰
❾ ＊捻＊挫

2 漢字の書き 漢字に直して書きなさい。

❶ 教育（ちょくご）。 ❷（かいきょう）を渡る。
❸（じゅうそう）を溶かす。 ❹（とんでんへい）となる。
❺（ねんざ）をする。 ❻ 桃の（かんづめ）。
❼ 森林の（かいたく）。 ❽（らくのう）の仕事。
❾（つがる）地方を旅する。

教科書の要点 日本語探検1

1 和語・漢語・外来語 （　）に教科書の言葉を書き入れなさい。 教 p.26〜27

和語	漢語	外来語
●もともと日本語にあった語。（①　　）で書くことが多いが、漢字や、漢字と（①　　）を交ぜて書くこともある。その漢字の読み方を「（②　　）」という。	●漢字の「音」から成る語。（③　　）から入ってきた語や、漢字の音を用いて日本で作られた語もある。	●中国語以外の（④　　）から受け入れた語。片仮名で書くのが原則。

●和語と漢語
・和語…（⑤　　）が広く便利である。
・漢語…細かい（⑥　　）を表現することができる。

●言葉の印象
和語・漢語・外来語で同じ事柄を表す場合、（⑦　　）は新しいことを言っているような印象を与える。

それぞれの語は、どのようなときに使えばよいかな。

知識の泉 A 交代。「交代」＝役や場所を入れかえること。「交換」＝互いのものを取りかえること。

基本問題　日本語探検1

1 よく出る　次の（　）に当てはまる言葉を書きなさい。

和語	漢語	外来語
速さ	速度	①（　）
挑（いど）む	②（　）	チャレンジ
決まり	規則	③（　）
④（　）	水泳	スイミング
調べる	⑤（　）	リサーチ
⑥（　）	歩行	ウォーキング

2 次の言葉は、和語、漢語、外来語のうちどれですか。（　）に書きなさい。

① 料理（　）　② 着物（　）
③ 苦い（　）　④ プレゼント（　）
⑤ 便利（　）　⑥ 若葉（　）
⑦ 計画（　）　⑧ サッカー（　）

3 次の――線の言葉の種類を後から一つずつ選び、記号で答えなさい。

①二人が②コンサート会場に着くと、会場の③周辺は、開場を④待つ人たちの⑤長い列が⑥百メートル⑦以上続いていた。彼（かれ）らの⑧ほとんどは、⑨Tシャツにジーンズの⑩いでたちであった。

ア　和語　イ　漢語　ウ　外来語

①（　）　②（　）　③（　）　④（　）
⑤（　）　⑥（　）　⑦（　）　⑧（　）
⑨（　）　⑩（　）

攻略！ ⑩の「いでたち」は「出で立ち」と書く。

4 よく出る　次の――線の語を、【　】の指示した語に書き換（か）えなさい。

① 明白な証拠（しょうこ）がある。【和語に】（　）
② 新しい機械を買い入れる。【「漢語＋する」に】（　）
③ 母とショッピングに出かける。【和語に】（　）
④ 宿泊（しゅくはく）の予約を解約する。【外来語に】（　）
⑤ 姉が高校生活をスタートした。【漢語に】（　）

知識の泉　Q「塞翁（さいおう）が馬」の意味は？

確認のワーク ステージ1　形

解答 4ページ　スピードチェック 2ページ　予想問題 133ページ

学習のねらい
- 表情や会話から、登場人物の考え方を捉えよう。
- 「形」の持つ力とは何かを捉え、主題を読み取ろう。

漢字と言葉

1 漢字の読み　読み仮名を横に書きなさい。

＊は新出漢字　▼は新出音訓・◎は熟字訓

❶ 五＊畿内　❷ ＊華やか　❸ 激＊浪　❹ ＊嵐
❺ （駒の）▼頭　❻ 南＊蛮鉄　❼ ＊恨み　❽ ＊虎（訓読み）

2 漢字の書き　漢字に直して書きなさい。

❶ （ごきない）の国々。　❷ （なんばんてつ）の刀。
❸ （げきろう）が来る。　❹ 服装の（はな）やかさ。
❺ （うら）みを買う。　❻ （あらし）が通り過ぎる。

3 語句の意味　意味を下から選んで、線で結びなさい。

❶ 会心・　　・ア 逃げ腰になる。落ち着きを失う。
❷ 浮き足立つ・　　・イ たやすい。簡単だ。
❸ 血迷う・　　・ウ 心から満足すること。
❹ 造作もない・　　・エ 感情が激して理性を失う。

教科書の要点

1 人物設定　（　）に教科書の言葉を書き入れなさい。　教 p.30

●中村新兵衛
・身分…摂津半国の主であった松山新介の（①　　）。
・武勇…「（②　　）」とよばれ、三間柄の大身の槍で、先駆けしんがりの（③　　）を重ねていた。
・武者姿…火のような（④　　）の羽織と、唐冠纓金のかぶとを身に着けている。

2 あらすじ　正しい順番になるように、番号を書きなさい。　教 p.30〜33

（　）初陣を控えた若い侍が、新兵衛の猩々緋の羽織と唐冠のかぶとを借りたいと申し出ると、新兵衛は快諾した。

（　）黒革縅の鎧を着た新兵衛は、いつもと勝手が違って苦戦を強いられ、ついに敵の槍に討たれた。

（　）翌日、猩々緋の武者は、戦場で華々しい活躍をした。

（　）中村新兵衛は「槍中村」の名で知られた大豪の士で、彼の猩々緋の羽織と唐冠のかぶとは、敵には脅威であった。

知識の泉　A 人の幸不幸は予測がつかないこと。　「禍福はあざなえる縄のごとし」が似た意味。

3 構成のまとめ

（　）に教科書の言葉を書き入れなさい。教p.30〜33

場面	第一場面	第二場面	第三場面
	教初め〜p.31・⑭	p.31・⑮〜32・⑪	p.32・⑫〜終わり
	新兵衛の羽織とかぶと	若い侍の活躍	新兵衛の苦戦
新兵衛の「形」	・猩々緋の羽織 ・唐冠纓金のかぶと ← 輝くばかりの鮮やかさ	・黒革縅の鎧 ・南蛮鉄のかぶと ← 華々しさがなく、平凡	
出来事	●「槍中村」として聞こえた新兵衛の姿。 ・敵に対する（①　）。 ・味方にとっては（②　）の的。 ●若い侍（主君の子）が、羽織とかぶと（＝「形」）を貸してほしいと、新兵衛に申し出た。	●明くる日の戦いで、猩々緋の武者（若い侍）が敵陣に乗り入った。 **敵の様子** 一角が（⑤　）ように乱れた。	●新兵衛が敵陣に殺到した。 **敵の様子** 敵陣は、（⑦　）しない。「槍中村」への恨みを復讐しようと（⑧　）立っていた。 ●新兵衛が敵の槍に脾腹を貫かれた。
新兵衛の心情	▼（③　）に笑って快く受け入れた。 …軽い気持ち。 「あの羽織やかぶとは、申さば中村新兵衛の形じゃわ。……我らほどの（④　）を持たいではかなわぬことぞ。」 …形ではなく、実力がだいじだという気持ち。	▼自分の形だけすらこれほどの力を持っていることに、かなり大きい（⑥　）を感じた。 …自分の実力に対する自信を深める。	▼いつもとは（⑨　）が違っていることに気がついた。 ▼手軽に「形」を貸したことを、（⑩　）するような感じが頭の中をかすめた。

おさえよう

主題 新兵衛の強さは、初めは槍の実力によるものだったが、猩々緋の羽織と唐冠のかぶとが彼の象徴となり、その形自体が敵に〔ア 脅威　イ 信頼〕を与える力を持つようになっていた。形の持つ力を知らずに形を手放した新兵衛の、〔ア 幸運と安心　イ 不幸と後悔〕が描かれている。

知識の泉 Q「情」の部首のもとになっている漢字はどっち？　ア＝心　イ＝水

形

★ 次の文章を読んで、問題に答えなさい。

教 p.31・①～32・⑪

「新兵衛殿、①折り入ってお願いがある。」と、元服してからまだ間もないらしい美男の侍は、新兵衛の前に手をついた。

「何事じゃ、そなたと我らの間に、さような辞儀はいらぬぞ。望みというを、はよう言ってみい。」と育むような慈顔をもって、新兵衛は相手を見た。

その若い侍は、新兵衛の主君松山新介の側腹の子であった。そして、幼少の頃から、②新兵衛が守役として、我が子のように慈しみ育ててきたのであった。

「ほかのことでもおりない。明日は我らの初陣じゃほどに、なんぞ華々しい手柄をしてみたい。ついては御身様の猩々緋と唐冠のかぶとを貸してたもらぬか。あの羽織とかぶととを着て、敵の目を驚かしてみとうござる。」

「ハハハハ。③④念もないことじゃ。」新兵衛は高らかに笑った。新兵衛は、相手の子供らしい無邪気な功名心を快く受け入れることができた。

「が、申しておく、⑤あの羽織やかぶとは、申さば中村新兵衛の形じゃわ。そなたが、あの品々を身に着けるうえからは、我らほどの肝魂を持たいではかなわぬことぞ。」と言いながら、新兵衛はまた高らかに笑った。

その明くる日、摂津平野の一角で、松山勢は、大和の筒井順慶の兵としのぎを削った。戦いが始まる前、いつものように⑥猩々緋の武者が唐冠のかぶとを朝日に輝かしながら、敵勢を尻目にかけて、大きく輪乗りをしたかと思うと、駒の頭を立て直して、一気に敵陣に乗り入った。

⑦吹き分けられるように、敵陣の一角が乱れたところを、猩々緋の武者は槍をつけたかと思うと、早くも三、四人の端武者を、突き伏せて、また悠々と味方の陣へ引き返した。

その日に限って、黒革縅の鎧を着て、南蛮鉄のかぶとをかぶっていた中村新兵衛は、会心の微笑を含みながら、猩々緋の武者の華々しい武者ぶりを眺めていた。そして⑧自分の形だけすらこれほどの力を持っているということに、かなり大きい誇りを感じていた。

〈菊池 寛「形」による〉

30分

自分の得点まで色をぬろう！

100点　80　60　0

合格！　もう一歩　がんばろう！

/100

解答 4ページ

1 ①美男の侍について答えなさい。

(1)「美男の侍」とは、誰ですか。次から一つ選び、記号で答えなさい。(10点)

ア 中村新兵衛の子。　**イ** 中村新兵衛の主君の子。

ウ 中村新兵衛の家臣。　**エ** 中村新兵衛の家臣の子。

(　　)

(2)「美男の侍」が新兵衛に願い出たのは、どのようなことですか。(10点)

（　　　　）

攻略！「美男の侍」の言葉をもとに、「願い」をまとめよう。

2 ②新兵衛が守役として、我が子のように慈しみ育ててきた　とありますが、そのことが分かる新兵衛の表情を、文章中から七字で抜き出しなさい。(10点)

3 ③念もないことじゃ。とありますが、このときの新兵衛の気持ちを次から一つ選び、記号で答えなさい。(10点)

ア　自分の身に着けているものが有名なことに、驚く気持ち。
イ　知り合いの頼みなので、しかたがないという気持ち。
ウ　若い侍の悪気のない願いだからという、軽い気持ち。
エ　慣れ親しんだ武具をいよいよ手放すという、重い気持ち。

（　　）

4 よく出る ④子供らしい無邪気な功名心　とは、どのような気持ちですか。（　）に当てはまる言葉を、文章中から抜き出しなさい。(10点)

初陣だから、（　　　　）という気持ち。

攻略！「美男の侍」が、初陣で何がしたいのかを捉えよう。

5 ⑤あの羽織やかぶとは、申さば中村新兵衛の形じゃわ　とありますが、新兵衛はどのような考えを伝えようとしたのですか。次から一つ選び、記号で答えなさい。(10点)

ア　身に着けたら、自分と同じような実力になるだろうという考え。
イ　借りるならば、自分と同程度の手柄を立ててほしいという考え。
ウ　借りても、自分のような度胸がないと力は出せないという考え。
エ　着用したら、本人なりの形に変えていくのがよいという考え。

（　　）

6 ⑥猩々緋の武者　とは、ここでは誰のことですか。文章中から三字で抜き出しなさい。(10点)

7 ⑦吹き分けられるように、敵陣の一角が乱れた　のは、なぜですか。次から一つ選び、記号で答えなさい。(10点)

ア　猩々緋の武者が、いつもと違う振る舞いを見せたから。
イ　敵が、いつもの猩々緋の武者だと思っておじけづいたから。
ウ　黒革縅の武者が、猩々緋の武者に一番槍を奪われたから。
エ　敵が、いつもと違う黒革縅の武者の強さに驚いたから。

（　　）

8 ⑧自分の形　とは何ですか。文章中から二つ抜き出しなさい。5点×2 (10点)

（　　　　）（　　　　）

9 よく出る 新兵衛は、自分の形をまとった若い侍の戦いぶりを眺めていて、どのような気持ちを感じましたか。文章中から八字で抜き出しなさい。(10点)

知識の泉　Q　対義語を作るとき，□に当てはまる漢字は？　受動⇔□動

実力判定テストB　ステージ3

形

30分

自分の得点まで色をぬろう！　100点　合格！　80　もう一歩　60　がんばろう！　0　/100

解答 4ページ

★ 次の文章を読んで、問題に答えなさい。

教 p.31・⑮〜33・⑨

①その明くる日、摂津平野の一角で、松山勢は、大和の筒井順慶の兵としのぎを削った。戦いが始まる前、いつものように猩々緋の武者が唐冠のかぶとを朝日に輝かしながら、敵勢を尻目にかけて、大きく輪乗りをしたかと思うと、駒の頭を立て直して、一気に敵陣に乗り入った。

吹き分けられるように、敵陣の一角が乱れたところを、猩々緋の武者は槍をつけたかと思うと、早くも三、四人の端武者を、突き伏せて、また悠々と味方の陣へ引き返した。

その日に限って、黒革縅の鎧を着て、南蛮鉄のかぶとをかぶっていた中村新兵衛は、②会心の微笑を含みながら、猩々緋の武者の華々しい武者ぶりを眺めていた。そして自分の形だけすらこれほどの力を持っているということに、かなり大きい誇りを感じていた。

③彼は、二番槍は、自分が合わそうと思ったので、駒を乗り出すと、一文字に敵陣に殺到した。

猩々緋の武者の前には、戦わずして浮き足立った敵陣が、中村新兵衛の前には、びくともしなかった。そのうえに彼らは猩々緋の「槍中村」に突き乱された恨みを、この黒革縅の武者の上に復讐せんとして、たけり立っていた。

④新兵衛は、いつもとは、勝手が違っていることに気がついた。いつもは虎に向かっている羊のようなおじけが、敵にあった。彼らがうろたえ血迷うところを突き伏せるのに、何の造作もなかった。今日は、彼らは対等の戦いをするときのように、勇み立っていた。どの雑兵もどの雑兵も十二分の力を新兵衛に対し発揮した。二、三人突き伏せることさえ容易ではなかった。敵の槍の矛先が、ともすれば身をかすった。新兵衛は必死の力を振るった。平素の二倍もの力をさえ振るった。が、彼はともすれば突き負けそうになった。⑤手軽にかぶとや猩々緋を貸したことを、後悔するような感じが頭の中をかすめたときであった。敵の突き出した槍が、縅の裏をかいて彼の脾腹を貫いていた。

〈菊池 寛「形」による〉

1 よく出る ①その明くる日の戦いで、新兵衛は何を身に着けていましたか。文章中から二つ抜き出しなさい。　5点×2（10点）

（　　　）（　　　）

2 ②会心の微笑とありますが、このときの新兵衛は、何を感じていましたか。次から一つ選び、記号で答えなさい。（10点）

ア　武者の動きが敵にあまり損害を与えていないことへの不満。
イ　立派に育った若者が自分を超えていくことへの寂しさ。
ウ　自分の実力が「形」にまで力を与えていることへの誇り。
エ　猩々緋の武者が「形」に頼らず戦うことへの満足。（　　）

知識の泉 **A** **能。**「受動」＝ほかから作用を受けること。「能動」＝ほかへ作用を及ぼすこと。

3 よく出る ③彼は、二番槍は、自分が合わそうと思ったので、駒を乗り出すと、一文字に敵陣に殺到した。とありますが、このときの新兵衛の気持ちを次から一つ選び、記号で答えなさい。（10点）

ア　猩々緋の武者が活躍しているので、力を抜こうという気持ち。
イ　いつもの戦いのように敵を倒そうと、意気込む気持ち。
ウ　目立たない格好なので、目立つ行動はしたくないという気持ち。
エ　猩々緋の武者に負けまいと、死に物狂いで挑んでいく気持ち。

（　　）

4 ④新兵衛は、いつもとは、勝手が違っていることに気がついた。について答えなさい。

(1) 敵兵の、Ⅰ…いつもの様子と、Ⅱ…今回の様子について、□に当てはまる言葉を文章中から抜き出しなさい。5点×4（20点）

Ⅰ　虎に向かう□のような□があった。

Ⅱ　□の戦いをするときのように□立っていた。

(2) 勝手が違っていたのは、なぜですか。（　）に当てはまる言葉を書きなさい。（10点）

新兵衛が（　　　　　　）ので、敵が新兵衛を恐れなかったから。

5 ⑤手軽にかぶとや猩々緋を貸したことを、後悔するような感じについて答えなさい。

(1) 記述 このときまで、新兵衛は「形」についてどのように思っていたと考えられますか。「形」「実力」という二つの言葉を使って書きなさい。（20点）

（　　　　　　　　　　）

(2) よく出る このとき、新兵衛はどのようなことに気づきかけたのですか。次から一つ選び、記号で答えなさい。（10点）

ア　「形」に頼りすぎていて、いつのまにか槍の実力が衰えていたこと。
イ　「形」を身に着けていないと、自分の本当の実力が出せないこと。
ウ　「形」には独自の力があり、自分は今までそれに助けられていたこと。
エ　「形」は単に、自分の実力に付随して存在するものであること。

（　　）

6 レベルUP 作者は、この作品を通して、「形」のどのような面を描こうとしたのだと考えられますか。次から一つ選び、記号で答えなさい。（10点）

ア　「形」の力は、中身が異なれば大きく変化するという面。
イ　「形」の力は、中身の力と同じように把握しやすいという面。
ウ　「形」の力は、あるとき突然なくなることもあるという面。
エ　「形」の力は、中身の力を超えてしまうこともあるという面。

（　　）

知識の泉 Q「おおよその（健闘・検討・見当）をつける。」（　）に合うのは？

百科事典少女

学習のねらい
●登場人物のそれぞれの人物像を捉えよう。
●Rちゃんと紳士おじさんの百科事典に対する思いを捉えよう。

解答 5ページ　スピードチェック 2ページ　予想問題 134ページ

漢字と言葉

1 漢字の読み　読み仮名を横に書きなさい。

＊は新出漢字　▼は新出音訓・◎は熟字訓

❶ ＊椅子　❷ ＊唯一　❸ 大＊胆　❹ ＊廃材
❺ ＊了解　❻ ＊項目　❼ 要＊塞　❽ 探＊索
❾ 秀＊逸　❿ ＊凡＊庸　⓫ ＊恣意的　⓬ ＊緻密

2 漢字の書き　漢字に直して書きなさい。

❶ 道を（ほそう）する。　❷ （えんりょ）して食べる。
❸ （きゅうけい）室に入る。　❹ （かんぺき）な演技。
❺ 喉が（かわ）く。　❻ 目を（こ）らす。

3 語句の意味　意味を下から選んで、線で結びなさい。

❶ 頓着 ・　　・ア 物事を行うのに邪魔になるもの。
❷ 大仰 ・　　・イ 気にかけること。
❸ 差し障り ・　・ウ 規模が大きいこと。

教科書の要点

1 登場人物　（　）に教科書の言葉を書き入れなさい。　教 p.37〜49

●「私」…父が仕事をしている間、（①　　）で本を読んだ。“（②　　）のお話”を好む。
●Rちゃん…レシートなしで読書休憩室に出入りできるお客さん。“（③　　）のお話”を好んで、（④　　）を最も愛した。
●紳士おじさん…（⑤　　）の父。百科事典を一字残らず書き写し続けた。

2 あらすじ　正しい順番になるように、番号を書きなさい。　教 p.37〜49

（　）紳士おじさんが現れ、百科事典を書き写し始めた。

（　）「私」とRちゃんは、読書休憩室で本を読みながら、放課後をいっしょに過ごした。

（　）百科事典の最後の項目が書き写され、紳士おじさんは二度と姿を見せなかった。

（　）Rちゃんは百科事典の第十巻「ん」のページを開くことなく、厄介な内臓の病気で死んでしまった。

知識の泉　A 見当。　見当＝予想。健闘＝立派に闘うこと。検討＝調べて考えること。

3 構成のまとめ

（　）に教科書の言葉を書き入れなさい。教p.37～49

場面			出来事	心情や様子
第一場面	教初め～p.39・⑦	読書休憩室	●読書休憩室を訪れる〝紳士おじさん〟がいた。	私 彼は、子供の「私」が思い描く（①　　）の雰囲気を全て備えていた。
第二場面	p.39・⑧～p.44・㉟	Rちゃん	●「私」とRちゃんは、放課後、読書休憩室でいっしょに過ごした。	Rちゃん **学校とは別人のようにおしゃべりで、**おせっかいで、（②　　）としていた。 Rちゃん 〝（③　　）のお話〟を求めた。百科事典を最も愛した。 私 〝（④　　）のお話〟を好んだ。百科事典の何がおもしろいのかよく分からなかった。 私 百科事典を読むRちゃんの声が好きだった。
第三場面	p.44・㊱～48・㉕	紳士おじさんと「私」	●Rちゃんが病気で死んでしまった。半年後くらいに紳士おじさんが現れ、百科事典を広げた。Rちゃんのお父さんだった。 ●紳士おじさんは、一字残らず百科事典を書き写し続けた。	紳士おじさん 百科事典を広げるやり方や声が（⑤　　）と似ているが、遠慮するところとレシートを持ってくるところは違っていた。 紳士おじさん 毎回小さな買い物をして、Rちゃんの（⑥　　）に入れた。（⑥　　）は少しずつ膨らんでいった。 紳士おじさん 娘が探索した道をたどって**僅かな気配でも残っていないかと目を凝らし、**娘が行き着けなかった道を**身代わりとなって踏みしめる。** 私 終わりは来ないのではないだろうか（＝不安）。一方で（⑦　　）を願う気持ちもあった。 周囲 紳士おじさんを**黙って見守った。**
第四場面	p.48・㉖～終わり	最後の項目	●紳士おじさんは最後の項目を書き写し終え、二度と姿を見せることはなかった。	私 終わりが来るなんて、と（⑧　　）思いで立ち尽くした。 紳士おじさん 全くふだんと変わりなかった。

おさえよう

主題 「私」とRちゃんが（ア 学校　イ 読書休憩室）でいっしょに過ごした日々や、Rちゃんの死後、Rちゃんのお父さんが彼女の愛した百科事典を書き写す姿を「私」が（ア 優しく　イ とまどいながら）見守り続けた様子を通して、人と人との心の交流が細やかに描かれている。

Q ――線の使い方は○か×か？「彼の功績を他山の石として，研究に励みたい。」

百科事典少女

30分

自分の得点まで色をぬろう!
100点 合格! 80 もう一歩 60 がんばろう! 0
/100

解答 5ページ

次の文章を読んで、問題に答えなさい。

教 p.40・⑫〜41・㊳

　放課後、家の鍵とハンカチとちり紙を入れた手提げ袋を持ち、ほとんど毎日Rちゃんはやってきた。手提げ袋には彼女の横顔に似た少女の姿がアップリケで縫い付けられていた。読書休憩室で彼女は、学校とは全く別人のようにおしゃべりで、おせっかいで、いきいきとしていた。そこにたどり着いて、ようやく自分が吸うべき空気をとらえ、思う存分呼吸しているかのように見えた。手提げ袋を椅子の背もたれに引っかけ、①両手が自由になるのと同時に、彼女の心も解放されるのだった。

　父が廃材で作った丸テーブルを間に挟み、私はチューリップ、Rちゃんはひまわりの模様の椅子に座って②二人は日が暮れるまでいっしょに過ごした。おやつを分け合って食べ、喉が渇けばホットレモネードを飲み、しまいには胸焼けしてくるのが常だった。お互い区切りのいいところまで来ると、登場人物の性格について議論したり、ストーリー展開を批判したり、次に読む本をアドバイスし合ったりした。驚くべきことにRちゃんは私が読む本の全てを既に読破しており、どんな細かい場面でも、ついさっき読み終えたばかりなのかと思うほどに鮮明に記憶していた。そしてたいてい、私がうっとりする物語に限って、手厳しい言葉を浴びせた。

「ご都合主義。」「甘ったるい。」「軽薄。」「気負いすぎ。」

　Rちゃんは難しい言葉をたくさん知っていた。「ごつごうしゅぎ、って何?」と、私は尋ねなければならなかった。

　どんなに親しく口をきくようになってからも、③学校では知らんぷりのままでいた。目くばせさえ交わさなかった。そうしてお互い、読書休憩室での秘密を守るための約束を、暗黙のうちに了解し合った。学校で一度でもそのことを口にしたら、もう二度と読書休憩室には入れないのだ、と二人とも固く信じた。

　④私が“うそのお話”を好むのに対し、Rちゃんが求めるのは“本当のお話”だった。⑤趣味が異なるおかげで本の取り合いにならずにすんだ。なかでも彼女が最も愛したのは、百科事典だった。

　それはいつかアーケードに現れたセールスマンから父が買った、十冊セットのカラー豪華本で、子供一人の力では本棚から取り出せないくらい重かった。とても高価だったのだが、百科事典を背負って歩き回り、疲れきって気弱になったセールスマンを父が気の毒に思い、無理をして月賦で購入したのだった。

　Rちゃんは第一巻［あいう］の最初のページからスタートし、第二巻［えおか］、第三巻［きくけ］と順番に読んでいった。気まぐれを起こして巻の順番を変えたり、つまらないページを飛ばしたりするようなまねは決してしなかった。きちょうめんに、根気強く、一ページずつめくっていった。彼女に言わせれば、百科事典につ

知識の泉　A ×。「他山の石」＝他人のつまらない言動でも，自分を磨く材料になること。

まらないページなど一切存在しない、ということらしかった。
百科事典は丸テーブルの半分近くを占拠した。熱中してくるとRちゃんのお尻は少しずつ椅子から浮き上がり、それにつれて背もたれの手提げ袋はずり落ちていった。⑥やがて片膝が椅子に載り、上半身はつんのめって百科事典を抱え込むような姿勢になった。私は彼女の邪魔にならないよう、テーブルの隅でおとなしく「秘密の花園」や「幸福の王子」や「クマのプーさん」を読んだ。

〈小川洋子「百科事典少女」による〉

1 ①両手が自由になるのと同時に、彼女の心も解放される　とありますが、心が解放されたRちゃんの様子を文章中から二十三字で抜き出し、初めと終わりの五字を書きなさい。（15点）

□□□□□～□□□□□

2 ②二人は日が暮れるまでいっしょに過ごした　とありますが、二人は読書が一段落すると、何をしましたか。文章中から五十字以内で抜き出し、初めと終わりの五字を書きなさい。（15点）

□□□□□～□□□□□

3 ③学校では知らんぷりのままでいた　とありますが、そのようにした二人の気持ちを説明した次の文の□に当てはまる言葉を、文章中から抜き出しなさい。（10点）

読書休憩室での□□を口にしたら、二度と読書休憩室には入れないのだと信じる気持ち。

4 よく出る ④私が〝うそのお話〟を好むのに対し、Rちゃんが求めるのは〝本当のお話〟だった。とありますが、「私」が好む〝うそのお話〟について、Rちゃんはどのような態度をとっていましたか。次から一つ選び、記号で答えなさい。（15点）

ア 「私」に伝わるように、理路整然と反論を述べる態度。
イ 「私」に気を遣い、簡潔な言葉で褒めたたえる態度。
ウ 「私」に遠慮せずに、内容をきっぱりと批評する態度。
エ 「私」に構わずに、長々とした批判を加える態度。

（　　）

5 攻略！ 〝うそのお話〟に対してRちゃんが言った言葉を押さえよう。

⑤彼女が最も愛したのは、百科事典だった　について答えなさい。

(1) Rちゃんは百科事典をどのように読んでいましたか。次から一つ選び、記号で答えなさい。（15点）

ア 飽きないように、ときどき巻の順番を変えて読んでいた。
イ 順番に、どんな言葉でも読み飛ばさず根気強く読んでいた。
ウ 気まぐれに、いろんなページを開いて読んでいた。
エ 一ページずつ全体を見通す程度に読んでいた。

（　　）

(2) よく出る Rちゃんはなぜ百科事典を愛し、(1)のように読んでいたのですか。理由を書きなさい。（20点）

（　　）

6 攻略！ Rちゃんが百科事典について評価した言葉に着目しよう。

⑥やがて片膝が椅子に載り、上半身はつんのめって百科事典を抱え込むような姿勢になった。とは、Rちゃんのどのような様子を表していますか。次から一つ選び、記号で答えなさい。（10点）

ア 疲労　イ 遠慮　ウ 熱中　エ 怠惰

（　　）

知識の泉 Q 「助けようと手を加えて，かえって害となること」という意味の故事成語は？

百科事典少女 (1)

30分

自分の得点まで色をぬろう!
100点 合格! 80 もう一歩 60 がんばろう! 0

/100

解答 6ページ

★ 次の文章を読んで、問題に答えなさい。

教 p.46・⑦〜48・②

おじさんは毎回、アーケードで何かしら小さな買い物をした。もともとアーケードには大仰な商品を扱う店は少ないのだけれど、その中でもことさらに小さな品が選ばれた。絵はがき一枚、ピンブローチ一個、石英一欠け、ねじ一本。どれもこれも手提げ袋に入る大きさのものばかりだった。読書休憩室へ通うたび品物は増え、手提げ袋は少しずつ膨らんでいった。

①おじさんはただ単に百科事典を読むのではなかった。第一巻のあ、から始まって順番に一ページずつ、一字残らず全部、大学ノートに鉛筆で書き写していったのだ。

なぜそんなことをするのか、私は一度だけ父に尋ねたことがある。

「さあ、どうしてだろうねえ。」

曖昧な口調で父は言った。しかしそこには、訳が分からないというニュアンスではなく、余計な口出しをせずに見守りたいという静かな理解が含まれていた。

②「あのとき、百科事典を買っておいて本当によかった。」

そう、父はつぶやいた。

それは果てしのない作業だった。一日に数時間、来る日も来る日もただひたすら百科事典を書き写し続ける。小さい椅子に体を押し込め、背中を丸め、一字一句間違えないよう息を詰める。③そこでは動物が駆け回り、歴史上の偉人がたたえられ、惑星が瞬き、工業機械が分解されている。同じページの中で、河童とカッパドキアと活版印刷が仲良く並び、椰子蟹とやじろべえとヤスパースがにらみ合っている。もちろん、アッピア街道もまっすぐに延びている。

次々と大学ノートが文字で埋まってゆき、鉛筆は短くなってゆく。背中が痛み、ノートは汗で湿り、目はかすんでくるが、紳士おじさんは投げ出さない。理由も考えないし、むきにもならない。

④この世界を形作っている物事を一個一個手に取り、じっくりと眺め、感触を確かめてからまた元の場所に戻す。それを延々と繰り返す。かつて娘が探索した道をたどり、僅かな気配でも残っていないかと目を凝らし、どんなに望んでも彼女が行き着けなかった道を、身代わりとなって踏みしめる。

ホットレモネードを一杯注いだ後、私は紳士おじさんの邪魔にならないよう、中庭から読書休憩室を見つめた。⑤ただべべだけは違った。べべはどんなに近くにいても、何の差し障りにもならなかった。Rちゃんのときと同じようにべべは、おじさんの足もとに寝そべり、ときどき尻尾で床を掃きながら、鉛筆の音に耳を澄ましていた。

紳士おじさんの横顔は天井の小さな明かりに包まれている。右手は休みなく動き続け、視線は百科事典とノートを規則正しく行き来し、左手はそっと新しいページをめくる。いつの間に⑥かおじ

A 助長。 生長を助けようと苗を引っ張り，苗を枯らしたという故事から。

さんの体が椅子に合わせて縮んでいるような錯覚に私は陥る。やがてRちゃんの残像と重なり合い、二人はどちらがどちらか区別がつかない一つの影になって、百科事典を旅している。アッピア街道をいっしょに歩いてゆく。

〈小川洋子「百科事典少女」による〉

1 よく出る ①おじさんはただ単に百科事典を読むのではなかった。とありますが、紳士おじさんは百科事典を読みながら何をしていましたか。（20点）

（　　　　）

2 レベルUP ②あのとき、百科事典を買っておいて本当によかった。とありますが、「父」が「よかった」と思った理由を次から一つ選び、記号で答えなさい。（10点）

ア　紳士おじさんとRちゃんという、百科事典を好きな人が二人も来店してくれたから。

イ　Rちゃんの死を紳士おじさんが受け止めることに、百科事典が役立っていると感じたから。

ウ　Rちゃんの影響を受けて、紳士おじさんも百科事典が好きになったのだと分かったから。

エ　紳士おじさんが百科事典を読みにくるたびに、アーケードの売り上げが伸びると思ったから。

（　）

3 ③そことは、どこですか。（10点）

（　　　　）

4 よく出る ④この世界を形作っている物事を一個一個手に取り、じっくりと眺め、感触を確かめてからまた元の場所に戻す。とありますが、紳士おじさんはどのような思いでこの作業をしていましたか。次から二つ選び、記号で答えなさい。15点×2（30点）

ア　娘が読んだページから、そのときに娘の心に残ったものを少しでも感じ取りたいという思い。

イ　娘が読んだページから、娘が父に残したメッセージを何とかつかみとりたいという思い。

ウ　娘が読んだページをもとに、なぜ娘は百科事典が好きだったのかをどうしても解き明かしたいという思い。

エ　娘が読めなかったページを体験することで、娘が思い残したことを代わりに果たしてやりたいという思い。

オ　娘が読めなかったページを、娘との在りし日の会話を思い出しながら忘れないようにしたいという思い。

（　）（　）

5 ⑤ただべべだけは違った。とありますが、紳士おじさんが百科事典を読んでいるときの「べべ」の様子を説明した次の文の□に当てはまる言葉を、文章中から抜き出しなさい。（10点）

□□□□□□□□□□ように、紳士おじさんの近くで過ごしていた。

6 記述 ⑥おじさんの体が椅子に合わせて縮んでいるような錯覚とありますが、そのように思えたのはなぜですか。（20点）

（　　　　）

知識の泉　Q「光陰矢のごとし」の意味は？

実力判定テストB ステージ3

百科事典少女 (2)

30分

自分の得点まで色をぬろう！

100点　80　60　0　合格！　もう一歩　がんばろう！

/100

解答 6ページ

★ 次の文章を読んで、問題に答えなさい。　教 p.48・③〜49・⑪

紳士おじさんの来訪は何年も何年も続いた。終わりは来ないのではないだろうか、と感じることもしばしばあった。それが不安のようでもあり、また一方で、永遠を願う気持ちもあった。しかし私の思いがどうであろうと、間違いなく百科事典は一ページずつめくられていった。

火事があったとき、心配して翌朝一番にアーケードへやってきたのは紳士おじさんだった。

①「大丈夫ですよ。」

その姿を認めて、最初に私はそう言った。

「百科事典は大丈夫です。」

割れた天井のステンドグラスが辺り一面を覆っている間も、紳士おじさんの読書休憩室通いは途切れなかった。②父亡き後もその遺言を守るように、店主たちは皆黙って紳士おじさんの姿を見守った。

百科事典の歩みと比例して、③手提げ袋の中身は充実していった。少女のアップリケは色落ちし、ところどころ糸がほつれていた。外国の名刺、押し花、琥珀、豆電球、指ぬき。まるでアーケードの中に散らばる世界のかけらたちを拾い集め、手提げの中にもう一つ百科事典を作ろうとしているかのようだった。

予想したことではあったが、そのときは何の前触れもなく静かに訪れた。第一巻の一ページ、最初の一文字からスタートしたときと全く同じように、④第十巻の最後の項目が書き写された。Rちゃんが楽しみにしていた「ん」だった。

本当に終わりが来るなんて、と信じられない思いで立ち尽くす私の傍らで、⑤紳士おじさんは全くふだんと変わりなかった。拳を震わせるでもなく、おえつするでもなく、ただ鉛筆を置き、消しゴムのかすを払い、残っていたホットレモネードを飲み干しただけだった。そうして百科事典第十巻を閉じ、表紙をなで、両腕に抱えて本棚にしまった。それでおしまいだった。

私とべべと店主たちはアーケードを遠ざかってゆく紳士おじさんの背中を見送った。その手もとでは、Rちゃんのいる世界を納めた手提げ袋が揺れていた。⑥以来、二度と紳士おじさんが姿を見せることはなかった。

⑦「ンゴマ　南アフリカ共和国の北東部にあるトランスバールの民族楽器。この地方に住むベンダ族が用いる大型の太鼓で、木で作られたつぼの形の胴の上面に革が張られている。地面に置き、一本のばちで革をたたいて音を出すが、普通奏者は女性である。合奏のときは、ミルンバとよばれる高音用の太鼓とともに用いられる。」

〈小川洋子「百科事典少女」による〉

知識の泉　A　月日がたつのは早いこと。「歳月人を待たず」も似た意味のことわざ。

1 よく出る ①大丈夫ですよ。とありますが、このときの「私」の気持ちを次から一つ選び、記号で答えなさい。（10点）

ア　詳細な被害は後回しにして、自分は助かったと伝えたい。
イ　災難だったが、私たちは気落ちしていないと伝えたい。
ウ　おじさんが心配している百科事典は無事だったと伝えたい。
エ　また買えばいいから、本が焼失しても問題ないと伝えたい。

（　　）

2 レベルUP ②父亡き後もその遺言を守るように　とありますが、店主たちは、「父」のどのような思いを守ろうとしたのですか。次から一つ選び、記号で答えなさい。（10点）

ア　紳士おじさんに声をかけて温かく接してほしいという思い。
イ　紳士おじさんがいても見ないふりをしてほしいという思い。
ウ　紳士おじさんが元気になるよう励ましてほしいという思い。
エ　紳士おじさんの行動を邪魔せず見守ってほしいという思い。

（　　）

3 ③手提げ袋の中身は充実していった　とありますが、中身の充実ぶりをたとえている表現を、文章中から三十字で抜き出しなさい。（10点）

4 ④第十巻の最後の項目が書き写された　について答えなさい。

(1) 記述　この出来事の前まで、「私」はどのような気持ちで百科事典を書き写す作業を見ていましたか。（20点）

（　　）

(2) よく出る　このときの「私」の思いを、文章中から抜き出しなさい。（10点）

（　　）

5 ⑤紳士おじさんは全くふだんと変わりなかった　とありますが、その様子が分かる部分を文章中から一文で抜き出し、初めの五字を書きなさい。（10点）

6 記述 ⑥以来、二度と紳士おじさんが姿を見せることはなかった。とありますが、百科事典を書き写し終えた紳士おじさんが二度と読書休憩室に来なかったのは、なぜだと考えられますか。（20点）

（　　）

7 ⑦ンゴマ　は、どのような意味を持った項目ですか。（　）に当てはまる言葉を、文章中から抜き出しなさい。（10点）

Rちゃんが（　　）、百科事典の最後の項目。

知識の泉　Q「地震・端的・国営」の中で，他と熟語の構成が違うのはどれ？

確認のワーク ステージ1

評価しながら聞こう
日本語探検2 間違えやすい敬語

解答 7ページ　スピードチェック 19ページ

学習のねらい

- 根拠や表現の仕方などに注目して提案を聞き、説得力を評価する観点を知ろう。
- 間違えやすい敬語に気をつけよう。

基本問題　評価しながら聞こう

★ 次の「クラスで話し合いたいこと」を提案するスピーチ原稿を読んで、問題に答えなさい。

　私は、交通安全のために、特に、自転車に乗るときに気をつけることについて話し合うことを提案します。

　なぜかというと、最近、自転車と車、自転車と人など、自転車が関わる事故が多くなっていると聞いたからです。私自身、歩道をかなりのスピードで走ってきた自転車と接触しそうになり、危ない思いをしたことが何度もあります。

　しかも、自転車事故を起こしているのは、私たちと同じ、十代の人が多いということでした。自転車は私たちにとって身近な乗り物ですが、それによって事故の加害者になりうるのです。事故を起こせば、相手にけがをさせることはもちろんのこと、高額な賠償金などを払うことにもなりかねません。自転車に関わる道路交通法の改正や、自転車保険への加入の義務化なども進んでいるそうです。

　これらのことから、自転車に乗るときに注意することや必要な心構えについて、クラスで話し合いたいと思います。

1 話し手は、どのような提案をしていますか。□に当てはまる言葉を、文章中から抜き出しなさい。

□□□□のために、□□□に乗るときに気をつけることを話し合うという提案。

2 自転車事故を起こしているのは、私たちと同じ、十代の人が多いということでした とありますが、この部分についての説明を次から一つ選び、記号で答えなさい。

ア　自転車事故が恐ろしいものであることを示している。
イ　自転車事故が自分たちに身近であることを示している。
ウ　十代の人が自転車に最も乗っていることを示している。
エ　十代の人が自転車事故に無関心であることを示している。

（　　）

3 よく出る このスピーチ原稿について評価できることを次から全て選び、記号で答えなさい。

ア　主張と根拠が適切に結びついている。
イ　主張が明確に伝わる分かりやすい構成になっている。
ウ　聞き手に問いかけて、興味をひいている。
エ　具体例やエピソードを用いている。
オ　自分とは異なる主張も取り入れている。

（　　）

攻略！「なぜかというと」などの表現の後で、根拠を示している。

知識の泉　A 端的。「地震」「国営」は主語と述語の関係。「的」は接尾語。

教科書の要点　日本語探検2

1 尊敬語と謙譲語　（　）に「尊敬語」か「謙譲語」を書き入れなさい。　教 p.311

形	種類	例
●お（ご）〜する……	①（　）	例 お読みする
●お（ご）〜になる……	②（　）	例 お読みになる
●お（ご）〜できる……	③（　）	例 ご案内できる
●お（ご）〜になれる…	④（　）	例 ご乗車になれる
●お（ご）〜してくださる ……⑤（　）＋尊敬語		例 お伝えしてください
●お（ご）〜くださる…	⑥（　）	例 ご紹介くださる
●おる…⑦（　）		例 父は家におります
●いらっしゃる…尊敬語		例 先生がいらっしゃる

基本問題　日本語探検2

1 次の——線が「尊敬語」ならA、「謙譲語」ならBの記号で答えなさい。

① 先生は、いつご出発になりますか。（　）
② 父が後ほどお電話するそうです。（　）
③ どなたをお待ちですか。（　）
④ 既に多くの方々が見学されています。（　）
⑤ やっと皆様にお伝えできます。（　）

2 よく出る　次の——線を、（　）内の敬語表現に直して書きなさい。

① 早目に帰ったのですね。（尊敬語）（　）
② 庭の彫刻は見ましたか。（尊敬語）（　）
③ 今、何をしていますか。（尊敬語）（　）
④ ゆっくり食べたいと思います。（謙譲語）（　）
⑤ 私が荷物を持ちます。（謙譲語）（　）

攻略！ ②〜④は敬語を表す特別な動詞を使う。

3 よく出る　次の——線を、正しい表現に直して書きなさい。

① ご相談はこちらにご連絡してください。（　）
② 母は家にいらっしゃいます。（　）
③ 先生の犬は早起きがお嫌いなんですね。（　）
④ この券で送迎バスがご利用できます。（　）
⑤ お客様がお召しあがりになられます。（　）
⑥ 私は先生に手紙をお送りになった。（　）
⑦ 先生が家庭訪問に参られます。（　）
⑧ そろそろ田中様がお帰りする時間です。（　）

攻略！ 二重敬語や、敬語が必要ない場合にも注意すること。

知識の泉　Q「蛍の光や窓の雪明かりで書を読んだ」という故事からできた言葉は？

確認のワーク ステージ1

漢字道場2 熟語の構成・熟字訓

解答 8ページ ｜ スピードチェック 3ページ

学習のねらい
- 漢字一字一字の意味を考えながら、熟語の構成を捉えよう。
- 漢字の組み合わせ全体を訓読みする熟字訓の読み方を覚えよう。

漢字

1 漢字の読み 読み仮名を横に書きなさい。

＊は新出漢字 ▼は新出音訓・◎は熟字訓

❶ ＊凹＊凸 ❷ ＊俊英 ❸ ＊粛々 ❹ 治＊癒
❺ ▼貸借 ❻ 今▼昔 ❼ ▼出▼納 ❽ 中＊枢
❾ ▼就く ❿ 山＊麓 ⓫ ＊飢＊餓 ⓬ ＊懇親会
⓭ ◎五月雨 ⓮ ◎固唾 ⓯ ◎叔母 ⓰ ◎伯父

2 漢字の書き 漢字に直して書きなさい。

❶ （しゅぎょく）の一編。 ❷ （ごらく）に興じる。
❸ （しゅとけん）に住む。 ❹ （とくめい）の投書。
❺ 小さな（きっさ）店。 ❻ 論説文の（ようし）。
❼ 交通量の（たか）。 ❽ 土地を（かいこん）する。

教科書の要点

1 熟語の構成 （　）に教科書の言葉を書き入れなさい。 教 p.58〜59

● 二字が（①　　）もの。	例 左右・上下
● 二字が（②　　）を持つもの。	例 森林・岩石
● （③　　）の関係にあるもの。	例 日照・年長
● （④　　）・被修飾の関係にあるもの。	例 屋外・早朝
● （⑤　　）・被修飾の関係にあるもの。	例 再会・激増
● （⑥　　）の字が対象や目的を示しているもの。	例 閉店・登山
● 接頭語・接尾語が付くもの。	例 未定・美化
● 長い語の一部分を省略して短くしたもの。	例 高校・選管

2 三字熟語 （　）に教科書の言葉を書き入れなさい。 教 p.60

● 三字それぞれが（①　　）の関係にあるもの。	例 上中下
● 上の（②　　）が下の（③　　）を修飾するもの。	例 新学期
● 上の（④　　）が下の（⑤　　）を修飾するもの。	例 語学力
● 二字語に接頭語・接尾語が付くもの。	例 不安定

知識の泉 A **蛍雪の功。** 「苦労して勉強に励み，成功すること」という意味。

基本問題

1 次の熟語はどのような構成ですか。後から一つずつ選び、記号で答えなさい。

① 愛好（　　） ② 双方（そうほう）（　　） ③ 切望（　　）
④ 点滅（てんめつ）（　　） ⑤ 特急（　　） ⑥ 緑化（　　）
⑦ 累々（るいるい）（　　） ⑧ 匿名（とくめい）（　　） ⑨ 腹痛（　　）

ア 二字が対（つい）になるもの。
イ 二字が似た意味を持つもの。
ウ 同じ漢字を重ねたもの（畳語（じょうご））。
エ 主・述の関係にあるもの。
オ 連体修飾（しゅうしょく）・被（ひ）修飾の関係にあるもの。
カ 連用修飾・被修飾の関係にあるもの。
キ 下の字が対象や目的を示しているもの。
ク 接頭語・接尾（せつび）語が付くもの。
ケ 長い語の一部分を省略して短くしたもの。

2 よく出る 次の各組の中から、熟語の構成がほかと異なるものを一つずつ選び、記号で答えなさい。

① ア 連続 イ 温暖 ウ 新鮮（しんせん） エ 協力（　　）
② ア 仮定 イ 理性 ウ 劇的 エ 必然（　　）
③ ア 作文 イ 開会 ウ 清流 エ 就職（　　）
④ ア 明暗 イ 永久 ウ 緩急（かんきゅう） エ 真偽（しんぎ）（　　）
⑤ ア 雷鳴（らいめい） イ 地震（じしん） ウ 突然（とつぜん） エ 気絶（　　）
⑥ ア 私学 イ 国連 ウ 入試 エ 人造（　　）

3 次の□に「未・非・不・無・化・的」のいずれかを書き、熟語を完成させなさい。ただし、漢字は一度しか使えません。

① □可 ② 知□ ③ □限
④ □凡（ぼん） ⑤ 退□ ⑥ □熟

攻略！ 接頭語・接尾語に分けて考えよう。

4 次の三字熟語はどのような構成ですか。後から一つずつ選び、記号で答えなさい。

① 専門家（　　） ② 打楽器（　　）
③ 心技体（　　） ④ 感受性（　　）
⑤ 空模様（　　） ⑥ 未解決（　　）

ア 三字それぞれが対等の関係にあるもの。
イ 上の一字が下の二字を修飾するもの。
ウ 上の二字が下の一字を修飾するもの。
エ 二字語に接頭語・接尾語が付くもの。

攻略！ まず、二字＋一字、一字＋二字になるかどうかを確かめよう。

5 次は、漢字の組み合わせ全体に対して訓読みを当てた熟字訓です。①～④の読み方を書きなさい。

① 小豆（　　　） ② 雪崩（　　　）
③ 竹刀（　　　） ④ 風邪（　　　）

知識の泉 Q 同じ漢字を二つ重ねて熟語になるのはどれ？ ア＝告 イ＝穀 ウ＝刻

確認のワーク ステージ1

絶滅(ぜつめつ)の意味

解答　8ページ　スピードチェック　4ページ　予想問題　135ページ

学習のねらい
- 論の進め方に注目して、筆者の主張を捉(とら)えよう。
- 生物の絶滅が持つ意味を押(お)さえ、人間と自然との関わりを捉えよう。

漢字と言葉

1 漢字の読み　読み仮名(がな)を横に書きなさい。

*は新出漢字　▼は新出音訓・◎は熟字訓

❶ 恐*竜　❷ 西*暦　❸ *狩り　❹ *伐採
❺ 土*壌　❻ *餌（訓読み）　❼ *循環　❽ *貢*献
❾ 連*鎖的　❿ 海*藻　⓫ *妥当　⓬ 紛*糾

2 漢字の書き　漢字に直して書きなさい。

❶ （こんちゅう）の習性。　❷ 火山の（ふんか）。
❸ 水を（じょうか）する。　❹ 感情を（よくせい）する。
❺ （きんこう）を保つ。　❻ 光を（さえぎ）る。

3 語句の意味　意味を下から選んで、線で結びなさい。

❶ 危惧(きぐ)　・　・ア その人の生まれ。でどころ。
❷ 出自　・　・イ 元(もと)に戻れないこと。
❸ 不可逆　・　・ウ 心配し、恐(おそ)れること。

教科書の要点

1 内容理解　地球では毎年何種くらいの生物が絶滅(ぜつめつ)していると推定されていますか。（　）に教科書の言葉を書き入れなさい。　教 p.64

（　　　）種

2 内容理解　「生態系」とは何ですか。（　）に教科書の言葉を書き入れなさい。　教 p.66

ある地域に存在する（　　　）と、それを取り巻く（　　　）、水、土壌(どじょう)などの（　　　）の、全てをひっくるめた（　　　）のこと。

3 内容理解　連鎖(れんさ)的な絶滅が起こるのは、生態系の中で生物がどのように生きているからですか。　教 p.66

生態系においては、それぞれの生物が互(たが)いに影響(えいきょう)し合って、［　　　　］を保って生きているから。

A ウ。（刻刻・刻々）同じ漢字を重ねた熟語には，ほかに「段々」「喜々」など。

4 構成のまとめ

（　）に教科書の言葉を書き入れなさい。（各段落に1～27の番号を付けて読みましょう。）教 p.63～71

まとまり	段落	内容	筆者の主張	具体例や根拠
第一のまとまり	1～10段落	「生物の絶滅」の問題	●生物の絶滅＝地球環境問題の一つ 問い　現代の絶滅がどうして問題なのか。 答え　絶滅の（②　　）…ありえないくらい速い。 絶滅の（③　　）…人間が引き起こしたこと。	現代の絶滅の例　日本産トキ、ニホンオオカミ、ニホンカワウソ 過去の絶滅の例　（①　　）←六千五百万年前 人間が引き起こした絶滅（危惧）の例 ・リョコウバト　・アマミノクロウサギ
第二のまとまり	11～20段落	絶滅の影響	●生物の絶滅が人間に及ぼす影響 ▼多様な生物から成る「（④　　）」は、人間にも多大な恩恵をもたらしている。 ↓ ▼生物の絶滅の問題を、人間に影響のないものと安易に考えて（⑦　　）はならない。	恩恵の例 恩恵1　人間の（⑤　　）の提供　例酸素・土壌・栄養・水 恩恵2　環境の調整　例気候の緩和・洪水の防止・水の浄化・病気や害虫の制御 恩恵3　資源の提供　例水・食物・燃料・木材・薬品 恩恵4　地域文化の形成　例色・模様・デザイン ＝自らの（⑥　　）を確認できるもの。
第三のまとまり	21～27段落	絶滅の意味	異なる主張に対する筆者の反論 1　絶滅の影響は推測が難しい。 2　将来、人間の生存に役立つ可能性がある。 ◆生物の絶滅は（⑨　　）であり、絶滅してから大切さに気づいても遅い。 ↕	●筆者とは異なる主張 絶滅してもかまわない生物もいるのではないか。 根拠 1　絶滅しても生態系に大きな影響を及ぼしそうにもない生物がいる。 2　人間に（⑧　　）をもたらしそうにもない生物がいる。

おさえよう

要旨　多様な生物から成る生態系は、人間に多大な〔ア　恩恵　イ　被害〕をもたらしている。ある生物の絶滅が生態系にどれくらいの影響を与えるかは〔ア　予測可能　イ　予測不可能〕なので、〔ア　地球温暖化　イ　生物の絶滅〕の問題を人間に影響のないものと安易に考えて見過ごしてはならない。

Q 「心に深く留めて忘れない」という意味の慣用句は？　□に銘ずる

絶滅の意味

30分

自分の得点まで色をぬろう！
100点　合格！
80　もう一歩
60　がんばろう！
0
/100

解答 9ページ

1 次の文章を読んで、問題に答えなさい。 教p.65・①〜⑯

現代の絶滅と過去の絶滅の大きな違いは、そのスピードと原因である。

①過去に起こった絶滅は、かなりゆっくりしたスピードだったと考えられている。恐竜の絶滅が起こった時代でも、千年に一種くらいのスピードだったと考えられているのである。これに対して、西暦一六〇〇年から一九〇〇年の間に記録された絶滅のスピードは、平均で四年に一種であった。更に、近年は絶滅スピードが速くなっている。現代の絶滅は、過去の地球の歴史ではありえないくらい速いスピードなのである。

また、②過去の大量絶滅を引き起こした原因は、火山の大噴火、隕石の衝突、あるいは、それらによって太陽の光が遮られたり海の酸素がなくなったりするという環境変化であった。これに対して、③現代の絶滅の原因は、人間が狩りや漁獲、採集などで生物を利用しすぎてしまう、森林を農地に変えたり、湖を埋め立てたりなどの開発によって生物の生きていける環境がなくなる、外国や遠く離れた場所から、これまでいなかった生物が移入されて繁殖し、もともとすんでいた生物が生きていけなくなるといったことであり、これらは全て人間が引き起こしたことなのである。

〈中静 透「絶滅の意味」による〉

1 現代と過去の絶滅の違いを、文章中から二つ、それぞれ一語で抜き出しなさい。 5点×2（10点）

（　　）（　　）

2 ①過去に起こった絶滅 に対して、「現代の絶滅」はどのようなものですか。次から一つ選び、記号で答えなさい。（10点）

ア 過去に起こった絶滅と同じようにゆっくりしたスピードで起こっているもの。
イ 過去に起こった絶滅よりは速いスピードだが、常識的な範囲内の速さで起こっているもの。
ウ 地球の歴史の中でも数回しか見られないほどの速いスピードで起こっているもの。
エ 地球の歴史の中で存在しなかったほどの速いスピードで起こっているもの。

（　　）

3 ②過去の大量絶滅を引き起こした原因 は、何にあったのですか。簡潔に書きなさい。（15点）

（　　）

4 よく出る ③現代の絶滅の原因 は、何ですか。（15点）

［　　］が引き起こしたこと。

攻略！ 過去と現代を比較してみよう。

知識の泉 **A** 肝。〈例〉先輩からの助言を肝に銘じて，練習を続けた。

2 次の文章を読んで、問題に答えなさい。

教 p.66・⑪〜67・⑱

では、このような生物の絶滅は、私たち人間に何か影響を及ぼすのだろうか。それについて理解するためには、「生態系」の仕組みについて知る必要がある。

①生態系とは、ある地域に存在する生物と、それを取り巻く大気、水、土壌などの環境の、全てをひっくるめた全体のことをいう。生態系において、全ての生物は、それぞれが独立して存在しているのではなく、互いに影響し合ってバランスを保っている。例えば、多くの動物は、植物や他の動物を餌にして生きている。植物には、水と光と土壌から吸収した栄養分があれば生きていけるものもある。しかし、それでも花粉を昆虫に運んでもらわなければ種子ができず、そのために子孫を残すことができない植物も多い。また、土壌から栄養を吸収する際に菌類の助けを借りている植物も多い。

②生物どうしのこうした結び付きを通じて、生態系の仕組みや働きが保たれているのである。例えば、森林がキノコや果物などを動物に提供するとか、きれいな水を作るとか、二酸化炭素を吸収して酸素を放出するとかという働きは、こうした結び付きがあって発揮される。もし、その森林で、ある昆虫が絶滅してしまうと、その昆虫に花粉を運んでもらっていた樹木も子孫を残せない。そのため、五十年後か百年後にはその樹木がなくなり、更には森林という姿を保てなくもなるだろう。そうなると、きれいな水を生み出したり、酸素を供給したりといった働きも低下してしまうことになる。

このように、生態系はそれを構成する多様な生物の相互作用によってその機能を発揮し、また、個々の生物は生態系に支えられて生存している。そして、私たち人間もまたこのような生態系の一員であり、その恩恵によって生きていくことができるのである。

〈中静 透「絶滅の意味」による〉

1 よく出る ①生態系において、全ての生物はどのように存在していますか。文章中から抜き出しなさい。（20点）

（　　　　）

2 ②生物どうしのこうした結び付きを言い換えた言葉を、文章中から四字で抜き出しなさい。（10点）

□□□□

3 この文章の内容として適切なものを次から一つ選び、記号で答えなさい。（20点）

ア 生態系はある地域の環境全てを指し、動物はその中で単独で生きている。

イ 生態系の生物の中で植物から恩恵を得ているのは、主に昆虫である。

ウ 生態系は人間を含む多様な生物が互いに影響し合って成り立っている。

エ 生態系は多くの生物の相互作用で完結しており、人間が生態系にできることは少ない。

（　　）

攻略！ 最終段落の内容に着目しよう。

知識の泉 Q 「義」「侖」に共通の部首を付けるとできる熟語は？

絶滅の意味

★ 次の文章を読んで、問題に答えなさい。

教 p.70・①〜71・⑭

30分

自分の得点まで色をぬろう!
100点 合格! 80 もう一歩 60 がんばろう! 0
/100

解答 9ページ

　このように、多様な生物から成る生態系は、私たち人間にも多大な恩恵をもたらしていることが分かる。だからこそ、①生物の絶滅の問題を、人間に影響のないものと安易に考えて見過ごしてはならないのである。

【これに対して、絶滅してもかまわない生物もいるのではないか、と主張する人もいる。絶滅しても生態系に大きな影響を及ぼしそうにもない生物や、人間におよそ恩恵をもたらしそうにもない生物もいる、というのがその根拠だ。

　だが実際には、ある生物の絶滅が生態系にどれくらいの影響を与えるかを推し量ることは、容易ではない。生態系の仕組みはたいへん複雑で、僅かな条件の違いがどのような結果を生むかの予測は極めて難しいのである。

　例えば、一種類の生物の絶滅が他の生物の絶滅を連鎖的に引き起こすこともある。昆虫の中には、あるきまった植物しか食べないものも多い。したがって、ある植物の絶滅がそれを食べる昆虫の絶滅、更にはその昆虫を食べる動物の絶滅を引き起こす可能性もある。場合によっては、ある一種類の生物の絶滅により、生態系全体の仕組みが壊れてしまうこともあるかもしれない。】

　②そんな例として、ラッコの話がよく知られている。ラッコは、北の海にすむ愛らしい動物だが、その毛皮が高く取り引きされていたため、たくさんのラッコが捕獲されて個体数がとても少なくなってしまった。ラッコはウニ類や貝類を食べている。ラッコの数が減ったことでウニ類や貝類が増加した。ウニ類や貝類はコンブのような海藻を食べている。ウニ類や貝類が増えた結果、海藻が激減してしまった。つまり、ラッコを捕りすぎた結果、海藻が海からなくなるということが起きてしまったのである。一見関係なさそうな生物の絶滅が、生態系全体に大きな影響を及ぼし、結果として私たちは生態系の恵みを受け取れなくなる可能性があるのだ。

　もちろん、全ての生物がラッコのように、生態系やその働きに重大な影響を与えるわけではない。しかし、問題は、③どの生物が重要な役割を果たしているのかが分からないという点である。多くの場合、その生物が絶滅したり、極端に数を減らしたりということが起こって、初めてその生物が重要であったことが分かるのである。

　また、現時点では発見されていなかったり、人間にとって有用とは考えられていなかったりする生物も、バイオテクノロジーの進展によって、新たな食料や医薬品として人間の生存に役立つ可能性がある。熱帯の膨大な種類の植物の中には、難病といわれるような病気の特効成分を持つ樹木があるかもしれない。あるいは、土壌の中から非常に有効な抗生物質を作る菌が見つかるかもしれない。④このような生物が絶滅することは、将来それらが資源とし

知識の泉　A　議論。「訁」(ごんべん)を付ければよい。

て開発される可能性を失うことでもある。
更に一言付け加えるなら、生物の絶滅は不可逆的である。一度生物が絶滅したらそれを復活させることはできない。絶滅してからその大切さに気づいても遅い（おそ）のである。

〈中静（なかしず）透（とおる）「絶滅（ぜつめつ）の意味」による〉

1 ①生物の絶滅の……見過ごしてはならない　について答えなさい。

(1) よく出る　筆者のこのような考えに対して、どのような主張がありますか。（15点）

（　　　）

(2) 記述　(1)の主張に対して、筆者はどのように反論していますか。【　】の部分の言葉を使って書きなさい。（15点）

（　　　）

2 ②そんな例として、ラッコの話がよく知られている。について答えなさい。

(1) 「そんな例」とは、どのような例ですか。次から一つ選び、記号で答えなさい。（10点）

ア　ある生物の絶滅が、それを食べる生物の生態を変えた例。
イ　ある生物の減少が、生態系全体に大きな影響を及ぼした例。
ウ　ある生物が絶滅した結果、その生物の習性が判明した例。
エ　ある生物が減少しても生態系に影響を及ぼさなかった例。

（　　）

(2) 「ラッコの話」をまとめた次の文の（　）に当てはまる言葉を、文章中から抜き出しなさい。10点×2（20点）

ラッコが減ることで、（　　　）が増え、その結果、（　　　）が激減した。

3 レベルUP　③どの生物が重要な役割を果たしているのかが分からないとありますが、それはなぜですか。次から一つ選び、記号で答えなさい。（10点）

ア　生態系に存在する生物の数がはっきりしないから。
イ　既（すで）に多くの生物が絶滅してしまったから。
ウ　自然のままの生態系が失われつつあるから。
エ　生態系の仕組みがとても複雑だから。

（　　）

4 ④このような生物　とはどのような生物ですか。（　）に当てはまる言葉を、文章中から抜き出しなさい。5点×3（15点）

現時点では（①　　　）されていなかったり、（②　　　）とは考えられていなかったりするが、人間の（③　　　）可能性のある生物。

5 よく出る　筆者は「生物の絶滅」をどのようなものだと考えていますか。次から一つ選び、記号で答えなさい。（15点）

ア　原因が何であるかが分からないもの。
イ　全て人間の行為（こうい）が原因で引き起こされるもの。
ウ　一度起こってしまったら取り返しのつかないもの。
エ　人間が責任を持って元通りにすべきもの。

（　　）

確認のワーク ステージ1

編集して伝えよう 「環境(かんきょう)」の新聞
日本語探検3 連語・慣用句

解答 10ページ　スピードチェック 5ページ

学習のねらい
- 伝える目的や内容に適した文章の種類や、構成・表現を知ろう。
- 連語・慣用句を正しく使えるようになろう。

漢字

1 漢字の読み 読み仮名(がな)を横に書きなさい。

＊は新出漢字
▼は新出音訓・◎は熟字訓

❶ 格＊闘　技　❷ ＊傘（訓読み）　❸ ＊采　配

2 漢字の書き 漢字に直して書きなさい。

❶（　さいはい　）を振(ふ)る。　❷（　かくとうぎ　）を見る。

❸（　かさ　）を差す。

基本問題　編集して伝えよう

1 よく出る 客観性や信頼(しんらい)性が高い情報に当てはまるものを次から全て選び、記号で答えなさい。

ア　専門家や公的機関などから発信された情報。
イ　適切な根拠(こんきょ)を挙げて丁寧(ていねい)に説明されている情報。
ウ　発信された日付の不明な情報。
エ　発信者の意見が分かりやすく表現されている情報。
オ　賛成することができる意見が述べられている情報。

（　　　）

2 「環境汚染(かんきょうおせん)」というテーマで、新聞に載(の)せる記事を、グループで分担して書くことになりました。それぞれの人が書く記事に適した文章の種類を後から一つずつ選び、記号で答えなさい。

青山(あおやま)　プラスチックごみによる海洋汚染が進んでいることについて、僕(ぼく)の考えを根拠を挙げて書くよ。
川口(かわぐち)　近くの川が家庭からの排水(はいすい)で汚(よご)れていて、すごい臭(にお)いもするのが悲しくて。その思いを書くつもり。
木村(きむら)　自動車の排気ガスや工場から出される煙(けむり)などによって、大気が汚染され、人の健康を害していることについて、本で調べた内容を書くよ。

ア　報道文　イ　随筆(ずいひつ)　ウ　意見文

青山…（　　）　川口…（　　）　木村…（　　）

3 攻略！「報道文」「随筆」「意見文」の特徴(とくちょう)を考えよう。

次の文章についての説明として適切なものを後から一つ選び、記号で答えなさい。

取材した店では、商品の並べ方を工夫(くふう)しているそうだ。「商品の展示が客の購買(こうばい)意欲を左右する」と、店主は何度も言っていた。

ア　体験に対する自分の思いを、具体的に述べている。
イ　調べて分かったことについて、意見と根拠を示している。
ウ　会話文を取り入れて、そのときの状況(じょうきょう)を描写(びょうしゃ)している。
エ　資料の言葉を、かぎ括弧(かっこ)で区切って引用している。

（　　　）

知識の泉　A　イ。「期待どおりにいかなくて，がっかりすること」の意味。

基本問題 日本語探検3

1 □に当てはまる言葉を後から一つずつ選び、記号で答えなさい。ただし、記号は一度しか使えません。

① 文章に□。（　　）　② 辞書を□。（　　）
③ 役に□。（　　）　④ 迷惑を□。（　　）
⑤ 世の□。（　　）　⑥ 様子を□。（　　）
⑦ うそを□。（　　）　⑧ 息を□。（　　）

ア 引く　イ のむ　ウ かける　エ 起こす
オ 見る　カ 立つ　キ 常　ク つく

2 よく出る 次の――線の慣用句の意味を後から一つずつ選び、記号で答えなさい。

① 彼らは、仕事中に、屋上で油を売っていた。（　　）
② この魚は、足が早いから、すぐに食べよう。（　　）
③ 私は、甘いものに目がない。（　　）
④ あまりの難問にさじを投げる。（　　）
⑤ 気が置けない友人とお茶を飲む。（　　）
⑥ 過去のわだかまりを水に流す。（　　）
⑦ 弟の口のうまさに舌を巻く。（　　）
⑧ どうせ大したことはないと高をくくる。（　　）

ア 食物などが腐りやすい。　イ 無駄話をして怠ける。
ウ 諦めて手を引く。　エ 非常に好きである。
オ 感心して驚く。　カ なかったことにする。
キ 心から打ち解けられる。　ク 見くびる。

3 次の――線が正しい慣用句になるように、（　）に当てはまる言葉を書きなさい。

① 集中しているのに、（　　）を差すようなことはするな。
② 先生の言葉を（　　）に銘ずる。
③ 彼の態度は少々（　　）につく。
④ 天気の話をして（　　）を濁す。
⑤ 店員の（　　）に乗り、不要な物を買わされる。
⑥ 自分についてのうわさ話を（　　）に挟む。

攻略！ ①は「邪魔をする」、②は「心に刻んで忘れない」という意味。

4 次の（　）に当てはまる慣用句を後から一つずつ選び、記号で答えなさい。ただし、後の言葉に合わせて活用させるものもあります。

① 私と彼女は、どういうわけか（　　）。
② うっかり「今は暇だ。」と答えたのが、兄の（　　）だった。
③ 彼の（　　）わけではないが、今回の件に関しては彼の意見のほうが（　　）ていると思う。
④ 手伝いもしないでお小遣いを欲しがるなんて、（　　）話だ。
⑤ 自分の自慢ばかりする彼の（　　）言動に嫌気がさす。

ア 肩を持つ　イ 思うつぼ
ウ 的を射る　エ 馬が合う
オ 鼻持ちならない　カ 虫がいい

知識の泉 Q ――線を正しく書き直すと？「遅刻したことを誤る。」

確認のワーク ステージ1

漢字道場3　四字熟語

学習のねらい
●漢字一字一字の意味を考えながら、四字熟語の構成を捉えよう。
●よく使われる四字熟語の意味を覚えよう。

解答 10ページ　スピードチェック 5ページ

漢字

1 漢字の読み　読み仮名を横に書きなさい。

＊は新出漢字　▼は新出音訓・◎は熟字訓

❶ 老若男女　❷ 冠婚葬祭　❸ 泰然自若
❹ 深謀遠慮　❺ 換骨奪胎　❻ 東奔西走
❼ 呉越同舟　❽ 臥薪嘗胆　❾ 内憂外患
❿ 順風満帆　⓫ 時期尚早　⓬ 閑話休題
⓭ 情状酌量　⓮ 一朝一夕　⓯ 一騎当千

2 漢字の書き　漢字に直して書きなさい。

❶ 順風（まんぱん）　❷（とうほん）西走
❸（しんぼう）遠慮　❹（ないゆう）外患
❺ 時期（しょうそう）　❻（かんわ）休題

教科書の要点

1 四字熟語の構成　（　）に当てはまる四字熟語を後の［　］から一つずつ選び、記号で答えなさい。

教 p.84〜85

四字熟語の構成には、次のようなものがある。

●四字それぞれが対等の関係にあるもの	例 春夏秋冬	（①）
●対義の二字から成る語を二つ重ねたもの	例 栄枯盛衰	（②）
●同じ字の繰り返しを二つ重ねたもの	例 正々堂々　虚々実々	
●意味の似た二字熟語を重ねたもの	例 公明正大	（③）
●意味が対になる二字熟語を重ねたもの	例 有名無実　異口同音	
●上の二字が下の二字にかかるもの	例 意気投合	（④）

●数字を含むもの　例 一騎当千　一日千秋　千載一遇
●故事成語　例 朝令暮改　朝三暮四　温故知新　四面楚歌

ア 深謀遠慮　イ 古今東西
ウ 冠婚葬祭　エ 情状酌量

A 謝る。　謝る＝謝罪する。同訓の「誤る」は「間違える」という意味。

基本問題

1 次の漢字を並べ替えてできる四字熟語を書きなさい。

① 鳥 月 風 花（　　　）

② 楽 怒 喜 哀（　　　）

2 同じ構成の四字熟語を後から一つずつ選び、記号で答えなさい。

① 不即不離（　）　② 完全無欠（　）

③ 時期尚早（　）　④ 春夏秋冬（　）

ア 起承転結　イ 質疑応答

ウ 本末転倒　エ 謹厳実直

3 よく出る □に当てはまる漢字を[　]から選び、（　）に書きなさい。

攻略！ 四字熟語は二字ずつに分けられるものが多い。

① 温故知□（　）　② 大胆不□（　）

③ 南船北□（　）　④ 首□一貫（　）

⑤ □死回生（　）　⑥ 危機一□（　）

⑦ 絶□絶命（　）　⑧ 晴□雨読（　）

⑨ 粒々□苦（　）　⑩ 三寒四□（　）

[尾 耕 髪 新 辛 馬 起 体 温 敵]

4 □に当てはまる漢字を書き、四字熟語を完成させなさい。

① 一□一□の攻防の末、勝利を収めた。

② テストの結果に一□一□する。

③ 一□一□には、上達しない。

④ よいところも悪いところもあって、一□一□だ。

⑤ □人□色だから、好みはそれぞれだ。

⑥ この問題に対する意見は、□差□別だ。

5 よく出る □に当てはまる漢字と完成した四字熟語の意味を、それぞれ[　]から一つずつ選び、（　）に漢字と記号で答えなさい。

① 呉越□舟（　・　）　② □面楚歌（　・　）

③ 百発□中（　・　）　④ □頭狗肉（　・　）

⑤ 臥□嘗胆（　・　）　⑥ 朝□暮四（　・　）

漢字 [百 四 羊 三 薪 同]

意味

ア 周りを敵に囲まれ、助けがなく孤立すること。
イ 目先の違いに心を奪われ、同じ結果だと気づかないこと。
ウ 仲の悪い者どうしが同じ場所にいること。
エ 長い間試練に耐えて、苦労すること。
オ 見せかけは立派だが、実質が伴わないこと。
カ 予想や計画が全て当たること。

知識の泉 Q 類義語を作るとき，□に当てはまる漢字は？ 没頭＝□心

確認のワーク ステージ1

恩返しの井戸を掘る

学習のねらい
- 筆者のギニアにおける体験を読み取ろう。
- 筆者がギニアの人々との交流から学んだことを読み取ろう。

解答 11ページ スピードチェック 6ページ 予想問題 136ページ

漢字と言葉

1 漢字の読み 読み仮名を横に書きなさい。

*は新出漢字 ▼は新出音訓・◎は熟字訓

❶ *泊まる ❷ 診*療所 ❸ 下*痢 ❹ *蚊 ❺ *併発 ❻ *鍋 ❼ 山*岳地 ❽ *維持 ❾ *雇う ❿ *滞在 ⓫ 幼*稚園児 ⓬ ◎砂利

2 漢字の書き 漢字に直して書きなさい。

❶ 長く（たいざい）する。 ❷ 速さを（いじ）する。 ❸ 村の（しんりょう）所。 ❹ 病を（へいはつ）する。 ❺ 宿に（と）まる。 ❻ 人を（やと）う。

3 語句の意味 意味を下から選んで、線で結びなさい。

❶ 併発（へいはつ） ・ ・ア ほかのために尽くす様子。
❷ 献身的（けんしんてき） ・ ・イ 複数のことが同時に起こること。
❸ 吹っかける ・ ・ウ 法外な料金を要求する。

教科書の要点

1 話題 題名の「恩返し」とは、何に対する「恩返し」なのですか。（ ）に教科書の言葉を書き入れなさい。 教 p.86〜88

（①　　　）のチャレンジ中、ギニアで（②　　　）と赤痢にかかった筆者を、ギニアの人々が献身的に（③　　　）してくれたことに対する恩返し。

2 話題 筆者は、「恩返し」として何をしたのですか。（ ）に教科書の言葉を書き入れなさい。 教 p.88〜89

（　　　）を手に入れるための井戸を掘った。

3 内容理解 筆者の目に新鮮に映ったのは、ギニアのカリヤ村のどのような様子ですか。（ ）に教科書の言葉を書き入れなさい。 教 p.86

物があればみんなで（①　　　）、物がなければ（②　　　）し、兄弟や親戚で（③　　　）ながら、人々が生きている様子。

筆者は、自分とは異なる環境で暮らす人々と出会ったんだね。

知識の泉 A 専。 どちらも「一つのことに集中すること」を表す。

4 構成のまとめ

（　）に教科書の言葉を書き入れなさい。教p.86〜91

	第一のまとまり	第二のまとまり	
まとまり	教初め〜p.88・㉛ ギニアの人々との出会い （1996年）	p.88・㉜〜90・④ 井戸を掘るという恩返し （2003年）	p.90・⑤〜終わり 井戸の完成 （2004〜2005年）
出来事	●友人・シェリフとの出会い ・自転車世界一周にチャレンジ中、（①　　）のカリヤ村のシェリフ医師を紹介される。 ・マラリアにかかり、（②　　）を併発する。 →シェリフや村人たちが献身的に看病してくれた。友達だからと、お金を受け取らなかった。	●七年ぶりに命の恩人のシェリフと再会。 ●ギニアに井戸を掘ることを思いつき、（⑥　　）に掘ることを決めた。 →途中で壁にぶつかるが、シェリフらが解決。 ＝井戸掘り業者とのトラブル	●二〇〇四年十二月、井戸の工事が始まる。 ●二〇〇五年五月、井戸が完成する。
心情や様子	シェリフ「肌の色が違っても同じ人間。」と筆者を歓迎する。 筆者・村人に（③　　）を振る舞われてびっくりする。 ・シェリフが村にあった（④　　）を使ってくれたことに驚く。 ・別れ際、ただ「ありがとう。」を繰り返した。	筆者 本の印税で、助けてくれた人に（⑤　　）をしようと考えた。 シェリフ 薬よりもきれいな水を手に入れるための井戸が必要だ。 ←苦労する筆者を見かねて シェリフ「僕が全ての指揮を執る」現地の責任者となって動いてくれた。 ドンゴル村の人々 井戸の（⑦　　）のための積み立て金が集まる。 └みんなの本気 筆者（⑧　　）で鳥肌が立った。	ドンゴル村の人々「自分たちの井戸だ。」という強い気持ち。 ▼筆者や村人たちは、みんなで握手をして喜びを分かち合った。 筆者・胸がいっぱいになり、関わった全ての人に（⑨　　）の気持ちを伝えたくなった。 ・シェリフや村人たちから豊かさについて教えられた気がする。

おさえよう

主題 ギニアでのシェリフたちとの出会いを通して、〔ア 感謝　イ 後悔〕の気持ちなど、「本当に大切なこと」を知った筆者が、〔ア 知性　イ 豊かさ〕とは何かを読者に問いかけている。

知識の泉 Q「延」の部首は何画？

実力判定テストA ステージ2

恩返しの井戸を掘る

30分

自分の得点まで色をぬろう！ 合格！ もう一歩 がんばろう！ /100

解答 12ページ

次の文章を読んで、問題に答えなさい。

教 p.88・㉜〜90・④

四年三か月にわたる旅を終え、帰国した僕は、自分の経験を本につづった。本の印税で、助けてくれた人たちに①恩返しをしようと考えたとき、最初に思い浮かんだのは、村の最後の薬で命を救ってくれたシェリフ医師だった。

二〇〇三年七月、僕はギニアに渡り、七年ぶりに命の恩人シェリフに再会した。当時不足していたマラリア治療薬など、たくさんの薬を持っていった。そのとき、薬も必要だが、もっと必要なのは、きれいな水を手に入れるための井戸だと聞かされた。当時のギニアの平均寿命は、四十六歳。安全な水が手に入らず、風土病で命を落とす人は少なくなかった。

僕はギニアに井戸を掘ることを思いついた。シェリフに相談すると、既に井戸のあるカリヤ村ではなく、山岳地にある②ドンゴル村はどうかと提案してくれた。その村はシェリフのお父さんの村で、井戸も病院も学校もない。バケツ一杯の水を一時間かけて谷川までくみに行っているが、川は病原菌や寄生虫、家畜によって汚染され、風土病の温床となることもある。しかも、乾季には全く雨が降らないという状態だ。

僕はドンゴル村に井戸を掘ることを決め、③村長に井戸の維持管理を行う「水管理委員会」を組織してもらった。資金を用意し、井戸を作ること自体は僕が何とかできる。だが、それ以上に、作った井戸の維持管理を村人たち自身で行えるようにすることが大切だと考えたのだ。

日本とギニアを行き来しながら、計画を進めていたが、④途中で壁にぶつかった。ギニアの井戸掘り業者に事情を話しても、なかなか取り合ってもらえない。それどころか、外国人である僕は、高い値段を吹っかけられてしまうのだ。落ち込む僕を見て、⑤シェリフがついに立ち上がった。

「タツ、僕が全ての指揮を執る。技術者を雇い、セメント、砂、鉄筋は安く仕入れて、労働には村人を参加させる。維持管理は、水管理委員会に全て任せる。」

彼はすぐに、現場監督と井戸掘り職人を探してきた。僕に渡航の負担をかけているのだからと、自分が現地の責任者となって動いてくれたのだ。

一方、ドンゴル村では、水管理委員会が井戸の維持費のための積み立て金を集めていた。⑥会計係が差し出した集金ノートと輪ゴムで留めた現金の束を見て、僕は感動で鳥肌が立った。現金収入がほとんどないこの村で、どうやってこんなにお金を集めたのだろう。みんなの本気が伝わってきた。

〈坂本 達「恩返しの井戸を掘る」による〉

1 よく出る ①恩返し について答えなさい。

(1) 筆者は、最終的にどのような「恩返し」を思いついたのですか。文章中から一文で抜き出し、初めの五字を書きなさい。（10点）

A 三画。　部首名は，「えんにょう」。「道・長くのばすこと」という意味。

(2) 筆者は、なぜ(1)のような「恩返し」をすることにしたのですか。（　）に当てはまる言葉を、文章中から抜き出しなさい。 5点×2（10点）

命の恩人であるシェリフから、（　　）よりも必要なのは、きれいな水を手に入れるための（　　）だと聞かされたから。

2 ②ドンゴル村の説明として適切なものを次から一つ選び、記号で答えなさい。（15点）

ア シェリフが住んでいる村である。
イ 井戸、病院、学校がいずれもない。
ウ すぐそばの谷川から水をくんできている。
エ 乾季には雨が降らない日がたまにある。

（　　）

3 ③村長に井戸の維持管理を行う「水管理委員会」を組織してもらったとありますが、それはなぜですか。（10点）

（　　）

4 ④途中で壁にぶつかったとありますが、「壁」とは何ですか。それが分かる部分を、文章中から連続する二文で抜き出し、一文目の初めの五字を書きなさい。（10点）

□□□□□

攻略！ 「壁にぶつかる」は、「困難に遭遇（そうぐう）する」という意味。

5 ⑤シェリフがついに立ち上がったについて答えなさい。

(1) シェリフは、筆者のために何をしてくれたのですか。次から一つ選び、記号で答えなさい。（10点）

ア 自ら井戸掘りをすることを決意してくれた。
イ 井戸掘り業者に文句を言ってくれた。
ウ 落ち込む筆者を力強く励（はげ）ましてくれた。
エ 井戸掘りの現地の責任者になってくれた。

（　　）

(2) シェリフが筆者のために(1)のようなことをしてくれたのは、なぜですか。（10点）

（　　）

6 よく出る ⑥僕は感動で鳥肌が立ったについて答えなさい。

(1) 何を見て「鳥肌が立った」のですか。（　）に当てはまる言葉を、文章中から抜き出しなさい。 5点×2（10点）

水管理委員会が（　　）のために集めた（　　）の束。

(2) 筆者が「感動」した理由を次から一つ選び、記号で答えなさい。（15点）

ア 村人たちが外国人である筆者を信用してくれたから。
イ 村人たちが井戸のために精一杯（せいいっぱい）のお金を用意したから。
ウ 村人たちが落ち込んでいた筆者に同情して協力したから。
エ 村人たちが見たこともない大金を簡単に集めたから。

（　　）

攻略！ 「鳥肌が立つ」は、ここでは筆者の感動の深さを表している。

知識の泉 **Q** 「最後に加える大切な仕上げ」を意味する故事成語は？ □竜点睛（りょうてんせい）

実力判定テストB　ステージ3

恩返しの井戸を掘る

30分

自分の得点まで色をぬろう！

合格！ 100点 80 もう一歩 60 がんばろう！ 0

/100

解答 12ページ

次の文章を読んで、問題に答えなさい。

教 p.90・⑤〜91・㉔

二〇〇四年十二月、いよいよ①井戸の工事が始まった。職人たちは素手でつるはしを握り、岩盤のように硬い地面を黙々と掘る。直径一・四メートルの穴を、初日は深さ七十センチまで。これを二十メートルの深さまで掘ろうというのだ。根気のいる作業である。僕は数日間、村に滞在し、村人といっしょに井戸掘りを手伝った。

二〇〇五年五月、掘削現場を訪れた僕は、それまでになかった、りっぱな井戸を見つけた。「水が出た。」という報告は、日本で受けていたが、まだ信じられなかった。坂道を転がるように下り、セメントで固められた深い井戸をのぞき込む。底には透き通ったきれいな水がたっぷりとたまっていた。②本当にできたんだ。

村人の代表が、井戸に取り付けた手押しポンプを上下に動かす。ギッ、ギッ……。みんなが息をのんで見守る中、ついに透明な水が出た！

③僕らはみんなで握手をして喜びを分かち合った。子供たちは、不思議そうにポンプの先から出る水を見つめている。村人たちの笑顔、特に女性が手をたたいて喜ぶ姿がうれしかった。

この井戸は、村人総出の手作りでできた井戸だ。子供たちが車の入れる道を切り開き、職人たちが朝から晩まで掘り続け、村人がバケツで土を運び出し、女性が川から運んできた水をセメントに混ぜ、幼稚園児くらいの子供までも砂利を集めて手伝った。女性も子供もお年寄りもみんなが汗を流した。彼らの「自分たちの井戸だ。」という強い気持ちが伝わってくる。

僕は胸がいっぱいになり、関わった全ての人に感謝の気持ちを伝えたくなった。

僕がギニアをたつとき、シェリフは言った。

「タツのおかげで村に井戸ができて本当に感謝している。でも、タツが毎年、僕たちのことを忘れずに会いに来てくれることが、実はいちばんうれしいんだ。」

僕は、恩返しのつもりでギニアを訪れていたのだが、シェリフや村人たちに心からもてなしてもらい、水や命の大切さ、家族の大切さ、分け合うこと、みんなで作りあげること、感謝の気持ちなど、本当に大切なことにたくさん気づかせてもらった。

水や薬があるからといって豊かになるわけではない。④逆に彼らから豊かさについて教えられているような気がしてならない。僕が日本で自分の体験を語ったり、豊かさについて子供たちと考えたりすることも、恩返しの一つだと思う。⑤これからも出会った人に感謝しながら、恩返しを続けていきたい。

〈坂本 達「恩返しの井戸を掘る」による〉

知識の泉　A 画。　画家が最後に睛（ひとみ）を描き入れたら竜が天に昇ったという故事から。

1 ①井戸の工事 について答えなさい。

(1) どのような工事が行われましたか。次から一つ選び、記号で答えなさい。(10点)

ア 粗末（そまつ）な道具を使って砂の地面をきれいに掘る工事。
イ 大勢の職人たちが集合してたくさんの穴を掘る工事。
ウ 人力で硬い地面を二十メートルの深さまで掘る工事。
エ 人力と機械を組み合わせて浅い穴を掘っていく工事。

（　　）

(2) 「井戸の工事」がどのようなものであるかを表している言葉を、文章中から七字で抜（ぬ）き出しなさい。(5点)

2 記述 ②本当にできたんだ。とありますが、このときの筆者の気持ちを説明しなさい。(20点)

（　　）

3 ③僕らはみんなで握手をして喜びを分かち合った。について答えなさい。

(1) 「みんなで握手をし」たのは、なぜですか。「……だったから。」につながるように、文章中から二十字で抜き出しなさい。(10点)

だったから。

(2) このときの「みんな」の気持ちを次から一つ選び、記号で答えなさい。(10点)

ア 自分たちの井戸が完成したことに達成感を覚えている。
イ 筆者の努力がついに実ったことを祝福している。
ウ 井戸のあまりの出来のよさを誇（ほこ）らしく思っている。
エ 村に井戸がなかった頃（ころ）のことを懐（なつ）かしんでいる。

（　　）

4 よく出る ④彼らから豊かさについて教えられている とありますが、具体的にどのようなことを教えられたのですか。文章中から抜き出しなさい。(15点)

（　　）

5 レベルUP ⑤これからも出会った人に感謝しながら、恩返しを続けていきたい。について答えなさい。

(1) このように考えるのは、筆者がどのような経験をしたためですか。次から一つ選び、記号で答えなさい。(15点)

ア シェリフという無二の親友を得るという経験。
イ 困っている人たちの手助けをするという経験。
ウ シェリフたちから本当に大切なものを学ぶという経験。
エ 日本とは全く異なる環境（かんきょう）や文化に触（ふ）れるという経験。

（　　）

(2) 筆者は、「恩返し」として、どのようなことを挙げていますか。文章中から抜き出しなさい。(15点)

（　　）

知識の泉 Q 「負傷」と同じ構成の熟語はどっち？　ア＝国立　イ＝加熱

確認のワーク ステージ1

幸福について

学習のねらい
●四つの場面を通して、考えの深め方や議論の仕方を読み取ろう。
●筆者が議論をどのようなものだと考えているかを捉えよう。

解答 13ページ スピードチェック 6ページ 予想問題 137ページ

漢字と言葉

1 漢字の読み 読み仮名を横に書きなさい。

*は新出漢字 ▼は新出音訓・◎は熟字訓

❶ *丘（訓読み） ❷ *陰（訓読み） ❸ *猫（訓読み） ❹ *焦点
❺ *絞る ❻ *充実感 ❼ 過*剰 ❽ 一*抹

2 漢字の書き 漢字に直して書きなさい。

❶（しょうてん）を当てる。 ❷（じゅうじつかん）を覚える。
❸（いちまつ）の不安。 ❹（かじょう）なサービス。
❺ 人数を（しぼ）る。 ❻ 木の（かげ）で休む。

3 語句の意味 意味を下から選んで、線で結びなさい。

❶ ありがち・　・ア 簡単には言い表せない様子。
❷ 焦点・　・イ 世の中で一般的によくあること。
❸ 前提・　・ウ 興味や注意が集まる重要なところ。
❹ 微妙・　・エ 物事が成立する土台となる条件。

教科書の要点

1 内容理解 幸福について議論を始めた三人は、どのように考えを深めていきましたか。次のア～ウを議論の順に並べなさい。 教 p.96～102

ア 「幸福」はその人の感覚の問題か。
イ 「幸福」とは何か。
ウ 「幸福」と「幸福感」は同じなのか違うのか。

（　　）→（　　）→（　　）

2 内容理解 三人の議論の仕方として適切でないものを、次から一つ選び、記号で答えなさい。 教 p.96～103

ア たとえを挙げたり、言葉を置き換えたりして説明している。
イ 複数の疑問を同時に議論し、さまざまな考えを引き出している。
ウ 複数出てきた考えを整理し、論点を定めて議論している。
エ 考えの前提から問いただそうと、議論に疑問を投げかけている。

（　　）

三人の議論を通して、考えの深め方や議論の仕方を学ぼう。

知識の泉 A イ。「負傷」→傷を負うこと。「国立」→国が立てること。「加熱」→熱を加えること。

3 構成のまとめ

（　）に教科書の言葉を書き入れなさい。教p.96〜103

まとまり	はじめに	議論	まとめ
	教初め〜p.96・⑧	p.96・⑨〜102・⑭	p.102・⑮〜終わり
	きっかけ	議論の深まりと筆者の感想	筆者の意見
内容	三人が（①）について議論している。		

議論の第一場面

- 考え1　幸福はお金で手に入るもの
- 考え2　幸福はその人の気持ちの問題
- 疑問　「幸福とは何か」と「どうすれば幸福になれるか」は別の話ではないか。たとえ…「テレビとは何か」と「テレビはどうやって作るのか」と同じ違い。
- 提案　「幸福とは何か」を先に考えよう。

▼（②）を分けて一つずつ議論していくことが、議論の仕方のだいじな技術。

議論の仕方：
- 論点を整理しようとしている。
- たとえを用いて説明している。
- 議論する順番を提案している。

議論の第二場面

- 考え1　幸福とは喜びを感じること
- 考え2　幸福とは充実感を味わうこと
- 疑問　何か幸福といえるような気持ちになっていれば幸せなのか。

▼幸福は（③）の問題だという（④）も疑ってみるべきなのかもしれない。

議論の仕方：
- 議論に疑問を投げかけている。

議論の第三場面

- 疑問　幸福と幸福感（喜びや充実感など）は同じものなのか、違うのか。幸福と幸福感が違う場合の例……（⑤）・麻薬

議論の仕方：
- 言葉を置き換えている。
- 具体例を挙げて説明している。

議論の第四場面

- 疑問　本人が感じていれば幸福なのか、本人が感じていても幸福ではないのか。
- 考え　何が幸せかは、ある程度は人それぞれだが、完全に人それぞれではない。

議論の仕方：
- 逆の例や新たな例を挙げて、考えを深めている。

議論でだいじなこと

問題をはっきりさせて、その問題に対して（⑥）をみんなで議論すること。

↓議論とは、（⑦）することではなく、正しい考えを求める（⑧）である。

要旨　議論とは、対立を乗り越えて、正しい〔ア　結果　イ　考え〕を求める共同作業である。だいじなことは、問題をはっきりさせて、その問題に対してどう考えればよいかをみんなで議論し、自分の考えを〔ア　深める　イ　変える〕ことである。

知識の泉　Q「呉越同舟」の意味は？

幸福について

自分の得点まで色をぬろう!
100点　合格!　80　もう一歩　60　がんばろう!　0
/100

解答 13ページ

次の文章を読んで、問題に答えなさい。　教p.96・⑨〜98・⑬

カイ　お金がなければ幸福は手に入らないよ。
トッポ　そうかなあ。幸福っていうのは喜びを感じることだと思うな。
カイ　だって、お金があれば欲しいものが買えるじゃない。
トッポ　だけど、お金で人の気持ちは買えないよ。
グー　安いものでもちょうど欲しかったものってうれしいよね。
トッポ　金持ちでも自分のことを幸福とは感じてない人もいると思うよ。結局、幸福って、その人の気持ちの問題じゃないかな。
カイ　でも、やっぱりお金は必要でしょ?
グー　ちょっと待って。①何かごちゃごちゃしちゃった。
カイ　意見が分かれたからね。
グー　分かれたっていうより、幸福って何だろうという話と、どうすれば幸福になれるかという話が交ざってない?
トッポ　同じことじゃないの?
グー　そうかなあ。②それが何かっていうことと、それはどうすれば手に入るのかっていうことは別だと思うけど。
トッポ　よく分からないな。どう違うの?
カイ　ああ、そうか。例えばさ、テレビとは何かっていう話とテレビはどうやって作るのかっていう話は別だよね。
トッポ　それはそうだね。……幸福とは何か。どうすれば幸福になれるか。……関係するけど、違う問題か。
グー　幸福はお金で買えるかというのは、どうすれば幸福になれるかという話で、幸福は喜びを感じることだというのは、幸福とは何かという話になるのかな。
カイ　うん。そうしたら、まず幸福とは何かを考えるのが先かな。幸福が何なのかが分からなかったら、どうすれば幸福になれるのかも分からないものね。

——なるほど、と私は感心した。実は、私は教師をしている。生徒たちの議論を見ていると、ただ自分の意見を言い合うだけになってしまうことが多い。授業で議論の仕方をきちんと教えたいと思っていたところだったのだ。

これは生徒たちだけでなく、私たちにもありがちなことなのだが、しばしばいくつかの異なる問題を同時に議論してしまう。しかし、区別すべき問題をきちんと分けないで議論しても、混乱するだけでしかない。問題を分けて一つずつ議論していくこと。これは議論の仕方のだいじな技術である。

〈野矢茂樹「幸福について」による〉

知識の泉　A　仲の悪い者どうしが同じ場所にいること。「呉」「越」は古代中国にあった国。

1 カイ、トッポ、グーの三人の議論について答えなさい。

(1) 三人は、何について議論をしていますか。□に当てはまる言葉を、文章中から抜き出しなさい。（10点）

□について。

(2) (1)について、カイとトッポはそれぞれどのように考えていますか。次から一つずつ選び、記号で答えなさい。5点×2（10点）

ア みんなで分かり合えることである。
イ 喜びを感じることである。
ウ お金がなければ手に入らないものである。
エ 穏やかな気持ちでいられることである。

カイ…（　）　トッポ…（　）

2 ①何かごちゃごちゃしちゃった。とは、どういうことですか。□に当てはまる言葉を、文章中から抜き出しなさい。10点×2（20点）

□という話と、□という話がいっしょになり、混乱してきたということ。

攻略! グーの次の発言に、「交ざってない?」とあることに着目しよう。

3 よく出る ②それが何かっていうことと、……別だと思うけど。とありますが、二つの違いを、カイは何にたとえて説明していますか。文章中から抜き出しなさい。（10点）

（　）

攻略! カイの発言の「例えばさ、……」から始まる部分に着目しよう。

4 記述 三人は、最終的にどうすることにしましたか。文章中の言葉を使って書きなさい。（20点）

（　）

攻略! 議論の最後で、カイが提案していることを読み取ろう。

5 よく出る 三人の議論を聞いていた筆者は、議論の仕方として、どのようなことがだいじだと感じていますか。文章中から抜き出しなさい。（10点）

（　）

攻略! 「議論の仕方」「だいじ」などの言葉を手がかりにして読み取ろう。

6 よく出る 三人の議論の進め方として当てはまるものを次から二つ選び、記号で答えなさい。10点×2（20点）

ア 客観的な数値を示して意見を述べようとしている。
イ 違う意見のよい点だけを採用しようとしている。
ウ 議論を冷静に捉えて論点を整理しようとしている。
エ いくつかの考えを一つにまとめようとしている。
オ 議論の順番を決めて混乱を避けようとしている。

（　）（　）

4 多面的に検討する

知識の泉 Q 「額」の部首名は?

幸福について

30分

自分の得点まで色をぬろう！

合格！ もう一歩 がんばろう！

/100

解答 14ページ

★ 次の文章を読んで、問題に答えなさい。

教 p.100・②～102・①

カイ　喜びなのか充実感なのかという問題はいったん置いといて、そういう気持ちをまとめて「幸福感」っていうことにしようか。そうすると、幸福と幸福感は同じものなのか、違うのか。それがそもそも問題だってことだね。

グー　ああ、そう。そういうこと。

トッポ　①幸福と感じてることと本当に幸福かどうかは同じことか、それとも違うことかが問題っていうこと？

グー　うん。幸福と幸福感は違うんじゃないかな。

トッポ　じゃあ、幸せだって感じてるのにほんとは幸せじゃないとか、幸せじゃないって感じてるのにほんとは幸せとか、そんなことがあるっていうわけ？

カイ　あるかもしれない。

トッポ　どっちの味方なのさ。

カイ　いや、敵とか味方じゃなくて、だいじなのはどう考えるのが正しいのかだからさ、話し合ってる間に考えが変わることだってあるじゃない。

トッポ　本人が幸福だと思ってるのに本当は幸福じゃないって、どんな場合？

カイ　例えば、②宝くじを買ってさ、実は当たってないのに一億円当たったと思っちゃったとするね。そのときはすごく幸福な気持ちになるだろうけど、でも、本当に幸福とは言えないんじゃないかな。

トッポ　それは、当たってないことが分かれば消えてっちゃう幸せだけど、でも、当たってると思ってる間は幸せなんじゃない？

カイ　そうか。……あまり説得力ないか。

グー　じゃあさ、極端なこと言うけど、③麻薬とかに喜びを感じるような状態になっちゃったとするね。このままいったらどんどん体はだめになってく。でも、本人は喜んでるとしたら。それでもそれは幸福？

トッポ　それは、その人にとっては幸福なんじゃない？

グー　そうかなあ、そんなことに喜びを感じるって、とても不幸なことだと思うけど。

トッポ　うん……。

——トッポは考え込んだ。一方ではグーの出した例に説得力を感じている。でも、もう一方では「何が幸せかは自分がどう思うかによる」という考えも正しいように思える。そんな揺らいだ状態にいるようだった。

トッポ　……確かに、麻薬の例は不幸だと思う。だけど、その人が幸福だって感じてるのに、周りがそれを否定することなんて、できるのかなあ。

知識の泉 **A**　**おおがい。**　ひざまずいた人の頭部を強調した形から，「頁」となった。

カイ　逆はどうだろう。本人が幸福だと感じてなくても、客観的に見て幸福だってことは、あるかな。
グー　あると思うけど……。
トッポ　本人が感じてなければそれは幸福とは言えないでしょう。
グー　④平和はどうかな。平和ってさ、慣れちゃうとあたりまえに思って何も感じないかもしれないけど、幸福だよね。

〈野矢茂樹「幸福について」による〉

1 よく出る　三人は、どのような論点で議論をしていますか。「……という問題。」につながるように、文章中から十九字で抜き出しなさい。（15点）

という問題。

2 ①幸福と感じてることと本当に幸福かどうかは同じことか、それとも違うことかが問題っていうこと？　とありますが、この発言を説明したものを次から一つ選び、記号で答えなさい。（15点）

ア　相手の発言を繰り返すことで、理解を深めている。
イ　詳しく述べることで、自分の考えを説明している。
ウ　易しく言い換えることで、間違いを指摘している。
エ　言葉を置き換えることで、問題を捉え直している。

（　　）

3 記述　②宝くじや③麻薬は、どのような場合を説明するためのものですか。（20点）

（　　）

4 よく出る　④平和はどうかな。とありますが、これはどのようなことの例として示されたものですか。（20点）

（　　）

5 カイの議論の仕方について答えなさい。

(1) レベルUP　カイの議論の仕方を説明したものとして、当てはまるものを次から二つ選び、記号で答えなさい。10点×2（20点）

ア　自分と対立する主張の矛盾点を指摘している。
イ　問題点を整理して論点を提示している。
ウ　説得力のある例をいくつも挙げて説明している。
エ　異なる視点から考えてみようと促している。
オ　自分の立場をはっきり決めてから発言している。

（　　）（　　）

(2) カイの議論に対する考え方が分かる部分を文章中から四十四字で抜き出し、初めと終わりの五字を書きなさい。（10点）

～

知識の泉　Q　――線を正しく書き直すと？　「危機一発の状態を切り抜けた。」

確認のワーク ステージ1

観察・分析して論じよう　「ポスター」の批評文
場面に応じて話そう　条件スピーチ

学習のねらい
- 批評の対象について、観察・分析したり比較したりしよう。
- 相手や目的に応じて、スピーチの内容や構成を工夫しよう。

解答 14ページ

基本問題　観察・分析して論じよう

教 p.111下段

次の批評文は、A・B・C三点のポスターを比較し、どれが最も優れているかを述べたものです。これを読んで、問題に答えなさい。

　食品ロスを減らすために、私たちにできることを提案しているポスターはどれか。その観点から考えて、Bを選んだ。
　Bでは、冷蔵庫の写真の両脇に、「買い物の前に、」「冷蔵庫をチェック。」というキャッチコピーが配置されている。食品ロスを減らすために、「いつ」「何をすればよいか」が明快だ。「Y市広報」（二〇一八年十月号）には、「家庭から出る食品ロスを減らすには、食品を余分に買いすぎず、買ったものは使いきる、食べきるようにすることが大切です。」と書かれている。「余分に買いすぎず」という提案を、より具体的な行動として打ち出したのがBのポスターだといえる。
　これに対し、冷蔵庫のチェックだけで食品ロスが劇的に減るわけではない、という反論があるかもしれない。しかし、多くの人が取り組めば、それだけ効果も大きくなる。個人でも取り組みやすい行動を端的に示していることに、Bの意義がある。

〈「観察・分析して論じよう『ポスター』の批評文」による〉

1 よく出る　どのような観点から、Bのポスターを選んだのですか。文章中から一文で抜き出し、初めの五字を書きなさい。

2 「余分に買いすぎず」という提案を、より具体的な行動として打ち出したとありますが、どういうことですか。「……が明快だということ。」につながるように、文章中から抜き出しなさい。

が明快だということ。

3 最後の段落では、何を挙げて論じていますか。最も適切なものを次から一つ選び、記号で答えなさい。

ア 事例　イ 反論　ウ 印象　エ 資料　（　）

攻略！「これに対し」とあることに着目しよう。

4 この批評文についての説明として適切なものを次から一つ選び、記号で答えなさい。

ア 対象の特徴について多面的に捉えている。
イ 判断の根拠が具体的に示されていない。
ウ 資料からの引用を自分の言葉として書き直している。
エ 対象だけをよく観察し、他との比較を避けている。

（　）

知識の泉 A **危機一髪。**　髪の毛一本ほどの差で危険が迫ること。「絶体絶命」が似た意味。

基本問題　場面に応じて話そう

☆　次の文章は、小学生に自分の体験を話したスピーチの原稿です。これを読んで、問題に答えなさい。

1　こんにちは。今日は、中学校で行われている①部活動についてお話ししたいと思います。

2　中学校から部活動が始まります。皆さんは、小学校で何のクラブに入っていますか？　部活動とは、クラブ活動とは違って、生徒が自発的に参加するものです。（A）仮入部期間があるので、新たなことに挑戦しようと思っている人は、入部する前に、それが自分に合うかを試すことができますし、顧問の先生から詳しい活動内容を②聞くことができます。

3　この中学校には、将棋部や文芸部などの文化部が六つと、サッカー部や陸上部などの運動部が十あります。部活動の様子を撮った写真がありますので、見てください。（B）このように、どの部もわきあいあいとしています。部活動は週に何回もあるので、同じ部の人とはとても仲良くなれると思います。（C）

4　私は軟式テニス部に入っています。テニス部にはほかに、硬式テニス部があります。硬式と軟式では、使うボールとラケットが違います。ボールの打ち方も違い、硬式はラケットの両面を使いますが、軟式はラケットの片面しか使わないので、このようにラケットを振ることになります。（D）

5　私は部活動が大好きです。皆さんも中学生になったら、部活動を楽しんでほしいと思います。

1　1段落には、何が書かれていますか。次から一つ選び、記号で答えなさい。

ア　聞き手への質問　　イ　挨拶と話題
ウ　自己紹介　　エ　挨拶と注意

（　　）

2　聞き手に問いかけて興味をひこうとしている文が含まれているのは、何段落目ですか。段落番号で答えなさい。

（　　）

3　部活動の様子を撮った写真は、スピーチのどこで示すのがよいですか。A～Dから一つ選び、記号で答えなさい。

（　　）

4　①部活動について、小学校との活動の違いを説明している一文を文章中から抜き出し、初めの五字を書きなさい。

□□□□□

5　よく出る　②聞くを、適切な敬語を用いて書き直しなさい。

（　　）

攻略！　「先生」に対しては謙譲語を使う。

6　このスピーチの原稿についての説明として適切でないものを次から一つ選び、記号で答えなさい。

ア　聞き手に分かりにくそうなことを詳しく説明している。
イ　ジェスチャーで表したり、資料を活用したりしている。
ウ　聞き手を飽きさせないように関係のない話もしている。
エ　具体的な数を示しながら分かりやすく説明している。

（　　）

Q　「東奔西走」の意味は？

確認のワーク ステージ1

文法の窓1 曖昧な文・分かりづらい文
漢字道場4 送り仮名

解答 15ページ　スピードチェック 6・19ページ

学習のねらい

- 曖昧さや分かりづらさがないような文を書こう。
- 活用語尾を送る原則を理解して、送り仮名を付けよう。

漢字

1 漢字の読み 読み仮名を横に書きなさい。

*は新出漢字　▼は新出音訓・◎は熟字訓

①▼著しい　②▼健やか　③▼朗らか　④*薫る

⑤*漬ける　⑥▼貴い　⑦▼厳か　⑧▼幸（訓読み）

⑨▼災い　⑩▼商い　⑪*堀　⑫▼来る（「く」以外の読み）

⑬▼専ら　⑭*又　⑮▼費やす　⑯*砕ける

⑰*漆（訓読み）

2 漢字の書き 漢字に直して書きなさい。

①（みさき）へ行く。　②声が（も）れる。

③程度が（はなは）だしい。　④手を（わずら）わす。

⑤（ただ）し書きを見る。　⑥会費で（まかな）う。

教科書の要点　文法の窓1

1 曖昧な文・分かりづらい文 （　）に当てはまる言葉を［　］から一つずつ選び、記号で答えなさい。　教p.260

①（　）（「、」）の打ち方が不十分であったり、漢字を当てていなかったりする。

②（　）や主語が、どこにかかるのかが分からない。

③（　）の言い方が、どの範囲までを打ち消すのか曖昧である。

④（　）と述語がねじれている。

ア 読点　イ 主語　ウ 打ち消し　エ 修飾語

2 曖昧な文・分かりづらい文 「僕はいしゃになりたいです。」という文を、読点や漢字を適切に用いて、「医者になりたい」という意味に書き直しなさい。　教p.260〜261

（　）

3 曖昧な文・分かりづらい文 「彼は笑ってテレビを見ている妹に話しかけた。」という文に読点を入れて、「彼が笑っている」という意味に書き直しなさい。　教p.260〜261

（　）

知識の泉　**A 目的を達成するために，あちこち走り回ること。**〈例〉野球部の設立に東奔西走する。

基本問題　文法の窓1

1 よく出る　**次の文は、二通りの解釈ができます。それぞれ指示に従って、分かりやすくなるように書き直しなさい。**

(1) 私はお茶を飲みながら本を読んでいる父に尋ねた。

① 読点を入れて、「私」がお茶を飲んでいる意味にする。

（　　　　）

② 言葉の順序を入れ替えて、「父」がお茶を飲んでいる意味にする。

（　　　　）

(2) 山田さんのようにうまく演奏できない人は、大会に出られない。

① 言葉を適切に用いて、「山田さんはうまく演奏できる」という意味にする。

（　　　　）

② 言葉を適切に用いて、「山田さんはうまく演奏できない」という意味にする。

（　　　　）

攻略！ (2)は、どこまでが打ち消されているのかはっきりさせて文を書き直す。

2 **次の文のかかり受けが正しくなるように、――線の部分は変えずに整えて書き直しなさい。**

① 僕には、この主人公が自分勝手だと思う。

（　　　　）

② 私の夢は、小学校の先生になりたいです。

（　　　　）

攻略！ 主語と述語のねじれに注意しよう。

基本問題　漢字道場4

1 **送り仮名の正しいほうに、○を付けなさい。**

① ア（　）暖かだ　イ（　）暖たかだ

② ア（　）催おす　イ（　）催す

③ ア（　）逆う　イ（　）逆らう

④ ア（　）預る　イ（　）預ける

⑤ ア（　）賢こい　イ（　）賢い

⑥ ア（　）優しい　イ（　）優い

⑦ ア（　）自から　イ（　）自ら

⑧ ア（　）商い　イ（　）商ない

2 よく出る　**次の漢字は二通りの読み方をします。それぞれの読み方で送り仮名となる部分に、――線を引きなさい。**

① 凍　A こおる　B こごえる

② 触　A さわる　B ふれる

③ 来　A きたる　B くる

④ 怠　A おこたる　B なまける

知識の泉　Q 「非常に珍しいこと」という意味の四字熟語は？ □□未聞

確認のワーク ステージ1

初恋

学習のねらい

- 詩の表現の特徴やそれぞれの連に描かれている情景を捉えよう。
- 「われ」の「君」に対する心情の変化を読み取ろう。

解答 16ページ　予想問題 138ページ

教科書の要点

1 作品 「初恋」の詩について、（　）に言葉を書き入れなさい。　教p.124〜125

① 作者名……（　　）
② 詩の種類…（　　）定型詩
③ 詩の調子…（　　）調

2 表現 （　）に詩の中の言葉を書き入れなさい。　教p.124〜125

● 定型のリズムのほか、同じ音を使っていることも押さえる。

・まだあげ（①　　）前髪の　……第一連
・人こひ（②　　）はじめなり　……第二連
・誰が踏み（③　　）かたみぞと　……第四連

3 登場人物 詩の中に出てくる作者と女性を表す言葉を、それぞれ二字以内で抜き出しなさい。　教p.124〜125

作者…［　　］　女性…［　　］

4 構成のまとめ （　）に詩の中の言葉を書き入れなさい。　教p.124〜125

まとまり		内容
第一連	「君」との出会い	●（①　　）の木のもとで、（②　　）に花櫛をさした少女と出会う。▼少女を「（③　　）」と感じる。
第二連	「君」への恋の始まり	●「君」が手をのばして「われ」に林檎を差し出す。…恋心を抱き始める。
第三連	恋の高まり	●「われ」のこころなき（④　　）が、「君」の髪にかかる。…二人の距離が近い。▼恋が実った喜びに酔いしれる。
第四連	恋の成就	●踏み固まって（⑤　　）ができるほど、二人は何度も林檎畑に通って会い続けた。

おさえよう

主題 林檎の木のもとで出会った〔ア 花　イ 蝶〕のように美しい「君」への〔ア 悲願　イ 初恋〕が成就し、〔ア 喜び　イ 悲しみ〕であふれている「われ」の姿がみずみずしく描かれている。

☆ 基本問題

次の詩を読んで、問題に答えなさい。

教 p.124〜125

初恋

島崎藤村

まだあげ初めし前髪の
林檎のもとに見えしとき
前にさしたる花櫛の
①花ある君と思ひけり

やさしく白き手をのべて
林檎をわれにあたへしは
②薄紅の秋の実に
③人こひ初めしはじめなり

④わがこころなきためいきの
その髪の毛にかかるとき
たのしき恋の盃を
君が情に酌みしかな

林檎畠の樹の下に
おのづからなる細道は
誰が踏みそめしかたみぞと
⑤問ひたまふこそこひしけれ

1 ①花ある君 の意味を次から一つ選び、記号で答えなさい。

ア 花櫛をさしている君　イ 林檎の花を持った君
ウ 花のように美しい君　エ 花の中にいる君

（　　）

2 ②薄紅の秋の実 とは、何のことですか。詩の中から二字で抜き出しなさい。

3 よく出る ③人こひ初めしはじめなり とありますが、恋が始まったきっかけを、簡潔に書きなさい。

（　　）

攻略！ 直前の「君」の行動に注目しよう。

4 ④わがこころなきためいき とは、どのようなためいきですか。次から一つ選び、記号で答えなさい。

ア 恋に興味がない「君」を思って漏れた、「われ」のためいき。
イ 恋の切なさから思わず漏れた、「われ」のためいき。
ウ 「われ」といる疲れから思わず漏れた、「君」のためいき。
エ 「われ」の様子に不満を感じた、「君」のためいき。

（　　）

5 ⑤問ひたまふこそこひしけれ とありますが、「われ」は「君」のどのようなところを恋しいと感じていますか。次から一つ選び、記号で答えなさい。

ア 知っているはずのことをわざと尋ねるいたずらっぽいところ。
イ 「われ」が知らないことを尋ねるいじわるなところ。
ウ 疑問に思ったことを次々と尋ねる好奇心にあふれたところ。
エ 思ったことを遠慮せずに尋ねる素直なところ。

（　　）

知識の泉　Q ——線の使い方は○か×か？「気が置けない友人と遊ぶのは疲れる。」

確認のワーク ステージ1

万葉・古今・新古今

学習のねらい
●和歌の表現効果を高めるさまざまな技法（修辞）について知ろう。
●それぞれの和歌に詠まれた作者の心情を読み取ろう。

解答 16ページ　スピードチェック 7・16ページ　予想問題 139ページ

漢字

1 漢字の読み　読み仮名を横に書きなさい。

＊は新出漢字　▼は新出音訓・◎は熟字訓

❶＊託す　❷＊鬼（訓読み）　❸▼和らげる　❹＊穏やか　❺＊滴（訓読み）

2 漢字の書き　漢字に直して書きなさい。

❶手紙を（たく）す。　❷（おだ）やかな人柄。

教科書の要点

1 作品　（　）に教科書の言葉を書き入れなさい。　教 p.128〜129

歌集名	成立時代	編纂した人	代表的歌人
万葉集	（①　）時代	（②　）が関わったとみられる	柿本人麻呂など

●特徴…現存する日本最古の歌集。（③　）や人間に対する愛情を素直で（④　）に歌いあげている。

歌集名	成立時代	編纂した人	代表的歌人
古今和歌集	（⑤　）時代	（⑥　）ら四人	在原業平　小野小町など

●特徴…四季の風物や人間の（⑦　）を（⑧　）に富んだ表現で優しく（⑨　）に歌っている。（⑩　）によって書かれた序文「（⑪　）」の冒頭は、和歌の本質をみごとに書き表したものとして知られている。

歌集名	成立時代	編纂した人	代表的歌人
新古今和歌集	（⑫　）時代	（⑬　）ら五人	西行法師など

●特徴…華やかで（⑭　）に優れたものがある一方、しめやかで（⑮　）なものもある。

2 歴史的仮名遣い　次の――線を現代仮名遣いに直しなさい。

①よろづ（　）　②思ふ（　）　③あはれ（　）　④まなかひ（　）

知識の泉　A ×。「気が置けない」＝気遣いの必要がなく，心から打ち解けられること。

3 枕詞 次の和歌の中から、枕詞と導き出される語を抜き出しなさい。

ちはやぶる神世も聞かずたつた河から紅に水くくるとは　在原業平　教p.134

枕詞…（　　）

導き出される語…（　　）

枕詞とは▼特定の語を導き出すため、その直前に置くもの。多くは五音で、語調を整える働きもある。

4 序詞 次の和歌の中から、序詞と導き出される語句を抜き出しなさい。

むすぶ手の滴ににごる山の井のあかでも人にわかれぬる哉　紀貫之　教p.134

序詞…（　　）

導き出される語句…（　　）

序詞とは▼ある語句を導き出すためのもので、枕詞より多くの音数から成る。また、その歌一回限りのものが多くある。

5 掛詞 次の和歌の中から、後の二つの意味で使われている掛詞を抜き出しなさい。

山里は冬ぞさびしさまさりける人目も草もかれぬとおもへば　源宗于　教p.134

・二つの意味…「人目も離れぬ（人の訪れもなくなる）」と「草も枯れぬ（草も枯れてしまう）」。（　　）

掛詞とは▼一つの語に同音の複数の語の意味を重ね合わせるもの。

6 表現技法 次の和歌で用いられている表現技法を後から一つずつ選び、記号で答えなさい。

道のべに清水ながるる柳かげしばしとてこそ立ちとまりつれ　西行法師

・「こそ……つれ」のような呼応の仕方…①（　　）

さびしさはその色としもなかりけり真木たつ山の秋の夕暮　寂蓮法師

・「夕暮」のように、体言（名詞）で終わる表現技法…②（　　）

ちはやぶる神世も聞かずたつた河から紅に水くくるとは　在原業平

・語句の順序を入れ替える表現技法…③（　　）

ア 倒置　イ 擬人法　ウ 体言止め　エ 係り結び

おさえよう

要点 和歌は、奈良時代以前から作られ続けており、日本の〔ア 文化　イ 教育〕の根幹を形成するものである。歌集として楽しまれることもあり、特に優れたものとして、「万葉集」「古今和歌集」「新古今和歌集」がある。「古今和歌集」の序文は、和歌の〔ア 技巧　イ 本質〕を書き表したものとして知られている。

知識の泉 Q「雨垂れ石をうがつ」と意味の近い熟語はどっち？　ア＝油断　イ＝根気

万葉・古今・新古今

30分

自分の得点まで色をぬろう！
100点 合格！ 80 もう一歩 60 がんばろう！ 0
/100

解答 17ページ

1 次の文章を読んで、問題に答えなさい。　教p.128・上①〜129・上⑤

①やまと歌は、人の心を種として、よろづの言の葉とぞなれりける。世の中にある人、ことわざ繁きものなれば、心に思ふことを、見るもの、聞くものにつけて、言ひ出だせるなり。花に鳴く鶯、水にすむ蛙の声を聞けば、生きとし生けるもの、②いづれか歌を詠まざりける。力をも入れずして、天地を動かし、目に見えぬ鬼神をもあはれと思はせ、男女の仲をも和らげ、たけき武士の心をも慰むるは、歌なり。

〈「万葉・古今・新古今」による〉

1 ①やまと歌は、……なれりける。について答えなさい。

(1) 「やまと歌」の意味を次から一つ選び、記号で答えなさい。（5点）

ア 和歌　イ 俳句
ウ 漢詩　エ 川柳

（　　）

(2) よく出る 「やまと歌」と「人の心」は、何にたとえられていますか。文章中から一字で抜き出しなさい。5点×2（10点）

やまと歌…□　人の心…□

2 ②いづれか歌を詠まざりける の意味を次から一つ選び、記号で答えなさい。（5点）

ア どれが歌を詠むのか。　イ どちらかが歌を詠んだ。
ウ 全てが歌を詠む。　エ どれも歌を詠まない。

（　　）

2 次の和歌を読んで、問題に答えなさい。　教p.130〜131

A 熟田津に船乗りせむと月待てば潮もかなひぬ①今は漕ぎ出でな　額田王

B あしひきの山のしづくに②妹待つと我立ち濡れぬ山のしづくに　大津皇子

C 我を待つと③君が濡れけむ④あしひきの山のしづくにならましものを　石川郎女

D 瓜食めば　子ども思ほゆ　栗食めば　まして偲はゆ　⑤いづくより　来たりしものそ　まなかひに　もとなかかりて　⑥安眠しなさぬ　山上憶良

E 銀も金も玉も何せむに優れる宝⑦子にしかめやも　□

F 韓衣裾に取りつき⑧泣く子らを置きてそ来ぬや母なしにして　防人歌

〈「万葉・古今・新古今」による〉

A イ。　こつこつと努力すれば成功する。似た意味のことわざは「ちりも積もれば山となる」。

1 よく出る ①今は漕ぎ出でな（さあ、今漕ぎ出そう）と思う理由を次から一つ選び、記号で答えなさい。（5点）

ア 波が静かだから。　イ 海が荒れてきたから。
ウ 潮が満ちてきたから。　エ 月が出てこないから。（　）

2 Bの和歌の中から、Ⅰ…枕詞と、Ⅱ…導き出される語を抜き出しなさい。完答（5点）

Ⅰ（　）Ⅱ（　）

3 ②妹　③君　とありますが、これは誰のことを指していると考えられますか。名前を書きなさい。5点×2（10点）

②（　）③（　）

4 ④あしひきの山のしづくにならましものを　に込められた気持ちを次から一つ選び、記号で答えなさい。（5点）

ア 恋人に会いたい気持ち。　イ 家族を恋しく思う気持ち。
ウ 恋人を哀れむ気持ち。　エ 家族を憎む気持ち。（　）

5 ⑤いづくより　来たりしものぞ　の主語を、Dの和歌の中から抜き出しなさい。（5点）

（　）

6 ⑥安眠しなさぬ　とありますが、なぜですか。次から一つ選び、記号で答えなさい。（5点）

ア 空腹が耐えがたいから。　イ 自分の将来が不安だから。
ウ 家族がいないから。　エ 子供の姿が目の前に浮かぶから。（　）

攻略！ 直前の「まなかひに　もとなかかりて」から考えよう。

7 □には、Eの和歌が、Dの長歌の意味を要約したり補足したりする歌であることを示す言葉が入ります。漢字二字で書きなさい。（5点）

（　）

8 よく出る ⑦子にしかめやも　には、作者のどのような思いが表れていますか。□に当てはまる言葉を、Eの和歌の中からそれぞれ一字で抜き出しなさい。完答（10点）

どんな□も□に及びはしないという思い。

9 DとEの和歌に共通して詠まれている作者の心情を次から一つ選び、記号で答えなさい。（5点）

ア 子供を育てる苦労。　イ 子供へのいとしさ。
ウ 子供がいない寂しさ。　エ 親になる覚悟。（　）

10 記述 ⑧泣く子ら　とありますが、なぜ泣いているのですか。「防人」という言葉を使って書きなさい。（10点）

（　）

攻略！「置きてそ来ぬや」に着目する。

11 次の鑑賞文に当てはまる和歌をA～Fから一つずつ選び、記号で答えなさい。5点×3（15点）

① 恋人を待つつらい気持ちが表れている。（　）
② 子供との別れのつらさや悲しみが詠まれている。（　）
③ 旅立つ際の強い意志や希望が感じられる。（　）

実力判定テストB ステージ3　万葉・古今・新古今

解答 17ページ　30分　/100

自分の得点まで色をぬろう！ 100点 合格！ 80 もう一歩 60 がんばろう！ 0

★ 次の和歌を読んで、問題に答えなさい。　教 p.132〜133

A 山里は①冬ぞさびしさまさりける人目も②草もかれぬとおもへば　源宗于

B うたたねに恋しき人を見てしより夢てふ物は③頼みそめてき　小野小町

C むすぶ手の滴ににごる山の井の④あかでも人にわかれぬる哉　紀貫之

D 春の夜の⑤夢のうき橋とだえして峰にわかるる横雲の空　藤原定家

E 道のべに清水ながるる柳かげ⑥しばしとてこそ立ちとまりつれ　西行法師

F ⑦玉の緒よ⑧絶えなば絶えねながらへば忍ぶることの弱りもぞする　式子内親王

〈「万葉・古今・新古今」による〉

1 ①冬ぞさびしさまさりける について答えなさい。

(1) 「冬ぞ」の「ぞ」のような係りの助詞が用いられると、文末の形が変わるという決まりを何といいますか。四字で書きなさい。（5点）

(2) (1)の決まりは、Aの和歌の中でどのような働きをしていますか。（　）に当てはまる言葉を、考えて書きなさい。（5点）

冬に感じる寂しさを（　　　）する働き。

2 よく出る ②かれぬ は、二つの意味を持つ掛詞です。重ね合わせている二つの意味を書きなさい。（5点）

（　　　）（　　　）

3 ③頼みそめてき について答えなさい。

(1) 「頼みそめてき」の意味を次から一つ選び、記号で答えなさい。（5点）

ア （夢を）頼りに思い始めるようになった。
イ （夢を）頼りにできないと気づいた。
ウ 頼んで（夢を）見ることができた。
エ 頼んで（夢を）見られない状態にした。

(2) 作者が(1)のように思ったのは、なぜですか。（　）に当てはまる言葉を書きなさい。完答（5点）

（　　　）の中なら（　　　）に会うことができるから。

4 ④あかでも の意味を書きなさい。（5点）

（　　　）

知識の泉 A ア。「立て板に水」＝すらすらとよどみなく話す様子。

5 Cの和歌に詠まれている心情を次から一つ選び、記号で答えなさい。（5点）
ア 川の水の冷たさと清らかさに感動する気持ち。
イ 遠くに行ってしまった人を懐かしむ気持ち。
ウ 山の清らかな水が濁ることを惜しむ気持ち。
エ 親しくなった人との別れを惜しむ気持ち。
（　）

6 Dの和歌で用いられている表現技法を次から一つ選び、記号で答えなさい。（5点）
ア 倒置　イ 擬人法
ウ 体言止め　エ 対句
（　）

7 Dの和歌は、一日のどの時間帯のことを詠んでいますか。（5点）
（　）

8 ⑤夢のうき橋 とありますが、これは何をたとえた表現ですか。次から一つ選び、記号で答えなさい。（5点）
ア 春の夜の夢のはかなさ。　イ 春の夜の夢の心地よさ。
ウ 春の夜の夢の危うさ。　エ 春の夜の夢の切なさ。
（　）

9 Eの和歌の中から、涼しさを感じさせる言葉を二つ抜き出しなさい。5点×2（10点）
（　）（　）

10 記述 ⑥しばしとてこそ立ちとまりつれ と思った作者は、結局どうしたのですか。そうした理由も踏まえて書きなさい。（10点）
（　）

11 よく出る ⑦玉の緒 の意味を書きなさい。（5点）
（　）

12 ⑧絶えなば絶えね の意味を次から一つ選び、記号で答えなさい。（5点）
ア できるなら絶えないでほしい。
イ 残念ながら絶えそうもない。
ウ 絶えてしまうなら、絶えてしまえ。
エ 絶えるかどうか分からない。
（　）

13 序詞が使われている和歌をA～Fから一つ選び、記号で答えなさい。（5点）
（　）

14 レベルUP 次の鑑賞文に当てはまる和歌をA～Fから一つずつ選び、記号で答えなさい。5点×3（15点）
① 自分の心の中の激しい恋心を、自分の命をかけてでも抑えておこうとする作者の苦しい思いが歌われている。（　）
② 冬になり、草木が枯れ、訪れるものも少なくなった寂しさを、修辞を用いて表している。（　）
③ 恋しい人に会いたいがために、はかない夢さえも当てにしてしまうという切なさが歌われている。（　）

知識の泉 Q 「灯台（昔の照明器具）の真下が暗かったこと」からできたことわざは？

確認のワーク　ステージ1

おくのほそ道

解答　18ページ｜スピードチェック　7・17ページ｜予想問題　140ページ

学習のねらい
●各地を旅した作者の人生観を捉えよう。
●構成や表現の特徴と、その効果について考えよう。

漢字

1 漢字の読み　読み仮名を横に書きなさい。

＊は新出漢字　▼は新出音訓・◎は熟字訓

❶ ▼著す　❷ 過▼客　❸ ＊扉（訓読み）　❹ ＊朽ちる

教科書の要点

1 作品　（　）に教科書の言葉を書き入れて、「おくのほそ道」についてまとめなさい。　教 p.135・143

成立	①（　　）時代
文章の種類	②（　　）文
作者	③（　　）遊戯的だった俳諧を芸術的に高めた。
内容	元禄二（一六八九）年に、門人の④（　　）と北関東・⑤（　　）・北陸地方を旅した経験を書き記したもの。多くの⑥（　　）をちりばめ、格調高い文章で構成されている。
表現の特徴	漢文調の言い回しが多く、対句的な表現が効果的に用いられている。

2 歴史的仮名遣い　次の――線を現代仮名遣いに直しなさい。

①くわかく（　　）　②しやうがい（　　）　③へうはく（　　）
④かうしやう（　　）　⑤はをく（　　）　⑥きう（灸）（　　）　⑦まづ（　　）
⑧すぐつて（　　）　⑨つはもの（　　）　⑩おほひて（　　）

3 文の特徴　（　）に教科書の言葉を書き入れなさい。　教 p.135〜136

●対句的な表現が効果的に用いられ、リズムを生み出している。

▼月日は百代の過客にして、
行き交ふ年もまた①（　　）なり。
↔ 対句的な表現

▼舟の上に②（　　）を浮かべ、
馬の口とらへて老いを迎ふる者は、
↔ 対句的な表現

▼そぞろ神のものにつきて心を狂はせ、
③（　　）の招きにあひて取るもの手につかず、
↔ 対句的な表現

構成が似ていて、意味が対応しているね。

4 構成のまとめ

（　）に教科書の言葉を書き入れなさい。教p.135~142

まとまり	内容
旅立ち 教p.135~136	●芭蕉の人生観 「月日は百代の（①　　）にして、行き交ふ年もまた旅人なり。」 …人生とは旅である。 ●旅に生きる人々 ・船頭・馬子 ・「（②　　）も、多く旅に死せるあり。」 ●旅への思い 「（③　　）の思ひやまず」 ●旅の準備
平泉 教p.141~142	●自然の永遠性と人の営みのはかなさ 人の営み　かつての藤原三代の繁栄 自然　北上川・衣川・夏草・卯の花 「国破れて山河あり……」（杜甫「春望」） ●時を超えて残ったもの 光堂…「しばらく（④　　）の記念とはなれり」 …人の営みの中にも変わらないものがある。

5 俳句の鑑賞

次の俳句の季語・季節・切れ字を書きなさい。また、大意を［　］から一つずつ選び、記号で答えなさい。

① 草の戸も住み替はる代ぞ雛の家
季語（　　）季節（　　）切れ字（　　）大意（　　）

② 夏草や兵どもが夢の跡
季語（　　）季節（　　）切れ字（　　）大意（　　）

③ 卯の花に兼房見ゆる白毛かな
季語（　　）季節（　　）切れ字（　　）大意（　　）

④ 五月雨の降り残してや光堂
季語（　　）季節（　　）切れ字（　　）大意（　　）

ア　夏草が茂っている。ここはかつて義経とその義臣たちが栄光を夢見て戦い、はかなく消え去った跡なのだ。
イ　この草庵も、住み替わるときが来た。住む人が変われば、雛人形が飾られるような華やかな家になるだろう。
ウ　五月雨もその場所だけは降らないで、残しておいたのだろうか。光堂が光り輝いている。
エ　白く咲き乱れる卯の花を見ると、白髪の老臣兼房の奮戦する姿がしのばれる。

おさえよう

要点　芭蕉は〔ア　伊勢　イ　陸奥〕への旅に憧れ、住んでいた草庵を人に譲り、旅立った。〔ア　平泉　イ　江戸〕では藤原三代の栄華をしのび、人の営みのはかなさを思った。中尊寺では時を超えて残った光堂に感動を覚えた。

Q　——線の使い方は○か×か？　「情けは人のためならずだから手伝わない。」

おくのほそ道

30分

自分の得点まで色をぬろう!
合格! もう一歩 がんばろう!
100点 80 60 0
/100

解答 18ページ

1 次の文章を読んで、問題に答えなさい。 教p.135・上①〜136・上⑬

①月日は百代の過客にして、行き交ふ年もまた旅人なり。②舟の上に生涯を浮かべ、③馬の口とらへて老いを迎ふる者は、日々旅にして、旅を栖とす。④古人も、多く旅に死せるあり。予も、いづれの年よりか、片雲の風に誘はれて、漂泊の思ひやまず、海浜にさすらへて、去年の秋、江上の破屋に蜘蛛の古巣を払ひて、やや年も暮れ、春立てる霞の空に、白河の関越えんと、⑤そぞろ神のものにつきて心を狂はせ、道祖神の招きにあひて取るもの手につかず、股引の破れをつづり、笠の緒付け替へて、三里に灸据ゆるより、松島の月まづ心にかかりて、⑥住める方は人に譲り、杉風が別墅に移るに、

⑦草の戸も住み替はる代ぞ雛の家

表八句を庵の柱に掛けおく。

〈「おくのほそ道」による〉

1 よく出る ①月日は百代の過客にして を現代語に直しなさい。 (10点)

（　　　）

2 ②舟の上に生涯を浮かべ ③馬の口とらへて と表現されているのは、どのような職業の人ですか。それぞれ漢字二字で書きなさい。 5点×2(10点)

② ③

3 ④古人も、多く旅に死せるあり。という表現には、芭蕉のどのような気持ちが込められていますか。次から一つ選び、記号で答えなさい。 (5点)

ア 尊敬する詩人たちは旅に出て創作をし、旅を修行の場と考えていた。だから、私にも旅はぜひとも必要だ。

イ 昔の人たちの多くは、旅の途中、志半ばで死んでいった。だから、私は旅をまっとうしたい。

ウ 尊敬する僧たちは旅に出て修行し、死を人生の目的としていた。だから、私も旅で死んでも悔いはない。

エ 詩歌の道の先人たちは、旅の途中で死んだ者も多い。だから、私も旅に生き、旅に死にたい。

（　　　）

4 攻略! 次の行の「予も、いづれの年よりか」以降に着目しよう。

⑤そぞろ神のものにつきて心を狂はせ について答えなさい。

(1) ここと対句的な表現になっている部分を、文章中から抜き出しなさい。 (5点)

（　　　）

知識の泉 **A** ×。 意味は「人に親切にしておけば，自分によい報いがある」。

(2) 記述 この表現から、芭蕉のどのような気持ちが分かりますか。現代語で書きなさい。（10点）

（　　　）

5 ⑥住める方は人に譲り について答えなさい。

(1) よく出る 「住める方」と同じものを表す言葉を、文章中から五字で抜き出しなさい。（5点）

攻略！ 「住める方」とは、「住んでいた家」という意味。

(2) 芭蕉は、これ以外にどのような旅の準備をしましたか。それが書かれている部分を文章中から二十六字で抜き出し、初めと終わりの三字を書きなさい。（5点）

□□□～□□□

6 ⑦草の戸も住み替はる代ぞ雛の家 に込められた芭蕉の気持ちを次から一つ選び、記号で答えなさい。（10点）

ア 自分の家にも別れを告げ、自分は巣立っていく雛のようだと詠むことで、旅への決意を新たにしている。

イ 荒れてしまった家だが、これからは雛人形でも飾りたいと詠み、これからのゆとりのある生活を期待している。

ウ 雑草の生えた家も住む人が変われば雛人形を飾るような素敵な家になるだろうと詠み、自身の生活を反省している。

エ 自分の粗末な家も雛人形を飾るような華やかな家になるだろうと詠み、時の移ろいに感慨を覚えている。

（　　　）

---

2 次の俳句を読んで、問題に答えなさい。 教p.137～138

A あらたふと青葉若葉の日の光

B 閑かさや岩にしみ入る蟬の声

C 五月雨を集めて早し最上川

D 荒海や佐渡に横たふ天の河

E 蛤のふたみに別れ行く秋ぞ

〈「おくのほそ道」による〉

1 BとDの句の季語をそれぞれ抜き出し、季節を書きなさい。 5点×4（20点）

Bの季語…（　　　） 季節…（　　　）

Dの季語…（　　　） 季節…（　　　）

2 次の鑑賞文に当てはまる句をA～Eから一つずつ選び、記号で答えなさい。 5点×4（20点）

① 訪れた場所の地名を意識しながら、明るい陽光が差す夏の青々とした山の景色に対する感動を詠んでいる。（　　　）

② 掛詞を用いて、別れの悲しみとともに、次の目的地の地名も巧みに詠み込んでいる。（　　　）

③ 季節的な川の増水の様子を率直な言葉で表現することによって、流れの激しさを際立たせている。（　　　）

④ あえて音を詠み込むことで、逆に森閑とした辺りの様子を強調している。（　　　）

おくのほそ道

30分

自分の得点まで色をぬろう!
合格!　もう一歩　がんばろう!
100点　80　60　0
/100

解答 19ページ

1 次の文章を読んで、問題に答えなさい。　教 p.141・②〜⑩

①三代の栄耀一睡のうちにして、大門の跡は一里こなたにあり。秀衡が跡は田野になりて、金鶏山のみ形を残す。まづ②高館に登れば、北上川、南部より流るる大河なり。衣川は和泉が城を巡りて、高館の下にて③大河に落ち入る。泰衡らが旧跡は、衣が関を隔てて南部口を差し固め、夷を防ぐと見えたり。さても、④義臣すぐって⑤この城に籠もり、功名一時の叢となる。「⑥国破れて山河あり、城春にして草青みたり。」と、笠打ち敷きて、時の移るまで⑦涙を落としはべりぬ。

⑧夏草や兵どもが夢の跡

⑨卯の花に兼房見ゆる白毛かな　　曽良

〈「おくのほそ道」による〉

1 よく出る　①三代の栄耀一睡のうちにして　とは、どのような意味ですか。次から一つ選び、記号で答えなさい。（10点）

ア　藤原氏三代の栄華は目を見張るほどのすごさで
イ　藤原氏三代の栄華は我々の世代にまで受け継がれて
ウ　藤原氏三代の栄華はひと眠りの夢のようにはかなくて
エ　藤原氏三代の栄華は夢物語のようにすばらしくて

（　　）

2 藤原氏一族の館が、大規模なものであったことをしのばせる表現を、文章中から抜き出しなさい。（5点）

（　　）

3 ②高館に登れば　とありますが、そこから芭蕉が眺めた情景はどのようなものでしたか。それが書かれている部分を文章中から抜き出し、初めと終わりの五字を書きなさい。（5点）

□□□□□〜□□□□□

4 ③大河　とは、どの川のことですか。文章中から抜き出しなさい。（5点）

（　　）

5 ④義臣すぐって　の意味を次から一つ選び、記号で答えなさい。（10点）

ア　忠義の臣たちが戦って　　イ　忠義の臣たちが集まって
ウ　忠義の臣たちを残して　　エ　忠義の臣たちを選んで

（　　）

6 ⑤この城　とは、何を指していますか。文章中から抜き出しなさい。（5点）

（　　）

7 ⑥国破れて山河あり、城春にして草青みたり。は誰の詩を踏まえた表現ですか。次から一つ選び、記号で答えなさい。（5点）

ア 宗祇　イ 西行法師
ウ 杜甫　エ 李白

（　　　）

8 よく出る ⑦涙を落としはべりぬ　とありますが、その理由を次から一つ選び、記号で答えなさい。（10点）

ア かつての繁栄をみじんも感じられないほど変わり果てた光景に悲しくなったから。
イ 変わらない自然に対して、人間の営みのはかなさに胸を打たれたから。
ウ 長い旅を経て疲労し、遠く離れた故郷のことが恋しく思われたから。
エ 生命力にあふれ、青々と茂る雄大な自然の景色に感動したから。

（　　　）

9 ⑧夏草や兵どもが夢の跡　の句に詠まれた内容とほぼ同じ内容を表す言葉を、文章中から九字で抜き出しなさい。（5点）

10 ⑨卯の花に兼房見ゆる白毛かな　の句を説明した次の文の（　）に当てはまる言葉を、俳句の中から抜き出しなさい。5点×3（15点）

曽良は（　　　）を見て、（　　　）を振り乱して戦う（　　　）の姿を連想している。

---

2 次の文章を読んで、問題に答えなさい。

教p.142・①〜⑤

かねて①耳驚かしたる二堂開帳す。経堂は三将の像を残し、光堂は三代の棺を納め、三尊の仏を安置す。七宝散りうせて、珠の扉風に破れ、金の柱霜雪に朽ちて、既に頽廃空虚の叢となるべきを、②四面新たに囲みて、甍を覆ひて風雨をしのぎ、しばらく千歳の記念とはなれり。

③五月雨の降り残してや光堂

〈「おくのほそ道」による〉

1 ①耳驚かしたる　を現代語に直しなさい。（10点）

（　　　）

2 ②四面新たに囲みて、甍を覆ひて風雨をしのぎ　とありますが、こうしていなかったら、どのようになっていましたか。文章中から六字で抜き出しなさい。（5点）

3 レベルUP ③五月雨の降り残してや光堂　に込められた芭蕉の思いを次から一つ選び、記号で答えなさい。（10点）

ア 滅んだ光堂が今も人々の記憶に刻まれていることへの感嘆。
イ 滅んでいく光堂が人間の営みを象徴していることへの感慨。
ウ 滅んでしまった光堂を美しく再建した先人の偉業への感謝。
エ 滅びるはずの光堂が今でも美しいままであることへの感動。

（　　　）

知識の泉 Q「隠していたことが明らかになる」意味のことわざは「馬脚を□」？

確認のワーク ステージ1 論語（ろんご）

解答 20ページ　スピードチェック 7・18ページ　予想問題 141ページ

学習のねらい
- 「論語」の内容から、孔子（こうし）の考え方を捉（とら）えよう。
- 漢文の読み方や特有の言葉を覚えよう。

漢字

1 漢字の読み 読み仮名（がな）を横に書きなさい。

❶ *秩序　❷ 諸*侯　❸ 規*範　❹ *施す

＊は新出漢字　▼は新出音訓・◎は熟字訓

教科書の要点

1 作品 （　）に教科書の言葉を書き入れなさい。 教p.144

論語（ろんご）	孔子（こうし）とその弟子（でし）たちの言行を記録したもの。
孔子	人間が互（たが）いに（①　　）をもって接し合い、人格や（②　　）を高めていくことで社会が平和になると説いた。当時は受け入れられなかったが、多くの弟子を育て、その理想は後に、（③　　）として広く知られるようになった。

2 漢文の基礎知識（きそちしき） （　）に当てはまる言葉を書きなさい。

- 原文（白文（はくぶん））……漢字だけで書かれた、もとの漢文。
- 訓読文…漢文を日本語の文章として読むために、白文に送り仮（が）名（な）や句読点、返り点を付けたもの。
- （　　）…漢文を、読む順番に従って漢字仮名交じりで書き改めたもの。

3 訓読の決まり 読む順を、□に算用数字で書きなさい。 教p.147

- 返り点の種類

(1) レ点…下の一字から、すぐ上の一字に返って読む。

① 不（ず）レ同（どうぜ）　□ □レ

② 己（おのれノ）所（ハ）レ不（ざル）レ欲（ほっセ）　□ □レ □レ □

(2) 一・二点…二字以上、下から返って読む。

勿（なカレ）レ施（ほどこスコト）二於人一　□レ □二 ☒ □一

(3) 一レ点…下から一字返り、更（さら）に二字以上隔（へだ）てて上に返って読む。

可（ベキ）二以（もッテ）終身行（フ）一レ之（これヲ）　□二 □ □ □ □一レ □

(4) 上・下点…一・二点を挟（はさ）み、更に返って読む。

有（リ）下一言（ニシテ）而可（キ）二以（ッテ）終身行（フ）一レ之（ヲ）者上　□下 □ □ ☒ □二 □ □ □ □一レ □ □上

※「於」「而」は置き字。訓読する際には読まない。

読み方の順序

1 返り点が付いていない字は、上から順に読む。
2 返り点が付いている字は、返り点の決まりに従って読む順序を変える。

4 書き下し文 （　）に書き下し文を書きなさい。

① 不レ同ゼ（　　）
② 過チテ而不レ改メ（　　）
③ 己ノ所ハレ不ルレ欲セ（　　）
④ 勿カレ施スコト二於人ニ一（　　）
⑤ 不ズレ如カ二楽シムレ之ヲ者ニ一（　　）

書き下し文への直し方

1 返り点に従って、漢字の順序を変える。
2 送り仮名は、歴史的仮名遣いのまま、平仮名に改めて書く。
3 助詞（「乎」など）や助動詞（「不」や「可」など）に当たる漢字は平仮名に改めて書く。

「而」や「於」などの置き字は読まないよ。

5 漢文の言葉 次の言葉の読み方と意味を、教科書から抜き出しなさい。 教p.145〜146

① 子……読み（　　）・意味（　　）
② 曰ハク……読み（はく）・意味（　　）
③ 勿カレ……読み（かれ）・意味（　　）

6 内容 （　）に教科書の現代語訳の言葉を入れなさい。 教p.145〜146

過ちて改めざる 教p.145・①〜③	●過ちを改めないことが、本当の（①　　）である。
君子は和して同ぜず 教p.145・④〜⑦	●君子は人と（②　　）するが何にでも同調はしない。
学びて思はざれば 教p.145・⑧〜⑫	●（③　　）ことと考えること、両方があって本当の理解に到達する。
之を知る者は 教p.146・①〜⑥	●あることを（④　　）ことは、知ることや好むことに勝る。
己の欲せざる所は 教p.146・⑦〜⑫	●自分がしてほしくないことを他人にしないことが、（⑤　　）である。

おさえよう

要点 「論語」の〔ア 徳　イ 法〕によって社会を平和にするという考えは、古くから日本にも伝えられ、思考や行動の〔ア 本質　イ 規範〕として大きな影響を与えた。

Q □に当てはまる言葉は？ 「□の不養生」

論語

30分

自分の得点まで色をぬろう！
合格！ 100点 80 もう一歩 60 がんばろう！ 0
/100

解答 20ページ

★ 次の文章を読んで、問題に答えなさい。　教p.145・①〜146・⑩

A　子曰はく、「過ちて改めざる、是を過ちと謂ふ。」と。

子曰、「過而不改、是謂過矣。」

B　子曰はく、「君子は和して同ぜず。小人は同じて和せず。」と。

子曰、「君子和而不同。小人同而不和。」

C　子曰はく、「学びて思はざれば則ち罔し。思ひて学ばざれば則ち殆ふし。」と。

子曰、「学而不思則罔。思而不学則殆。」

D　子曰はく、「之を知る者は、□。之を好む者は、之を楽しむ者に如かず。」と。

子曰、「知之者、不如好之者。好之者、不如楽之者。」

E　子貢問ひて曰はく、「一言にして以つて終身之を行ふべき者有りや。」と。子曰はく、「其れ恕か。己の欲せざる所は、人に施すこと勿かれ。」と。

子貢問曰、「有一言而可以終身行之者乎。」子曰、「其恕乎。己所不欲、勿施於人。」

〈「論語」による〉

1 ①子 とは、誰を指していますか。（5点）

（　　　）

攻略！「子」は先生という意味。

2 よく出る ②是 の指し示す内容を現代語で書きなさい。（10点）

（　　　）

3 ③過而不改、是謂過矣。から置き字を二つ抜き出しなさい。完答（5点）

□ □

攻略！置き字は訓読するときに読まない字のこと。

4 ④君子 とは、どのような人のことですか。次から一つ選び、記号で答えなさい。（5点）

ア 国を治める人。　イ 徳のある人。
ウ 頼りになる人。　エ 魅力的な人。

（　　　）

5 ⑤和して同ぜず の意味を次から一つ選び、記号で答えなさい。（5点）

ア 人と調和するが、何にでも同調はしない
イ 人と和解することはできるが、同調はできない
ウ 人に賛成するが、誰とでも仲良くできるわけではない
エ 人と仲良くすることも人に賛同することもできない

（　　）

6 書き下し文を参考にして、⑥君子和而不同。に送り仮名と返り点を付けなさい。（10点）

君子和而不同。

7 ⑦学びて思はざれば則ち罔し。⑧殆ふし について答えなさい。

(1) 「思はざれば」の意味を次から一つ選び、記号で答えなさい。（5点）

ア 思いやりの心がなかったら
イ 感動することがなかったら
ウ 自分で考えなかったら
エ 自由な空想がなかったら

（　　）

(2) 「罔し」、「殆ふし」の意味を次から一つずつ選び、記号で答えなさい。5点×2（10点）

ア 自分の将来の姿がはっきりしない
イ 独断に陥って危険である
ウ 他人の批判を招く危険がある
エ 本当の理解には到達しない

罔し……（　　）
殆ふし…（　　）

8 □に当てはまる書き下し文を書きなさい。（10点）

（　　）

9 ⑨如かず の意味を書きなさい。（5点）

（　　）

10 ⓐ之を知る者 ⓑ之を好む者 ⓒ之を楽しむ者 を、よいとされている順に並べ、記号で答えなさい。（いちばん上にいちばんよいものを書くこと。）完答（5点）

（　　）→（　　）→（　　）

11 ⑩一言にして以つて終身之を行ふべき者 について答えなさい。

(1) 「子」は、これを何だと言っていますか。文章中から一字で抜き出しなさい。（5点）

□

(2) それは、どのようなものですか。次から一つ選び、記号で答えなさい。（5点）

ア 法を守ろうとする意志。　イ 公平な判断力。
ウ こつこつと続ける努力。　エ 思いやりの心。

（　　）

12 よく出る ⑪己の欲せざる所は、人に施すこと勿かれ。の意味を書きなさい。（10点）

（　　）

13 ⑫有リ下一言ニシテ而可キ二以ツテ終身行フ一レ之ヲ者ト上乎。を書き下し文にするときに、平仮名に改める字を全て抜き出しなさい。完答（5点）

（　　）

攻略！ 平仮名に改めるのは、助詞・助動詞に当たる字。

知識の泉 Q 「けりを付ける」の意味はどっち？　ア＝決着を付ける。　イ＝諦める。

確認のワーク ステージ1

古典の言葉／日本語探検4 言葉の移り変わり
漢字道場5 他教科で学ぶ漢字(2)

解答 21ページ スピードチェック 7ページ

学習のねらい
- 古典の言葉の意味や使い方を知ろう。
- 歴史の中で、言葉の使い方が大きく変化したことを理解しよう。

漢字

1 漢字の読み 読み仮名を横に書きなさい。

＊は新出漢字 ▼は新出音訓・◎は熟字訓

❶ ▼修行 ❷ 語＊彙 ❸ ＊帝国 ❹ 財＊閥
❺ ＊繭（訓読み） ❻ ＊訴＊訟 ❼ ＊賠償 ❽ ＊毀損
❾ 相▼似 ❿ ＊倫理 ⓫ 高＊齢化 ⓬ ＊詐欺
⓭ 脱＊臼 ⓮ 心筋＊梗塞

2 漢字の書き 漢字に直して書きなさい。

❶（ていこく）を築く。 ❷（そしょう）を起こす。
❸ 豊かな（ごい）。 ❹（さぎ）に注意する。
❺ 日本の（ざいばつ）。 ❻（ばいしょう）請求をする。
❼ 名誉（きそん）。 ❽ 心筋（こうそく）を防ぐ。

基本問題 古典の言葉

1 よく出る 次の文章の要旨をそれぞれ後から一つずつ選び、記号で答えなさい。

① 和を以つて貴しとし、忤ふること無きを宗とせよ。（「日本書紀」より）

ア 他人のために己を犠牲にしなさい。
イ 他者とは協調しなさい。
（　　）

② 人木石にあらざれば皆情けあり。（紫式部「源氏物語」より）

ア 人は誰しも自然を愛する心を持っている。
イ 人は誰しも情というものを持っている。
（　　）

③ 窮鳥懐に入る、人倫これを哀れむ。（「平家物語」より）

ア 動物をかわいがる人は優しい人である。
イ 困った人を助けるのが人の道である。
（　　）

④ 花は盛りに、月はくまなきをのみ、見るものかは。（兼好法師「徒然草」より）

ア 桜の花や月は、盛りのものだけを見るものではない。
イ 桜の花や月は、盛りのものが最も美しい。
（　　）

知識の泉 A ア。 古文では「けり」で文章が終わることが多いことから。

⑤ 秘すれば花なり。秘せずば花なるべからず。
（世阿弥「風姿花伝」より）
ア 人を感動させるには秘密にするほうがよい。
イ 秘密はいずれ人に知られてしまうものである。（　　）

⑥ 人は城人は石垣人は堀、情けは味方讎は敵なり
（「甲陽軍鑑」より）
ア 人の感情が国の興亡の鍵を握っている。
イ 人が心を一つにすれば大事業を成せる。（　　）

⑦ 古人の跡を求めず、古人の求めたるところを求めよ。
（松尾芭蕉の言葉／「許六離別の詞」より）
ア 古人の果たしたことのすばらしさを知りなさい。
イ 古人の理想としたものを追い求めなさい。（　　）

攻略！ ④の「見るものかは」は、「観賞するものなのだろうか」という意味。

2 次の言葉の意味を後から一つずつ選び、記号で答えなさい。

① 漁夫の利（　　）
② 竜頭蛇尾（　　）
③ 他山の石（　　）
④ 和光同塵（　　）
⑤ 青天の霹靂（　　）

ア 予想もできなかったことが突如起こること。
イ 二者が争うすきに、第三者が利益を横取りすること。
ウ 最初の頃の勢いが、最後にはなくなること。
エ 自分の才能を隠し、目立たないように暮らすこと。
オ 自分の参考になりそうな、他人の誤った言動。

3 次の（　）に当てはまる言葉を後から一つずつ選び、記号で答えなさい。

① 弟は頭が固くて、（　　）ようなことばかりしている。
② 父の知人の夫婦は仲がよく、まさに（　　）のようだ。
③ 「（　　）」で、私は息子に財産を残すつもりはない。
④ データを消してしまって困ったが、（　　）だ。

ア 児孫の為に美田を買わず　イ 連理の枝
ウ 株を守りて兎を待つ　エ 覆水盆に返らず

攻略！ ウは、「いつまでも進歩がない」という意味で使われる。

4 次の――線の言葉の使い方が正しいものには○を、間違っているものには×を書きなさい。

① 政治家におもねり自説を覆すのは、曲学阿世の徒だ。（　　）
② 父は若い頃、青雲の志を掲げて故郷を出た。（　　）
③ 驕る平家は久しからずで、人は成功を重ねるものだ。（　　）
④ 人に怪しまれる行動は慎め。「瓜田に履を納れず」だ。（　　）

基本問題　日本語探検4

よく出る　次の文は、言葉のどのような変化を表していますか。後から一つずつ選び、記号で答えなさい。

① 「けづりひ」が「けどぅりふぃ」と聞こえていた。（　　）
② 形容詞の終止形が「〜し」から「〜い」になった。（　　）
③ 「いと」など現代では使われない語句があった。（　　）

ア 語彙の変化　イ 文法の変化　ウ 音声の変化

知識の泉　Q 次の故事成語の□に当てはまる漢数字は？　朝□暮□

故郷

学習のねらい
- 登場人物の過去と現在の対比や人間関係の変化を捉えよう。
- 発言や態度、表情などの描写に着目し、人物の思いを読み取ろう。

解答 21ページ　スピードチェック 8ページ　予想問題 142ページ

漢字と言葉

1 漢字の読み　読み仮名を横に書きなさい。

＊は新出漢字　▼は新出音訓・◎は熟字訓

❶＊隙間　❷＊吟味　❸＊溺愛　❹＊贈り物
❺＊塗る　❻＊蔑む　❼＊嘲る　❽貧＊乏人
❾＊腫れる　❿＊凶作　⓫陶＊冶　⓬不＊遜

2 漢字の書き　漢字に直して書きなさい。

❶長い（きょり）。　❷（しんせき）が集まる。
❸幸せな（きょうぐう）。　❹（かいがら）を拾う。
❺とても（いそが）しい。　❻（つや）のいい顔。

3 語句の意味　意味を下から選んで、線で結びなさい。

❶寂寥（せきりょう）・　　・ア　まとまりがない。
❷やるせない・　　・イ　もの寂しい様子。
❸とりとめのない・　　・ウ　気分が晴れない。

教科書の要点

1 登場人物　（　）に名前を書き入れなさい。　教p.154～164

- 「私」…主人公。家を明け渡すために、二十年ぶりに帰郷する。
- 「私」の母…「私」の住む地へ引っ越すための準備をしている。
- （①　　）…「私」の幼なじみ。
- （②　　）…「私」の甥。八歳。
- （③　　）…（①）の息子。
- （④　　）おばさん…昔、「豆腐屋小町」とよばれていた。

2 あらすじ　正しい順番になるように、番号を書きなさい。　教p.154～168

（　）ルントーとの楽しかった思い出を回想する。

（　）「私」は家を明け渡すために、二十年ぶりに故郷に帰る。

（　）旅立ちの日、甥と、ルントーの息子が仲良くなっていたことに気づき、希望を抱く。

（　）ルントーと再会するが、外見も態度も変わり果てている。

（　）ヤンおばさんと再会するが、すっかり変わっている。

知識の泉　A 三・四。「朝三暮四」＝目先の違いにこだわって，結果が同じになることに気づかないこと。

3 構成のまとめ

（　）に教科書の言葉を書き入れなさい。教p.154〜168

場面	第一場面	第二場面	第三場面	第四場面	第五場面	第六場面
	教初め〜p.155・②	p.155・③〜155・⑲	p.155・⑳〜159・⑪	p.159・⑫〜161・⑯	p.161・⑰〜165・⑮	p.165・⑯〜終わり
	故郷へ向かう	帰宅	ルントーとの思い出	ヤンおばさんとの再会	ルントーとの再会	旅立ちの日
場面の様子	●二十年ぶりに故郷へ帰る。 ・鉛色の空の下、（①）村々が活気がなく横たわる。	●母や甥のホンルとの対面。母と引っ越しの話をする。 ・母は、（③）表情を隠しきれなかった。	●子供の頃、ルントーと遊んだことを思い出す。 ・艶のいい丸顔・小さな毛織りの帽子・きらきら光る首輪。 ・角鶏、貝殻、すいか、チャー、跳ね魚などの話。	●ヤンおばさんと再会する。 ・頬骨が出ていて、唇が薄い。（⑤）ような表情。	●ルントーと再会する。 ・記憶にあるルントーとは似ても似つかなかった。 ・喜びと（⑦）の色が顔に現れた。 ・「私」を「だんな様！……。」とよんだ。 ・境遇がルントーをでくのぼうみたいな人間にしてしまった。	●「私」たちが故郷を離れる。 ●ホンルはシュイションのことを慕っていた。
「私」の思い	▼（②）の感が胸に込み上げた。 ▼私の故郷は、もっとずっとよかった。＝美しい故郷		▼同じ年頃の少年と遊べるのがうれしかった。 ▼ルントーの心は（④）の宝庫だ。	▼「豆腐屋小町」とよばれていた頃とは違う姿なので見忘れてしまった。…変わりように驚く。	▼（⑥）で胸がいっぱいになる。 ▼言いたいことが口から出ない。 …ルントーが変わり果てていたから。 ▼身震いした。悲しむべき（⑧）が、二人の間を隔ててしまった。 ▼彼の境遇を思って（⑨）をついた。	▼（⑩）惜しい気はしない。 ▼若い世代には、「私」たちの経験しなかった（⑪）生活を持ってほしいと希望する。

おさえよう

主題 故郷についての「私」の美しい思い出は、変わり果てた人々の姿によって打ち砕かれ、「私」は幼なじみのルントーとの間にできた壁に深い〔ア 怒り イ 悲しみ〕を感じる。しかし、心の通い合っている若い世代を見て、次の世代に新しい生活の実現という〔ア 慰め イ 希望〕を託す。

Q 次の□に当てはまる漢字は？「彼は，自分の失敗を□に上げて忠告を続けた。」

故郷

次の文章を読んで、問題に答えなさい。

教 p.154・①〜155・⑮

30分

自分の得点まで色をぬろう！
100点 合格！ 80 もう一歩 60 がんばろう！ 0
/100

解答 22ページ

厳しい寒さの中を、二千里の果てから、別れて二十年にもなる故郷へ、私は帰った。

もう真冬の候であった。そのうえ故郷へ近づくにつれて、空模様は怪しくなり、冷たい風がヒューヒュー音を立てて、船の中まで吹き込んできた。苫の隙間から外をうかがうと、鉛色の空の下、わびしい村々が、いささかの活気もなく、あちこちに横たわっていた。覚えず寂寥の感が胸に込み上げた。

ああ、これが二十年来、片時も忘れることのなかった故郷であろうか。

①私の覚えている故郷は、まるでこんなふうではなかった。私の故郷は、もっとずっとよかった。その美しさを思い浮かべ、その長所を言葉に表そうとすると、しかし、その影はかき消され、言葉は失われてしまう。やはりこんなふうだったかもしれないという気がしてくる。そこで私は、②こう自分に言い聞かせた。もともと故郷はこんなふうなのだ――進歩もないかわりに、私が感じるような寂寥もありはしない。そう感じるのは、自分の心境が変わっただけだ。なぜなら、③今度の帰郷は決して楽しいものではないのだから。

今度は、故郷に別れを告げに来たのである。私たちが長いこと一族で住んでいた古い家は、今はもう他人の持ち物になってしまった。明け渡しの期限は今年いっぱいである。どうしても旧暦の正月の前に、住み慣れた古い家に別れ、なじみ深い故郷を後にして、私が今暮らしを立てている異郷の地へ引っ越さねばならない。

明くる日の朝早く、私は我が家の表門に立った。屋根には一面に枯れ草のやれ茎が、折からの風になびいて、④この古い家が持ち主を変えるほかなかった理由を説き明かし顔である。いっしょに住んでいた親戚たちは、もう引っ越してしまった後らしく、ひっそりかんとしている。自宅の庭先まで来てみると、母はもう迎えに出ていた。後から八歳になる甥のホンル（宏児）も飛び出した。

母は機嫌よかったが、さすがにやるせない表情は隠しきれなかった。私を座らせ、休ませ、茶をついでくれなどして、⑤すぐ引っ越しの話は持ち出さない。ホンルは、私とは初対面なので、離れた所に立って、じっと私の方を見つめていた。

だが、とうとう引っ越しの話になった。私は、あちらの家はもう借りてあること、家具も少しは買ったこと、あとは家にある道具類をみんな売り払って、その金で買い足せばよいこと、などを話した。母もそれに賛成した。そして、荷造りもほぼ終わったこと、かさばる道具類は半分ほど処分したが、よい値にならなかったことなどを話した。

「一、二日休んだら、親戚回りをしてね、そのうえでたつとしよう。」と母は言った。

〈魯迅／竹内好・訳「故郷」による〉

知識の泉　A **棚**。「棚に上げる」＝問題として取り上げず，放っておく。

1 よく出る ①私の覚えている故郷は、まるでこんなふうではなかった。について答えなさい。

(1) 「こんなふう」とは、どのような様子ですか。文章中の言葉を使って書きなさい。（20点）

（　　　　）

(2) 「私」が二十年ぶりの故郷を見て感じた思いを、文章中から四字で抜き出しなさい。（10点）

2 ②こう自分に言い聞かせた とありますが、どう言い聞かせたのですか。その内容に当たる部分を文章中から抜き出し、初めと終わりの五字を書きなさい。（15点）

～

3 ③今度の帰郷は決して楽しいものではない とありますが、「私」は何のために帰郷したのですか。次から一つ選び、記号で答えなさい。（15点）

ア 長いこと一族で住んでいた家を、取り壊すため。
イ 異郷の地を引き払い、家族となじみ深い故郷に戻るため。
ウ 住み慣れた家を他人に明け渡し、故郷に別れを告げるため。
エ 旧暦の正月を、一族といっしょに故郷で過ごすため。（　）

攻略！ 帰郷の目的を説明している次の段落の内容を捉えよう。

4 よく出る ④この古い家が持ち主を変えるほかなかった理由 に当てはまるものを次から一つ選び、記号で答えなさい。（15点）

ア 家が古くなり、家を建て直すしか方法がなくなってしまったから。
イ 暮らしが行き詰まり、家を売り払わなければならなくなってしまったから。
ウ 「私」の異郷での暮らしが落ち着いたため、家を売ることになったから。
エ 親戚が引っ越してしまい、この家を維持するお金がなくなってしまったから。（　）

攻略！ 「屋根には……風になびいて」を手がかりにして考えよう。

5 故郷を離れることに対する母の気持ちは、どのような様子に表れていますか。文章中から七字で抜き出しなさい。（10点）

6 ⑤すぐ引っ越しの話は持ち出さない とありますが、このようにするのは、母にどのような気持ちがあるからですか。次から一つ選び、記号で答えなさい。（15点）

ア 引っ越しの話をすることが待ち遠しい気持ち。
イ 引っ越しはそれほどだいじではないという気持ち。
ウ 引っ越しの話を持ち出すことがつらい気持ち。
エ 引っ越しはもっと先のことだろうと考える気持ち。（　）

知識の泉 Q「激しく争う」という意味の慣用句は？ □を削る

故郷（1）

30分

自分の得点まで色をぬろう！
合格！ もう一歩 がんばろう！
/100

解答 22ページ

1 次の文章を読んで、問題に答えなさい。

教 p.158・⑱～159・⑬

①こんなにたくさん珍しいことがあろうなど、それまで私は思ってもみなかった。海には、そのような五色の貝殻があるものなのか。すいかには、こんな危険な経歴があるものなのか。私はすいかといえば、果物屋に売っているものとばかり思っていた。

「おいらとこの砂地では、高潮の時分になると『跳ね魚』がいっぱい跳ねるよ。みんなかえるみたいな足が二本あって……。」

ああ、②ルントーの心は神秘の宝庫で、私の遊び仲間とは大違いだ。こんなことは私の友達は何も知ってはいない。ルントーが海辺にいるとき、彼らは私と同様、高い塀に囲まれた中庭から四角な空を眺めているだけなのだ。

惜しくも正月は過ぎて、ルントーは家へ帰らねばならなかった。別れがつらくて、③私は声をあげて泣いた。ルントーも台所の隅に隠れて、嫌がって泣いていたが、とうとう父親に連れてゆかれた。そのあと、彼は父親にことづけて、貝殻を一包みと、美しい鳥の羽を何本か届けてくれた。私も一、二度何か贈り物をしたが、それきり顔を合わす機会はなかった。

今、母の口から彼の名が出たので、この子供の頃の思い出が、電光のように一挙によみがえり、私はやっと美しい故郷を見た思いがした。

〈魯迅／竹内好・訳「故郷」による〉

---

1 ①こんなにたくさん珍しいこと とは、どのようなことですか。三つ書きなさい。　5点×3（15点）

（　　）
（　　）
（　　）

2 よく出る ②ルントーの心は神秘の宝庫で とありますが、ここから「私」のルントーに対するどのような気持ちが分かりますか。次から一つ選び、記号で答えなさい。（10点）

ア　困惑　イ　幻滅
ウ　憧れ　エ　妬み

（　　）

3 ③私は声をあげて泣いた とありますが、それはなぜですか。次から一つ選び、記号で答えなさい。（10点）

ア　珍しい物を返さなければならなくなるから。
イ　ほかの遊び仲間から守ってくれる人がいなくなるから。
ウ　唯一の遊び友達と別れると、またひとりぼっちになるから。
エ　打ち解け仲良くなった友達と別れるのが悲しいから。

（　　）

4 ルントーとの思い出は、「私」にとって、何の象徴なのですか。文章中から五字で抜き出しなさい。（15点）

□□□□□

知識の泉 **A しのぎ。** しのぎ（刀の刃と峰との間の盛り上がった部分）が削れるほど激しく戦うこと。

2 次の文章を読んで、問題に答えなさい。

教p.161・⑰〜162・⑰

ある寒い日の午後、私は食後の茶でくつろいでいた。表に人の気配がしたので、振り向いてみた。思わずあっと声が出かかった。急いで立ち上がって迎えた。

来た客はルントーである。ひと目でルントーと分かったものの、そのルントーは、私の記憶にあるルントーとは似もつかなかった。背丈は倍ほどになり、昔の艶のいい丸顔は、今では黄ばんだ色に変わり、しかも深いしわが畳まれていた。目も、彼の父親がそうであったように、周りが赤く腫れている。私は知っている。海辺で耕作する者は、一日中潮風に吹かれるせいで、よくこうなる。頭には古ぼけた毛織りの帽子、身には薄手の綿入れ一枚、全身ぶるぶる震えている。紙包みと長いきせるを手に提げている。その手も、私の記憶にある血色のいい、まるまるした手ではなく、太い、節くれ立った、しかもひび割れた、松の幹のような手である。

私は感激で胸がいっぱいになり、しかしどう口をきいたものやら思案がつかぬままに、一言、

「ああルンちゃん――よく来たね……。」

続いて言いたいことが、後から後から、数珠つなぎになって出かかった。角鶏、跳ね魚、貝殻、チャー……だがそれらは、①何かでせき止められたように、頭の中を駆け巡るだけで、口からは出なかった。

彼は突っ立ったままだった。②喜びと寂しさの色が顔に現れた。唇が動いたが、声にはならなかった。最後に、うやうやしい態度に変わって、はっきりこう言った。

「だんな様！……。」

私は身震いしたらしかった。③悲しむべき厚い壁が、二人の間を隔ててしまったのを感じた。私は口がきけなかった。

〈魯迅／竹内好・訳「故郷」による〉

1 レベルUP ①何かでせき止められたように、……口からは出なかったとありますが、「私」がこうなったのは、なぜですか。次から一つ選び、記号で答えなさい。（10点）

ア　ルントーとの思い出がすぐによみがえらなかったから。
イ　ルントーの姿が記憶と大きくかけ離れていたから。
ウ　ルントーと自分とは、社会的な身分が違うから。
エ　ルントーが思い出話をしたくなさそうなしぐさを見せたから。

（　　）

2 記述 ②喜びと寂しさとは、Ⅰ…どのような「喜び」と、Ⅱ…どのような「寂しさ」ですか。書きなさい。15点×2（30点）

Ⅰ（　　）
Ⅱ（　　）

3 よく出る ③悲しむべき厚い壁とは、二人を隔てる何のことですか。次から一つ選び、記号で答えなさい。（10点）

ア　性格や態度の違い。
イ　思い出への思い入れの違い。
ウ　境遇や身分の違い。
エ　思想や信条の違い。

（　　）

知識の泉 Q □に共通して当てはまる言葉は？　目星を□・折り紙を□

実力判定テストB ステージ3

故郷 (2)

30分

自分の得点まで色をぬろう!
100点 合格! 80 もう一歩 60 がんばろう! 0
/100

解答 23ページ

次の文章を読んで、問題に答えなさい。　教p.166・③〜168・⑨

私といっしょに窓辺にもたれて、暮れてゆく外の景色を眺めていたホンルが、ふと問いかけた。

「おじさん、僕たち、いつ帰ってくるの?」

「帰ってくる? どうしてまた、行きもしないうちに、帰るなんて考えたんだい?」

「だって、シュイションが僕に、家へ遊びに来いって。」

大きな黒い目を見張って、彼はじっと考え込んでいた。

私も、私の母も、①はっと胸を突かれた。そして話がまたルントーのことに戻った。母はこう語った。例の豆腐屋小町のヤンおばさんは、私の家でかたづけが始まってから、毎日必ずやってきたが、おととい、灰の山から碗や皿を十個余り掘り出した。あれこれ議論の末、それはルントーが埋めておいたにちがいない、灰を運ぶとき、いっしょに持ち帰れるから、という結論になった。ヤンおばさんは、この発見を手柄顔に、「犬じらし」(これは私たちのところで鶏を飼うのに使う。木の板に柵を取り付けた道具で、中に食べ物を入れておくと、鶏は首を伸ばしてついばむことができるが、犬にはできないので、見てじれるだけである。)をつかんで飛ぶように走り去った。纏足用の底の高い靴で、よくもと思うほど速かったそうだ。

古い家はますます遠くなり、故郷の山や水もますます遠くなる。②だが名残惜しい気はしない。自分の周りに目に見えぬ高い壁があって、その中に自分だけ取り残されたように、気がめいるだけである。すいか畑の銀の首輪の小英雄の面影は、元は鮮明このうえなかったのが、今では急にぼんやりしてしまった。これもたまらなく悲しい。

母とホンルとは寝入った。

私も横になって、船の底に水のぶつかる音を聞きながら、今、自分は、自分の道を歩いていると分かった。思えば私とルントーとの距離は全く遠くなったが、若い世代は今でも心が通い合い、現にホンルはシュイションのことを慕っている。せめて彼らだけは、私と違って、互いに隔絶することのないように……とはいっても、彼らが一つ心でいたいがために、私のように、無駄の積み重ねで魂をすり減らす生活を共にすることは願わない。またルントーのように、打ちひしがれて心が麻痺する生活を共にすることも願わない。また他の人のように、やけを起こして野放図に走る生活を共にすることも願わない。希望を言えば、彼らは新しい生活を持たなくてはならない。③私たちの経験しなかった新しい生活を。

希望という考えが浮かんだので、私はどきっとした。たしかルントーが香炉と燭台を所望したとき、私は相変わらずの偶像崇拝だな、いつになったら忘れるつもりかと、心ひそかに彼のことを笑ったものだが、今、私のいう希望も、やはり手製の偶像にすぎ

知識の泉　**A 付ける。**　「目星を付ける」＝見当を付ける。「折り紙を付ける」＝保証する。

ぬのではないか。ただ④彼の望むものはすぐ手に入り、⑤私の望むものは手に入りにくいだけだ。

　まどろみかけた私の目に、海辺の広い緑の砂地が浮かんでくる。その上の紺碧（こんぺき）の空には、金色（こんじき）の丸い月が懸（か）かっている。思うに希望とは、もともとあるものとも言えぬし、ないものとも言えない。それは地上の道のようなものである。もともと地上には道はない。⑥歩く人が多くなれば、それが道になるのだ。

〈魯迅（ろじん／ルーシュン）／竹内好（たけうちよしみ）・訳「故郷」による〉

1 よく出る　①はっと胸を突かれた　とありますが、それはなぜですか。次から一つ選び、記号で答えなさい。（15点）

ア　仲良くなったシュイションとホンルが二度と会えなくなってしまうことに心が痛んだから。

イ　シュイションを慕うホンルの姿から、かつてのルントーと「私」の関係を思い出したから。

ウ　ホンルもまた、今の自分たちと同じように、故郷を離（はな）れたくない気持ちなのだと分かったから。

エ　身分や境遇（きょうぐう）の違うシュイションに、ホンルが親しみを感じ始めたことにとまどいを覚えたから。

（　　）

2 ②名残惜しい気はしない　とありますが、それはなぜですか。次から一つ選び、記号で答えなさい。（15点）

ア　故郷で会いたかった人物に会えて満足していたから。

イ　故郷で過ごした記憶（きおく）がしっかり心に残っているから。

ウ　故郷と故郷の人々に失望し、隔（へだ）たりを感じていたから。

エ　美しい故郷を存分に味わうことができたから。

（　　）

3 よく出る　③私たちの経験しなかった新しい生活　とありますが、「私たち」はどのような生活を経験してきたのですか。文章中から三つ抜き出しなさい。10点×3（30点）

（　　）
（　　）
（　　）

4 レベルUP　④彼の望むもの　と⑤私の望むもの　とは、何ですか。文章中からそれぞれ五字で抜き出しなさい。10点×2（20点）

④
⑤

5 記述　⑥歩く人が多くなれば、それが道になるのだ。とありますが、これはどういうことを言っているのですか。（　）に当てはまる言葉を、考えて書きなさい。（20点）

同じ希望を抱（いだ）く人が（　　）ということ。

6 関係を読む

確認のワーク　ステージ1

漢字道場6　紛(まぎ)らわしい漢字

解答 23ページ　スピードチェック 9ページ

学習のねらい
・紛らわしい漢字にはどのようなものがあるかを知ろう。
・紛らわしい漢字の意味を捉(とら)えて、正しく使い分けよう。

漢字

1 漢字の読み　読み仮名(がな)を横に書きなさい。

＊は新出漢字　▼は新出音訓・◎は熟字訓

❶ 急＊騰　❷ ＊遍在　❸ 更＊迭　❹ ＊漸次
❺ ＊搭乗　❻ 貨＊幣　❼ ＊該当　❽ 自＊叙伝
❾ ＊醸成　❿ 令＊嬢　⓫ ＊墜落　⓬ ＊褐色
⓭ ＊謁見　⓮ 一＊喝　⓯ ＊硝酸

2 漢字の書き　漢字に直して書きなさい。

❶ 罪を（だんがい）する。　❷ 戸籍(こせき)（とうほん）。
❸ （けいやく）を改める。　❹ （ざんてい）的な措置(そち)。
❺ （そうかん）な眺(なが)め。　❻ （へいがい）を伴(ともな)う。
❼ 意見を（てっかい）する。　❽ （そう）厳(ごん)な音楽。

教科書の要点

1 紛(まぎ)らわしい漢字　（　）に当てはまる言葉を後から一つずつ選び、記号で答えなさい。

漢字には、同じ部分を持ち、形が似ているものがある。（①　）を手がかりにして漢字の（②　）を押(お)さえ、正しく使い分けられるようにする。

●音は違(ちが)うが、形が似ている漢字

例 ・雅…音読みは「（③　）」。「（④　）」という意味。
「優雅」「典雅」
・稚…音読みは「（⑤　）」。「（⑥　）」という意味。
「幼稚」「稚魚」

●同じ音を持ち、形も似ている漢字

例 「マ」
・魔…「（⑦　）」という意味。「魔法」「悪魔」
・磨…「（⑧　）」という意味。「研磨」
・摩…「（⑨　）」という意味。「摩擦(まさつ)」「摩耗(まもう)」

ア 意味　イ 部首　ウ チ　エ ガ
オ 石をこすってみがくこと。
カ こすり合わせること。
キ 人を惑(まど)わすもの。
ク 上品な。　ケ 幼い。

熟語の意味を参考に考えよう。

知識の泉　A けが。「失敗だと思ったことが，かえってよい結果を生むこと」の意味。

基本問題

1 よく出る 次の――線の片仮名(かたかな)に当てはまる漢字をそれぞれ後から一つずつ選び、記号で答えなさい。

① グラフの数値はゼン増している。
ア 暫　イ 漸　（　）

② やかんの湯が沸(ふっ)トウする。
ア 騰　イ 謄　（　）

③ 祖父はゴ楽として碁(ご)をたしなんでいた。
ア 誤　イ 娯　（　）

④ 「ヘイ社の商品をご覧ください」とセールスする。
ア 幣　イ 弊　（　）

⑤ 確実に任務をスイ行する。
ア 逐　イ 墜　ウ 遂　（　）

⑥ 国王への拝エツを願い出る。
ア 謁　イ 喝　ウ 褐　（　）

⑦ 両者の相イ点を書き出す。
ア 違　イ 偉　ウ 緯　（　）

⑧ セマい道から広い道へと出る。
ア 峡　イ 挟　ウ 狭　（　）

攻略！ ④「ヘイ社」は、自分の会社を謙遜(けんそん)して述べた表現である。

2 次の――線の片仮名に当てはまる漢字を□に書きなさい。

① 彼(かれ)は成功するために大きなギ牲(せい)を払(はら)った。　□

② ことをオン便に済ませてくれるよう頼(たの)む。　□

③ 大学を卒業後、小学校の教ユになる。　□

④ あるガイ念について説明する。　□

⑤ 大臣が不祥事(ふしょうじ)を起こして更(こう)テツされる。　□

⑥ 初志を貫(かん)テツして毎日練習に励(はげ)んだ。　□

攻略！ ⑤「コウテツ」は「ある地位にある人を他者と代えること」。

3 次の――線の漢字が正しければ○を書き、間違(まちが)っていれば正しく書き直しなさい。

① それは難しく旦つやりがいのある課題だ。　□

② ある宵に、兄は一人で出かけていった。　□

③ 私(わたし)は両親と一諸に、イギリスを旅した。　□

④ 本屋で気になった本を何冊か講入する。　□

⑤ 道を塞(ふさ)いでいた土砂(どしゃ)を除去する。　□

知識の泉 **Q** 「□現実・□常識」に共通して付けられる打ち消しの意味を表す漢字は？

確認のワーク ステージ1

何のために「働く」のか

解答 24ページ　スピードチェック 10ページ

学習のねらい
- 具体例について読み取り、「働く」ことの意義を考えよう。
- 筆者が考える「働く」ことの意味を読み取ろう。

漢字と言葉

1 漢字の読み 読み仮名を横に書きなさい。

＊は新出漢字　▼は新出音訓・◎は熟字訓

❶ 一＊致　❷ ＊羨ましい　❸ ＊顧みる　❹ ＊恋人
❺ 報＊酬　❻ 福＊祉　❼ ＊販売　❽ 過＊酷
❾ 消＊耗　❿ ＊耐える

2 漢字の書き 漢字に直して書きなさい。

❶ 服を（はんばい）する。　❷（ほうしゅう）を払う。
❸（しょうもう）した顔。　❹（ふくし）関係の人。
❺ 暑さに（た）える。　❻ 半生を（かえり）みる。

3 語句の意味 意味を下から選んで、線で結びなさい。

❶ 境遇 ・　・ア 奥深い様子。
❷ 深遠 ・　・イ その人が置かれている状況。
❸ ねぎらい ・　・ウ 相手の苦労に感謝して、いたわること。

教科書の要点

1 話題 筆者は、社会の中で他者から仲間として承認されるためには、どうすることが必要だと述べていますか。「……こと」につながるように、教科書の二字の言葉を書き入れなさい。 教 p.174

［　　］こと

2 内容理解 筆者は、「サービス業」をどのように定義していますか。（　）に教科書の言葉を書き入れなさい。 教 p.175

（　　）を中心とするコミュニケーション・ワークス。

3 筆者の考え 筆者は、「働く」ことによって何を得られると考えていますか。教科書の十一字の言葉を抜き出しなさい。 教 p.174～177

［　　　　　　　　　　　］

社会の中で「働く」ことについての筆者の考えを読み取ろう。

知識の泉 **A 非。** 打ち消しの意味を表す接頭語には、「非・不・未・無」がある。

4 構成のまとめ

（　）に教科書の言葉を書き入れなさい。（各段落に1～28の番号を付けて読みましょう。）教 p.172～177

	序論	本論	本論	結論
段落	1～6段落	7～15段落	16～26段落	27～28段落
まとまり	人はなぜ「働く」のか	「働く」ことの意味	働く意味の「次の段階」	まとめ
内容	●人はお金を得るためには、働かなくてはならない。 ●お金があったら、働くことを（①　　）だろうか。 例 父が残した遺産があり、仕事をせず学問の研究をしていた人…働いていないことが心に（②　　）をかけた。	●「働く」ということの意味は何か。 例 ホームレスの男性の話 働いているときに人から（⑤　　）の声を掛けられ、普通の人間としての感情が戻った。 ●社会の中での人間どうしのつながり →「（⑥　　）（ねぎらいのまなざしを向けること）」	●今はあらゆる仕事が（⑦　　）化しつつある。 例 美容師・理容師…コミュニケーション能力も重要。 大学教師…進路や人生相談も受ける。 ●サービス業には、「どこまで」という（⑧　　）がない。	▼「なぜ働いているのか」↓「他者からのアテンション」を求めているから。 …「他者からのアテンション」によって、社会の中にいる自分を（⑩　　）でき、自分はこれでいいのだという（⑪　　）が得られる。↓人が働くのは、「自分が自分として生きるため」である。
	▼我々の多くは、資産があっても、やっぱり（③　　）べきだと思っている。	▼「働く」という行為のいちばん底にあるものは、「社会の中で、（④　　）を認められること」である。 ▼私たちは「他者からのアテンション」、「他者へのアテンション」のために働いている。	↕ ▼コミュニケーションの方法が無限にあるので、そこから自分が何かをもらえる（⑨　　）も無限にある。	

おさえよう

要旨 人は働くことによって（ア 社会　イ 歴史）の中で自分の（ア 希望　イ 存在）を承認される。「他者からのアテンション」、「他者へのアテンション」という人どうしのつながりを得ることが人が働く意味であり、それによって、社会の中で、自分が（ア 他者　イ 自分）として生きることができるのである。

Q 次の□に当てはまる漢字は？　竜□蛇□

実力判定テストA ステージ2　何のために「働く」のか

30分

自分の得点まで色をぬろう！
合格！ 100点 80 もう一歩 60 がんばろう！ 0　/100

解答 24ページ

1 次の文章を読んで、問題に答えなさい。

教 p.174・⑩〜175・⑭

社会というのは、基本的には見知らぬ者どうしが集まっている集合体であり、だから、そこで生きるためには、他者から何らかの形で仲間として承認される必要があります。そのための主たる手段が、働くということなのです。働くことによって「そこにいていい」という承認が与えられる。

働くことを「社会に出る」といい、働いている人のことを「社会人」と称しますが、それは、①そういう意味なのです。

社会の中での人間どうしのつながりは、深い友情関係や恋人関係、家族関係などとは違った面があります。もちろん、社会の中でのつながりも「相互承認」の関係には違いないのですが、この場合は、私は「アテンション（ねぎらいのまなざしを向けること）」というような表現がいちばん近いのではないかと思います。清掃をしていた彼がもらった言葉は、まさにアテンションだったのではないでしょうか。

ですから、私は「人はなぜ働かなければならないのか」という問いの答えは、「他者からのアテンション」そして「他者へのアテンション」だと言いたいと思います。これは、報酬をもらわない専業主婦やボランティアでも同じことです。②それを抜きにして、働くことの意味はありえないと思います。その仕事が彼にとってやりがいのあるものなのかとか、彼の夢を実現するものなのかといったことは、次の段階の話です。

〈姜尚中「何のために『働く』のか」による〉

1 筆者は、社会とはどういうものだと述べていますか。文章中から十八字で抜き出し、初めと終わりの五字を書きなさい。（10点）

□□□□□〜□□□□□

攻略！ 第一段落に述べられている筆者の定義を押さえよう。

2 ①そういう意味　とありますが、どういう意味ですか。次から一つ選び、記号で答えなさい。（15点）

ア　人は、働くことによってのみ他者から承認されるという意味。
イ　働くことによって、社会での存在を承認されるという意味。
ウ　生きるためには、働いて報酬を得る必要があるという意味。
エ　人間と社会は、働くことによってつながっているという意味。

（　　）

3 よく出る　②それを抜きにして、働くことの意味はありえない　とありますが、「それ」が指すものを文章中から二つ抜き出しなさい。15点×2（30点）

（　　）（　　）

知識の泉　**A** 頭・尾。「竜頭蛇尾」＝初めは盛んだが，終わりが振るわないこと。

2 次の文章を読んで、問題に答えなさい。

教p.176・㉓〜177・⑳

サービス業の大きな特徴として、「どこまで」という制限がないことがあります。だから、なかには、果てしなくのめり込んで、ときには消耗し尽くしてしまう人もいるといいます。

恐らくこれらには①「評価」の問題も関わっていると思います。形のないサービスであるだけに、よいのか悪いのか、よい場合はどのくらいよいのか、悪い場合はどのくらい悪いのかといった判定がしにくいのです。頑張っても正当に評価されなければ、人はやはり無力感にさいなまれるでしょう。

しかし、だからこそ、私は可能性も大きいと言いたいのです。

人とのコミュニケーションの方法は無限にあり、そこから②自分が何かをもらえる可能性も無限にあると思います。人間と人間が交じり合う中にはさまざまな「偶発性」が存在しうるからです。それは、マニュアル労働よりもはるかに重圧がかかり、人によっては耐えきれなくなるかもしれません。が、逆に、人間としての何かに目覚め、大きなものを得るチャンスも増えると思います。

私自身、サービス業に携わる者として、毎日多くの人とコミュニケーションをしますが、疲れながらも、やはり多くのものをもらっていると思います。そして、その場合に得るものは、やはり働くことの第一義である「他者からのアテンション」の一種ではないでしょうか。

自分自身に「私はなぜ働いているのか」と問うてみることがあります。すると、いろいろ考えたあげく、他者からのアテンションを求めているから、という答えが返ってきます。お金は必要ですし、地位や名誉はいらないと言ったらうそですが、やはり、他者からのアテンションが欲しいのです。それによって、社会の中にいる自分を再確認できるし、自分はこれでいいのだという安心感が得られる。そして、自信にもつながっているような気がします。

〈姜尚中「何のために『働く』のか」による〉

1 記述 ①「評価」の問題とありますが、どのような問題ですか。（15点）

（　　　）

2 ②自分が何かをもらえる可能性を言い換えている部分を、文章中から二十五字で抜き出し、初めと終わりの五字を書きなさい。（15点）

□□□□□〜□□□□□

3 よく出る 筆者は、人はなぜ働くのだと述べていますか。次から一つ選び、記号で答えなさい。（15点）

ア お金を得ることで、社会の中の自分の位置を確認したいから。
イ 社会の中で認められるように、地位や名誉が欲しいから。
ウ 社会の中で自分が自分として生きるために、他者からのアテンションが欲しいから。
エ 人とコミュニケーションをとることで、何か大きなものを得たいから。

（　　）

確認のワーク　ステージ1

いつものように新聞が届いた ――メディアと東日本大震災

解答 25ページ　スピードチェック 10ページ　予想問題 143ページ

学習のねらい
- 震災後、新聞が担った役割について読み取ろう。
- 新聞を発行し続けた地元紙の記者たちの思いを読み取ろう。

漢字と言葉

1 漢字の読み 読み仮名を横に書きなさい。

＊は新出漢字 ▼は新出音訓・◎は熟字訓

❶▼危ぶむ　❷分＊析　❸＊喚起

2 漢字の書き 漢字に直して書きなさい。

❶注意を（かんき）する。❷データの（ぶんせき）。

3 語句の意味 意味を下から選んで、線で結びなさい。

❶惨状・　・ア 記憶や印象が年月を経て薄れること。
❷生命線・　・イ 痛ましい様子。
❸過信・　・ウ その存立のために絶対必要なこと。
❹風化・　・エ 力を高く考えて信頼しすぎること。

教科書の要点

1 話題 この文章は、何について書かれていますか。 教p.184〜188

筆者が勤めている、仙台市に本社を置く（　）の、（　）後の報道とその取り組みについて。

2 内容理解 震災直後の新聞の発行状況について、（　）に教科書の言葉を書き入れなさい。 教p.184〜185

- 震災直後、新聞社は電話が通じず、一部の支局や記者と連絡が取れなかった。紙面制作の機械も倒れ、発行が（①　）。
  ↓しかし、誰も新聞の発行を（②　）。
- 震災の翌日以降も、新聞は一日も絶やさずに発行され続けた。
  ↓記者たちの「伝えなくてはいけない」という（③　）が紙面を支えていた。

3 筆者の考え 被災地の地元新聞社の使命とは、どのようなことだと筆者は考えていますか。次の文の□に当てはまる言葉を、後から一つ選び、記号で答えなさい。 教p.188

人々の無念や苦しみをくみ取り、□を考えて発信すること。（　）

ア 自然災害を完全に制御する方法
イ 地震のメカニズムを伝える方法
ウ 災害の犠牲者を出さない方法
エ 震災のつらい記憶が薄らぐ方法

知識の泉　A 納得がいかない。「腑」ははらわたのこと。〈例〉その話は腑に落ちない。

4 構成のまとめ

（　）に教科書の言葉を書き入れなさい。教p.184〜188

まとまり		内容
第一のまとまり 教初め〜p.184・⑯	震災の翌日に届いた新聞	●二〇一一年三月十一日午後、（①　　）が起きて、津波が襲った。 ●人々が不安に思う中、翌日、（②　　）のように新聞が届いた。…被災地の仙台市に本社を置く新聞社が発行。 読者の感想「何かにすがりたくて、何度も繰り返し読みました。」
第二のまとまり p.184・⑰〜186・⑯	記者たちの使命感	●震災の日、新聞社は混乱に陥っていたが、何とか新聞を発行でき、以降一日も絶やさず発行し続けた。 ●新聞は貪るように読まれ、大切な（④　　）の一つであり、また支援物資の一つでもあった。 ▼記者たちの「（③　　）」という使命感が紙面を支えていた。↓迷いを抱えながらの取材。
第三のまとまり p.186・⑰〜187・⑩	震災直後の報道の在り方	●新聞のスローガン「（⑤　　）」。 ●署名記事を増やし、個人名・地名を盛り込む。 ●「生活情報」のページにも力を割いた。 ▼（⑥　　）をいち早く伝えながら、東北の人々が（⑦　　）姿を記録し続けることが大切。 ▼被災者一人一人の「三・一一」がある。 ▼新聞は人と人とを（⑧　　）メディアでありたい。
第四のまとまり p.187・⑪〜188・⑪	地元紙の役割	●全国に展開する新聞（＝全国紙）と被災地の地元紙では、読者が新聞に望むものが異なる。 ●全国紙とは言葉の使い方に微妙な違いが出る。 ▼地元紙の役割は、被災して助けを求める人々がそのときに必要としている情報を（⑨　　）して発信し続けること。 ▼冷めた印象の「（⑩　　）」という言葉は使いたくなかった。
第五のまとまり p.188・⑫〜終わり	未来のために伝え続ける	●新聞が果たすべきこと、求められていることは何か。↓キーワードは、「（⑪　　）」「減災」。 ▼人々の無念や苦しみをくみ取り、災害の犠牲者を出さない方法を考え、発信することが地元新聞社の（⑫　　）だ。 ▼震災を記憶にとどめることが（⑬　　）につながると信じ、伝え続けている。

おさえよう

要旨 東日本大震災直後の混乱の中、筆者を含む〔ア 全国紙　イ 地元紙〕の記者たちは、「伝えなくてはいけない」という使命感を持って新聞を発行し続けた。地元新聞社の使命は、被災者に寄り添い、〔ア 過去　イ 未来〕のために災害の犠牲者を出さない方法を伝え続けることである。

知識の泉 Q ——線を漢字で書くと？　布のサイ断。花のサイ培。

実力判定テストA　ステージ2

いつものように新聞が届いた
――メディアと東日本大震災

30分

自分の得点まで色をぬろう！
合格！　もう一歩　がんばろう！
100点　80　60　0　/100

解答 25ページ

★ 次の文章を読んで、問題に答えなさい。

教 p.186・③〜187・⑩

①新聞は、避難所や被災した住宅などで貪るように読まれた。家ごと津波に流され、パソコンもない。停電が続いてテレビは見られない。携帯電話は電池切れで充電もできない。そんな中、新聞は大切なライフラインの一つだった。大惨事の現場では、何が起きたかを知ることができる新聞は支援物資の一つになった。

新聞を積んだトラックは、がれきが遮る道なき道を連日走り続けた。②仙台市内の小学校に逃れた配達員の女性は、震災翌日の午前三時頃、真っ暗な避難所の中で突然立ち上がった。「新聞を配りに行かなくては。」と停電が続いて真っ暗な街に出ていこうとする。家族や知り合いは「外は危険だからやめなさい。」「新聞ができているはずがない。」と止めた。それでも「私だって報道機関の一員。読者が待っているから。」と販売店に向かった。

一人一人の「三・一一」を思う

会社も社員も被災者だった。創刊以来の百十数年間、東北の人々とともに歩んできた。震災直後から社員が一丸となって心がけたことがある。「被災者の悲しみに寄り添う。」「被災地の惨状をありのまま伝えたい。」新聞の一面に掲載し続けているスローガンが③ある。「再生へ　心ひとつに」。災害の大きさをいち早く伝えながら、自分たちの住む東北の人々が復興へと歩む姿を記録し続ける。それが何より大切だと思った。

震災時にはインターネット上などでたくさんのデマが流れたが、新聞の生命線は信頼性だ。新聞は客観的な報道が原則である。だが、被災者でもある我々は主観的な報道も必要だと感じた。記者の顔が見える署名記事を飛躍的に増やした。当初の報道では、できるだけ個人名や地名を盛り込もうとした。名前が紙面に載ることで、その人の安否が分かるからだ。被災者一人一人にそれぞれの「三・一一」がある、と思いながら報道を続けた。取材すればするほど、「東日本大震災は、たくさんの人が犠牲になった災害が一つあったのではない。一人の人間が死亡・行方不明になった災害がその数だけあったのだ。」と思うようになった。

震災後しばらくは、ライフラインの復旧状況や各種の相談電話先などを提供する「生活情報」のページにも力を割いた。東北の被災者にとって、日々の生活に密接に関わる情報こそが欲しい。例えば、低肺機能患者でつくる団体から、被災者に酸素を提供できる会社の連絡先を知らせる伝言があり、紙面に載せた。この団体からはのちに「あの記事によって避難所にいる患者に酸素を届けることができました。的確な情報を提供していただいたことに感謝します。」という礼状が届いた。小さな情報欄だが、生死の境をさまよう人たちからのSOSに新聞を通じて応えることができた。新聞は人と人とをつなぐメディアでありたい。

〈今野俊宏「いつものように新聞が届いた――メディアと東日本大震災」による〉

A 裁・栽。　「裁」＝切る・判定を下す。「栽」＝植える・植物の手入れをする。

1 よく出る ①新聞は、避難所や被災した住宅などで貪るように読まれた。について答えなさい。

(1) 新聞が「貪るように読まれた」のは、なぜですか。次から一つ選び、記号で答えなさい。（15点）

ア 新聞を苦労して届けてくれていることを知っていたから。
イ 新聞以外に娯楽といえるようなものがなかったから。
ウ 新聞以外に情報を手に入れることができなかったから。
エ 震災以前から新聞を熱心に読む習慣があったから。
（　　）

(2) このとき、新聞は読者にどのようなものと受け止められていたのですか。文章中から二つ抜き出しなさい。5点×2（10点）

（　　　　）（　　　　）

2 ②仙台市内の小学校に逃れた配達員の女性は、……突然立ち上がった。について答えなさい。

(1) 「立ち上がった」のは、何をするためですか。（10点）

（　　　　）

(2) このときの「配達員の女性」の心情に当てはまるものを次から一つ選び、記号で答えなさい。（15点）

ア 劣等感　イ 使命感
ウ 爽快感　エ 嫌悪感
（　　）

攻略！ 直後の部分から「配達員の女性」の心情を捉えよう。

3 ③再生へ　心ひとつに　とありますが、このスローガンを具体化するために、新聞社はどうすることが大切だと筆者は思いましたか。その内容が書かれた一文を文章中から抜き出し、初めの五字を書きなさい。（10点）

□□□□□

4 よく出る 震災後、筆者の勤める新聞社が次のような取り組みを行った理由を、それぞれ書きなさい。10点×3（30点）

① 記者の顔が見える署名記事を飛躍的に増やした。

（　　　　）

② 記事に、できるだけ個人名や地名を盛り込もうとした。

（　　　　）

③ 「生活情報」のページに力を割いた。

（　　　　）

攻略！ 「……からだ」など、理由を示す表現に着目して読み取ろう。

5 筆者は、どのようなことを目指して、新聞を作っていましたか。□に当てはまる言葉を、文章中から抜き出しなさい。（10点）

新聞が□□□□□□□□□□□□□□であること。

知識の泉 Q 「玉」「寸」「巻」に共通して付けることができる部首は？

実力判定テストB ステージ3

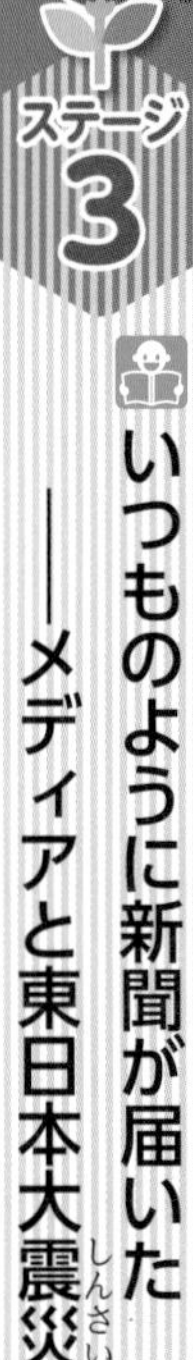

いつものように新聞が届いた——メディアと東日本大震災

30分

自分の得点まで色をぬろう！ 100点 合格！ 80 もう一歩 60 がんばろう！ 0 /100

解答 25ページ

次の文章を読んで、問題に答えなさい。 教p.187・⑪～188・⑪

地元に生きる

①日本の新聞は、日本中を発行エリアとする全国紙と、県単位や東北などのブロック単位で発行する地方紙に大別される。地域に根差す新聞をうたう地方紙と全国紙の違いはどこにあるのだろう。

ある大学の分析によると、東日本大震災において、全国紙の報道は、発生数日後には地震や津波から原子力発電所の事故のほうに比重が移った。二週間近くたつと、その他のニュースのほうが震災関連の記事を上回るようになる。一方、仙台市に本社を置く新聞社の報道は、②一か月を経過しても津波や地震の記事のほうが原発事故関連より多く、紙面全体では震災関連の記事が大半を占めていた。全国に展開する新聞と被災地の地元紙では、読者が新聞に望むものが異なる。津波で被災し、助けを求める人々がそのときに必要としている情報を継続して発信し続ける。それが地元紙の役割だ。

言葉の使い方でも微妙な違いが出る。震災直後の三月十三日、宮城県庁で開かれた会議で、死者・行方不明者が一万人を超えるのは確実という報告が初めて出された。仙台市に本社を置く新聞社の翌日の朝刊一面の大見出しは、「犠牲『万単位に』」だった。

この見出しを担当した③整理記者は、「死者」か「犠牲」か、どちらの言葉を使うか大いに悩んだ。彼は以前、被災地である宮城県石巻市に住み、取材に駆け回った経験がある。紙面に掲載する写真や記事を見ながら、震災前の街の風景が目に浮かぶ。顔なじみもたくさんいる。冷めた印象の「死者」という言葉をどうしても使いたくなかった。何よりも明日、被災地で苦しむ人々がこの新聞を目にする。「死者」は正確かもしれないが、使わないと決めた。翌日、全国紙のほとんどは「死者」という言葉を使っていた。

地方紙の記者は、その地域に住み、人々と長く付き合っていく。同じ空気を吸いながら、地域の変化をニュースにしていく。地域の人々がふるさとを思う気持ちは痛いほど分かる。④原発事故による風評で東北の農産物が売れなくなっているという記事があった。東京のイベントで福島産の米を買った人のコメントに涙がこぼれそうになった。「風評に惑わされる人はいつの時代もどこにでもいる。ただ、被災地を応援したいと思っている人はその何十倍もいる。」

〈今野 俊宏「いつものように新聞が届いた——メディアと東日本大震災」による〉

1 ①日本の新聞には、どのような新聞があるのですか。Ⅰ…全国紙と、Ⅱ…地方紙について、それぞれ説明しなさい。 5点×2（10点）

Ⅰ

知識の泉 **A** 口（くにがまえ）。「国」「団」「圏」となる。

Ⅱ（　　　）

2 よく出る ②一か月を経過しても津波や地震の記事のほうが原発事故関連より多く、紙面全体では震災関連の記事が大半を占めていた とありますが、「仙台市に本社を置く新聞社」がそのように報道したのは、なぜですか。次から一つ選び、記号で答えなさい。（15点）

ア　原発事故関連の記事を多く載せる全国紙との差別化を図りたいと考えたから。

イ　人々の関心事である震災関連の記事を、全国紙と同様に継続的に伝えたいと考えたから。

ウ　地元紙の役割は、全国紙の報道を補足したり分かりやすく伝えたりすることであると考えたから。

エ　地元紙の役割は、被災した人々が必要としている情報を継続して発信することだと考えたから。

（　　　）

3 ③整理記者は、……どちらの言葉を使うか大いに悩んだ について答えなさい。

(1) 記述 整理記者が「死者」ではなく「犠牲」という言葉を使ったのは、なぜですか。理由を二つ書きなさい。15点×2（30点）

（　　　）

（　　　）

(2) この問題に対して、ほとんどの全国紙はどのような対応をしましたか。（10点）

（　　　）

(3) 言葉の使い方に違いが出るのは、地方紙がどのように作られるものだからですか。文章中から連続する二文で抜き出し、一文目の初めの五字を書きなさい。（10点）

□□□□□

4 ④原発事故による風評で東北の農産物が売れなくなっているという記事 について説明したものを次から一つ選び、記号で答えなさい。（10点）

ア　風評被害など存在しないという被災地での証言を掲載していた。

イ　風評被害に苦しむ被災地の人々を励ます言葉が掲載されていた。

ウ　風評を流している人たちに対する強い非難が示されていた。

エ　被災した農家の人々の復興に対する努力が取材されていた。

（　　　）

5 レベルUP 筆者は、地方紙とはどのようなものだと考えていますか。次から一つ選び、記号で答えなさい。（15点）

ア　ニュースに無関心な人々に、内容を分かりやすく伝えるもの。

イ　一つの情報を多面的に捉えたり深く掘り下げたりするもの。

ウ　事実を公平な立場で解釈し、より多くの人々に伝えるもの。

エ　その地域の一員として、地域に必要な情報を提供するもの。

（　　　）

知識の泉 Q「しじま」の意味を二字熟語で表すと？

確認のワーク ステージ1

話し合いで意見をまとめよう 合意形成を目指す話し合い
今の思いをまとめよう 時を超える手紙

学習のねらい

- お互いの意見を伝え合い、合意を形成する方法を知ろう。
- 今の自分の思いを手紙にまとめよう。

解答 26ページ

基本問題 話し合いで意見をまとめよう

1 山田さんと佐藤さんが、「卒業制作」について議論している次の会話文を読んで、問題に答えなさい。

山田 卒業制作は、僕たちらしさがあって、記念になるものがいいよね。

佐藤 そうだね。私は、学校生活で印象に残った出来事の絵をみんなで描いて、卒業した後も学校のどこかに飾ってもらうのがいいと思うんだけど。

山田 それも悪くないけど、自分たちの記念にしかならない気がするなあ。僕は、お世話になったこの学校への感謝の気持ちと、在校生への励ましの気持ちを込めて、劇か合唱をしたいと思っているんだ。

佐藤 劇や合唱って、後に残らないじゃない。私は何かを作って、学校に残したいなあ。私たちがここに通っていたというあかしが、この学校のどこかにあるって、すてきなことだと思うんだよね。卒業生たちの心のよりどころにもなるし。

山田 確かに絵は後に残るけど、ただ飾っておくだけになりそうだからなあ……。

1 山田さんと佐藤さんの会話の内容を整理した、次の文の（　）に当てはまる言葉を、会話文の中から抜き出しなさい。

（　　　）について、佐藤さんは（　　　）を描くのがよいと述べ、山田さんは（　　　）をしたいと述べている。

2 よく出る 山田さんと佐藤さんの意見の相違点を述べた、次の文の（　）に当てはまる言葉を、会話文の中から抜き出しなさい。

山田さん…学校への（　　　）の気持ちや、在校生への（　　　）の気持ちを表したい。

佐藤さん…学校に自分たちが通っていた（　　　）を残し、卒業生の心のよりどころとしたい。

3 よく出る 山田さんと佐藤さんの意見の共通点を次から一つ選び、記号で答えなさい。

ア 自分たちらしく、記念になることがよいと思っている点。
イ 学校生活で印象に残った出来事を扱いたいと思っている点。
ウ 後に残せる、形のあるものにしたいと考えている点。
エ 卒業生全員が賛成できるようなものがよいと思っている点。

（　　　）

攻略! 卒業制作そのものに対する二人の考えは一致している。

知識の泉 **A** **静寂。** 静まり返っていること。〈例〉「夜のしじま」

4 山田さんと佐藤さんが合意できる案を次から一つ選び、記号で答えなさい。

ア 学校の施設を点検して危険な場所がないかをチェックし、必要があれば修繕する。

イ 休み時間などに生徒が使えるように、学校の中庭に置くテーブルと椅子を作る。

ウ 教師や在校生の一人一人に対して、感謝の気持ちを述べた手紙を書く。

エ 季節を感じることができるように、四季折々に咲く花の種を寄贈し、校庭に植えてもらう。（　　）

攻略！ 二人の相違点と共通点から考えよう。

2 多様な考えを想定するうえで大切なことについての説明として適切でないものを次から一つ選び、記号で答えなさい。

ア 知識や体験、立場などにより、同じ話題に対してもさまざまな考えがあることを踏まえる。

イ 自分の提案が別の立場の人にどのように受け取られるかを想像し、相手からの質問や反対意見を予想する。

ウ 異なる立場の相手に自分の提案のよさを分かってもらうために、相手の意見の欠点を指摘する。

エ 異なる立場の相手に、どのようなことを伝えれば自分の提案のよさを分かってもらえるかを考える。（　　）

3 お互いの意見を生かして結論を出すために必要なことについての説明として適切なものを次から一つ選び、記号で答えなさい。

ア 話し合いの流れを邪魔しないよう、話題は柔軟に変える。

イ 自分の意見を通すということを、最終的な目的に据える。

ウ 分からない点は質問し、相手の意見の理解を心がける。

エ 自分の意見は最後まで変えず、相手の意見との違いを示す。（　　）

基本問題 今の思いをまとめよう

1 手紙を書くときに注意することとして適切なものを次から一つ選び、記号で答えなさい。

ア どんな相手に対しても一定の距離感を持って書く。

イ 間違いなどがないか推敲したうえで清書する。

ウ 一度書いた手紙は読み返さないようにする。

エ 下書きの途中で書きたいことが増えても加えない。（　　）

2 よく出る 次の手紙の形式を示した図の（　）に当てはまる内容を、下から一つずつ選び、記号で答えなさい。

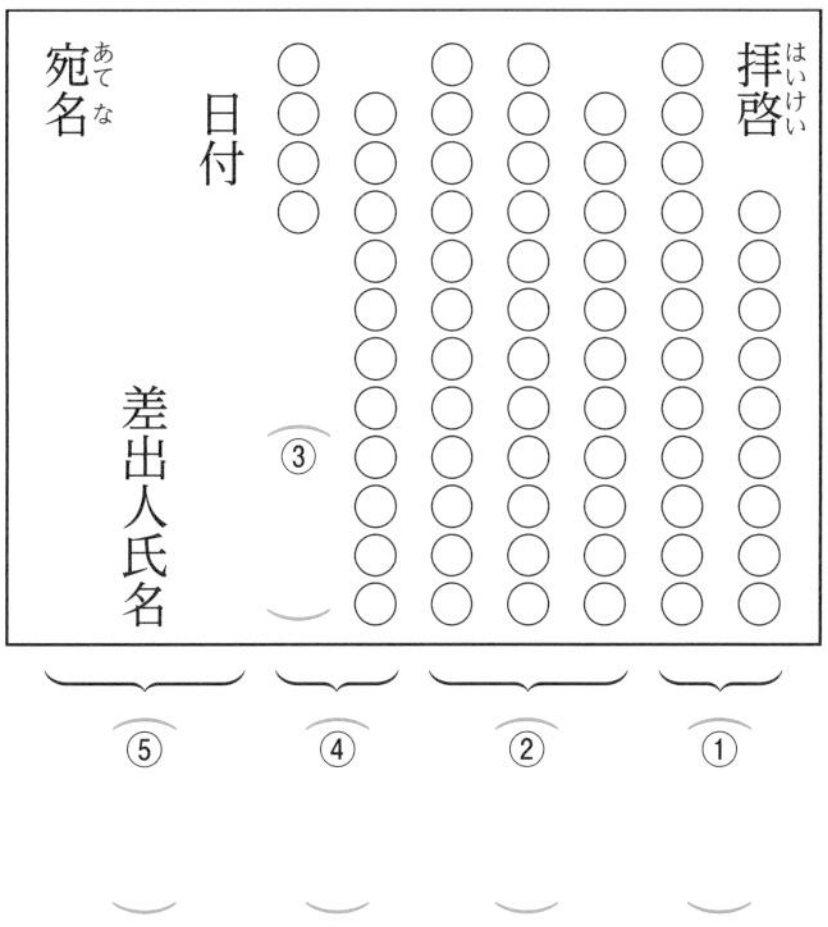

拝啓 ○○○○○○○○○○○ ……（①）

○○○○○○○○○○○○ ……（②）

○○○○○○○○○○ ……（③）

○○○○ 日付 差出人氏名 ……（④）

宛名 ……（⑤）

ア 末文
イ 主文
ウ 草々
エ 敬具
オ 前文
カ 後付け

知識の泉 Q 「間違いを（責・攻）める。」 正しいのは（　）のどっち？

確認のワーク ステージ1

文法の窓2　文法のまとめ

解答 27ページ　スピードチェック 10・20ページ

学習のねらい
- 同じ形の語で文法上の性質の違いがあることに注意しよう。
- 同じ形の語の文法上の性質の違いを見分けよう。

漢字 **1 漢字の読み**　読み仮名を横に書きなさい。

＊は新出漢字 ▼は新出音訓・◎は熟字訓

❶＊瑠＊璃色　❷＊肖像画　❸＊錦絵

教科書の要点

1 語の識別　（　）に教科書の言葉を書き入れなさい。　教 p.262〜263

「ない」の識別
ア　冬服の備えが／ない。　【形容詞】
　➡「ない」だけで（①　　）になる。
イ　冬服の備えが多く／ない。【補助形容詞】
　➡補助形容詞は、上に「は・も」などを入れられる。
ウ　冬服を備えて／い／ない。【（②　　）の助動詞】
　➡上に動詞の未然形。「ない」を「ぬ(ん)」に置き換えられる。
エ　冬服の備えが／少ない。【形容詞「少ない」の一部】
　➡上に形容詞の一部がある。

「らしい」の識別
ア　彼の話し方は子供らしい。【（③　　）の一部】
　➡「いかにも子供らしい」と言える。
イ　遠くに見えるのは子供らしい。【（④　　）の助動詞】
　➡「どうやら子供らしい」と言える。

「そうだ」の識別
ア　今回は全員集まりそうだ。【（⑤　　）の助動詞】
　➡上に動詞の連用形か、形容詞・形容動詞の語幹がある。
イ　今回は全員集まるそうだ。【（⑥　　）の助動詞】
　➡上に用言の終止形がある。

「だ」の識別
ア　この部屋はとても静かだ。【形容動詞の終止形の活用語尾】
　➡上に形容動詞の語幹がある。「〜なこと」を付けることができれば、形容動詞の語幹。（「静かなこと」）
イ　あの人は私の先生だ。【（⑦　　）の助動詞】
　➡上に名詞か、助詞「の」がある。
ウ　試合は順調に運んだ。【（⑧　　）・完了・存続の助動詞「た」の濁ったもの】
　➡上に動詞の連用形の音便がある。

「に」の識別
ア　部屋をきれいに掃除した。【形容動詞の連用形の活用語尾】
　➡上に形容動詞の語幹がある。
イ　午前中に出かけよう。【格助詞】
　➡上に名詞がある。
ウ　学校に着いてすぐに着替えた。【（⑨　　）の一部】
　➡上と切り離せないか、上がそれだけで副詞になる。

知識の泉　A 責。「責める」＝あやまちを非難する。「攻める」＝こちらから戦いをしかける。

基本問題

1 **次の――線の文法的な説明をそれぞれ後から一つずつ選び、記号で答えなさい。**

① 一人で留守番をするのは楽しくない。
ア 形容詞　イ 補助形容詞
ウ 打ち消しの助動詞　エ 形容詞の一部
（　　）

② 若者らしいはきはきとした話し方が好ましい。
ア 形容詞の一部　イ 推定の助動詞
（　　）

③ 弟は私の目の前で派手に転んだ。
ア 形容動詞の終止形の活用語尾
イ 完了の助動詞「た」が濁ったもの
ウ 断定の助動詞
（　　）

④ 彼女はたまにうそをつくのが玉にきずだ。
ア 形容動詞の連用形の活用語尾　イ 格助詞
ウ 副詞の一部
（　　）

攻略！ ③は、直前が動詞の連用形の音便であることから考えよう。

2 **よく出る** **次の――線と文法上、同じ働き・意味のものをそれぞれ後から一つずつ選び、記号で答えなさい。**

① 地図がないと、図書館までの道が分からない。
ア その計算は正確でない。
イ 机の上にあった時計がない。
ウ なんとも情けない話だ。
エ 今日のことは絶対に忘れない。
（　　）

② 昔、祖父はプロ野球の選手だったらしい。
ア 祖父は江戸っ子らしい人だったという。
イ 祖父はめずらしい切手をたくさん持っていた。
ウ 祖父は子供が大好きらしい。
エ 祖父は夏らしい服を着ている。
（　　）

③ 今日は雨が降るそうだ。
ア 明日は朝から晴れそうだ。
イ 彼は三日後に帰るそうだ。
ウ この映画はつまらなそうだ。
エ もう少しで勝利に手が届きそうだ。
（　　）

④ 今日の天気はとても穏やかだ。
ア この辺りは自然が豊かだ。
イ 母は私に食器の片付けを頼んだ。
ウ 私の兄は来年高校生だ。
エ 日本チームは田中選手が中心だ。
（　　）

⑤ 家に忘れ物をした。
ア 外は非常に寒い。
イ 妹に手伝うように言った。
ウ ついに頂上に着いた。
エ コップをきれいに洗った。
（　　）

⑥ 彼は、死んでもそんなことはできないと言った。
ア 次の休みには旅行でもしよう。
イ 私の秘密は親友でも知らない。
ウ この肉はいくらかんでもかみ切れない。
エ この絵は美術館でも見ることができる。
（　　）

知識の泉 **Q** 「猫に小判」と同じ意味のことわざは？

確認のワーク ステージ1

漢字道場7 間違えやすい言葉

解答 27ページ　スピードチェック 10ページ

学習のねらい
- 間違えやすい言葉を正しく読めるようになろう。
- 同じ音の漢字を正しく書けるようになろう。

漢字

1 漢字の読み 読み仮名を横に書きなさい。

*は新出漢字 ▼は新出音訓・◎は熟字訓

❶ ▼夏至　❷ ▼極彩色　❸ *訃報　❹ ▼仮病
❺ 寿▼命　❻ ▼境▼内　❼ 便*宜　❽ ◎紅葉
❾ *惰眠　❿ *頒布　⓫ *窮地　⓬ 百戦*錬磨

2 漢字の書き 漢字に直して書きなさい。

❶ （ひょうしょう）式を行う。　❷ （はんよう）性がある。
❸ 話が（かきょう）に入る。　❹ 心に（めいき）する。
❺ （かかん）に挑む。　❻ （かっこ）でくくる。

基本問題

1 次の――線の言葉の正しい読み方をそれぞれ後から一つずつ選び、記号で答えなさい。

① 美の化身のような人。　ア かしん　イ けしん　（　　）
② 不朽の名作。　ア ふきゅう　イ ふくつ　（　　）
③ 事件の発端を調べる。　ア はったん　イ ほったん　（　　）
④ 雑役をこなす。　ア ざつえき　イ ざつやく　（　　）
⑤ 精進して励む。　ア しょうじん　イ せいじん　（　　）
⑥ 丁重にお断りする。　ア ていじゅう　イ ていちょう　（　　）
⑦ 柔和な顔つき。　ア じゅうわ　イ にゅうわ　（　　）
⑧ 子供を小児科に連れて行く。　ア しょうにか　イ しょうじか　（　　）
⑨ 馬の手綱を握る。　ア たづな　イ てづな　（　　）
⑩ 修行に耐える。　ア しゅうぎょう　イ しゅぎょう　（　　）
⑪ 実家に帰省する。　ア きしょう　イ きせい　（　　）

知識の泉 A **豚に真珠，馬の耳に念仏。**　価値のあるものを与えても無駄なこと。

2 次の熟語には二通りの読み方がありますが、〈　〉に示された意味で使う場合の読み方を、平仮名(ひらがな)で書きなさい。

① 生地〈衣服を作るための材料の布。〉（　　）
② 一行〈いっしょに行動している人たち。〉（　　）
③ 分別〈常識的に物事を判断する能力。〉（　　）
④ 工夫〈いい方法を見つけようとして、いろいろ考えること。〉（　　）

攻略！ 読み方で意味が違(ちが)ってくるので注意しよう。

3 よく出る ――線の片仮名の部分に当たる漢字を〔　〕の中から選び、□に書きなさい。

① 将来、社会コウ献(けん)できる職業に就(つ)く。〔功・貢〕□
② ダ落した習慣を改める。〔惰・堕〕□
③ 演奏後の余インに浸(ひた)る。〔韻・音〕□
④ 遺カンの意を表明する。〔憾・感〕□
⑤ ホウ食の時代の弊害(へいがい)を考える。〔豊・飽〕□
⑥ カ空の建物名を使う。〔仮・架〕□
⑦ 作物を収カクする。〔穫・獲〕□
⑧ 電話番号を記オクする。〔億・憶〕□
⑨ 心のキンセンに触(ふ)れる。〔金銭・琴線〕□
⑩ カブンな報酬(ほうしゅう)を受け取る。〔過分・寡聞〕□

4 よく出る 次の四字熟語の中には、漢字の誤りが一字ずつあります。正しい四字熟語を書きなさい。

① 一喜一優（　　）　② 自我自賛（　　）
③ 意心伝心（　　）　④ 無我霧中（　　）
⑤ 意味深重（　　）　⑥ 心気一転（　　）
⑦ 七転八到（　　）　⑧ 言語同断（　　）

攻略！ それぞれの四字熟語の意味を考えよう。

5 次の①〜③は、複数の書き方がある言葉です。□に当てはまる漢字を書きなさい。

① シタク　…　仕度・□度
② カンジン　…　肝腎・肝□
③ シンク　…　真紅・□紅

確認のワーク ステージ1

レモン哀歌

学習のねらい
● 詩の言葉から感じられる表現の効果を捉えよう。
●「わたし」の「あなた」への思いを捉えよう。

解答 28ページ

教科書の要点

1 題材 （　）に教科書の言葉を書き入れなさい。 教p.210〜211

作者の妻（　　）は、病気で（　　）にあったが、一つのレモンによって、最後に作者と気持ちを通わすことができた。（　　）が夫婦の愛の象徴として詠まれている。

2 詩の特徴 （　）に教科書の言葉を書き入れなさい。 教p.210〜211

この詩は、作者の妻の死をうたっているが、レモンの清らかさや、「（　　）あかるい死の床」、「（　　）いろの香気」、「（　　）澄んだ眼」など、明るい色彩表現が用いられており、暗く沈んだ印象がない。

3 比喩表現 次の比喩の説明を後から一つずつ選び、記号で答えなさい。 教p.210〜211

①「トパァズいろの香気が立つ」（　）
②「あなたの咽喉に嵐はあるが」（　）
③「あなたの機関はそれなり止まつた」（　）

ア 死を迎えたことのたとえ。
イ レモンの香りがその場にあふれたことのたとえ。
ウ 呼吸が苦しそうなことのたとえ。

4 構成のまとめ （　）に教科書の言葉を書き入れなさい。 教p.210〜211

まとまり

	前半	後半
	1〜16行	17〜18行
	死の床にいる智恵子	智恵子の死後
内容	▼（①　）を欲しがり、がりりと嚙む。 ▼「もとの智恵子」となり、「わたし」に生涯の（②　）を一瞬にかたむけた。	▼「わたし」は、智恵子の写真の前に挿した桜の花かげに（③　）レモンを置く。

おさえよう

主題 心身を病んでいた智恵子は、死の間ぎわに一つのレモンによって正常な意識に戻り、「わたし」への強い〔ア 愛情　イ 絶望〕を示した。そんな智恵子の死への深い〔ア 怒り　イ 悲しみ〕と、変わらぬ愛を歌っている。

知識の泉 A イ。「暫時」は「少しの間」の意味。

基本問題

次の詩を読んで、問題に答えなさい。

教 p.210〜211

レモン哀歌　　高村光太郎

そんなにもあなたは①レモンを待つてゐた
かなしく白くあかるい死の床で
わたしの手からとつた一つのレモンを
あなたのきれいな歯ががりりと噛んだ
トパァズいろの香気が立つ
その数滴の②天のものなるレモンの汁は
ぱつとあなたの意識を正常にした
あなたの青く澄んだ眼がかすかに笑ふ
わたしの手を握るあなたの力の健康さよ
あなたの咽喉に嵐はあるが
かういふ命の瀬戸ぎはに
③智恵子はもとの智恵子となり
生涯の愛を一瞬にかたむけた
それからひと時
昔山巓でしたやうな深呼吸を一つして
あなたの機関はそれなり止まつた
④写真の前に挿した桜の花かげに
すずしく光るレモンを今日も置かう

1 ①あなた　とは、誰ですか。詩の中から三字で抜き出しなさい。

2 ②天のものなる　とありますが、レモンを「天のものなる」と表現したのはなぜですか。次から一つ選び、記号で答えなさい。
ア　智恵子の死の前の咽喉の苦しみを和らげてくれたものだから。
イ　死の間ぎわに智恵子と作者の心を通わせてくれたものだから。
ウ　トパーズ色の香気で、智恵子の死を彩ってくれたものだから。
エ　智恵子の好物で、死の間ぎわまで欲しがっていたものだから。
（　　）

3 ③智恵子はもとの智恵子となり／生涯の愛を一瞬にかたむけた　とありますが、この智恵子の様子を具体的に表している二行を抜き出し、初めと終わりの五字を書きなさい。
〜

4 ④すずしく光るレモンを今日も置かう　に込められた作者の思いを次から一つ選び、記号で答えなさい。
ア　レモンを見ては智恵子のことを思い出し、深く悲しんでいる。
イ　死の直前まで智恵子を苦しめたレモンを強く恨んでいる。
ウ　智恵子とレモンの清らかさを重ねて、智恵子をしのんでいる。
エ　レモンを置くことで、智恵子の死の悲しみを紛らわしている。
（　　）

5 よく出る　この詩を時間の経過から二つのまとまりに分けると、後半はどこからですか。後半の初めの五字を書きなさい。

攻略！　智恵子の死の間ぎわの出来事と、死後の出来事が描かれている。

知識の泉　Q　一つだけ違う漢字は？　ア＝境グウ　イ＝遭グウ　ウ＝グウ然

確認のワーク ステージ1

生ましめんかな

学習のねらい
●新しい生命が、どのような状況の中で生まれたかを読み取ろう。
●詩に込められた作者の思いを読み取ろう。

解答 28ページ

教科書の要点

1 題材 （　）に教科書の言葉を書き入れなさい。 教 p.212～213

戦争時、広島に（　　）が落とされ、多くの人が犠牲になる中で、自らが傷つき極限状態でも、新しい（　　）を生ませようとした産婆や人々の姿が描かれている。

2 表現技法 「かくてくらがりの地獄の底で／新しい生命は生まれた。」と対句になっている部分を、詩の中から抜き出しなさい。 教 p.212～213

（　　　　）

3 表現技法 「生ましめんかな……己が命捨つとも」で用いられている表現技法を次から二つ選び、記号で答えなさい。 教 p.213

ア 対句　イ 反復　ウ 擬人法　エ 倒置　オ 比喩

（　）（　）

4 構成のまとめ （　）に教科書の言葉を書き入れなさい。 教 p.212～213

		まとまり	内容
1～20行	1～6行	負傷した人々	●（①　）の負傷者たちが、暗いビルの地下室をうずめていた。
	7～16行	誕生しようとする生命	●「（②　）が生まれる」→人々は（③　）を忘れて気づかった。 ●重傷者の産婆が生ませようとする。「私が生ませましょう」
	17～20行	生と死	●新しい（④　）は生まれた。 ●（⑤　）は死んだ。 …命が受け継がれていく。 …「くらがりの地獄の底」から「あかつき」へ。
21～23行		人々の願い	▼生ましめんかな／生ましめんかな …新しい生命の誕生を強く願う人々の思い。

おさえよう

主題 戦争の犠牲となりながらも、新たな〔ア 生命　イ 文化〕の誕生を強く願った人々の意志への賛美や、生命と〔ア 自然　イ 平和〕の尊さをうたっている。

知識の泉 A ウ。 ア＝境遇　イ＝遭遇　ウ＝偶然

☆ 基本問題

次の詩を読んで、問題に答えなさい。

教 p.212～213

生ましめんかな

栗原貞子

こわれたビルディングの地下室の夜だった。
原子爆弾の負傷者たちは
ローソク一本ない暗い地下室を
うずめて、いっぱいだった。
生まぐさい血の匂い、死臭。
汗くさい人いきれ、うめきごえ
その中から①不思議な声がきこえて来た。
「赤ん坊が生まれる」と言うのだ。
この地獄の底のような地下室で
今、若い女が産気づいているのだ。
マッチ一本ないくらがりで
どうしたらいいのだろう
人々は自分の痛みを忘れて気づかった。
と、「②私が産婆です、私が生ませましょう」
と言ったのは
さっきまでうめいていた重傷者だ。
かくてくらがりの地獄の底で
新しい生命は生まれた。
かくてあかつきを待たず産婆は
血まみれのまま死んだ。
生ましめんかな
生ましめんかな
己が命捨つとも

1 ①不思議な声　とありますが、なぜ「不思議」なのですか。次から一つ選び、記号で答えなさい。

ア　どこから聞こえてくるのか分からなかったから。
イ　負傷者ばかりなのに、とても元気がいい声だったから。
ウ　地下室の凄惨な状況とはそぐわない声だったから。
エ　皆がいっせいに同じような声をあげたから。

（　　）

2 ②私が産婆です　とありますが、この後「産婆」はどうなったのですか。（　）に当てはまる言葉を、詩の中から抜き出しなさい。

新しい（　　）を誕生させた後、（　　）。

3 よく出る　「生ましめんかな」とは、どういう意味ですか。

（　　）

攻略！　産婆が言った言葉に着目する。

4 この詩で作者が最も強く伝えたかったことを次から一つ選び、記号で答えなさい。

ア　過酷な状況の中でも無事に生まれてきた生命の力強さと不思議。
イ　多くの犠牲者を生んだ戦争の悲惨さと原子爆弾の恐ろしさ。
ウ　傷つきつつも生命の誕生を願う人の心の美しさと生命の尊さ。
エ　惨状の中で他人を犠牲にして誕生する生命の身勝手さと力強さ。

（　　）

知識の泉　Q　一つだけ部首の違う漢字は？　ア＝雄　イ＝焦　ウ＝雇

確認のワーク ステージ1　最後の一句

解答 29ページ｜スピードチェック 11ページ｜予想問題 144ページ

学習のねらい
- 表情や様子に注目し、登場人物の気持ちを読み取ろう。
- いちの言動が、周囲にどのような影響を与えたかを捉えよう。

漢字と言葉

1 漢字の読み　読み仮名を横に書きなさい。

＊は新出漢字　▼は新出音訓・◎は熟字訓

❶ ◎白髪　❷ ＊裕福　❸ ▼生い立っ　❹ 両＊脇
❺ ＊懐中　❻ ＊拷問　❼ 教＊唆　❽ ＊赦免

2 漢字の書き　漢字に直して書きなさい。

❶ 意見を（ちんじゅつ）する。　❷ 敵と（わぼく）する。
❸ 罪を（しゃめん）する。　❹（かいちゅう）時計を見る。
❺（りょうわき）に抱える。　❻ お話を（うかが）う。

3 語句の意味　意味を下から選んで、線で結びなさい。

❶ 悔恨・　・ア 行い。行為。
❷ 条理・　・イ 最後までやり通すこと。
❸ 所為・　・ウ 自分を犠牲にして人に尽くすこと。
❹ 献身・　・エ 話などの筋道。
❺ 貫徹・　・オ 自分の行いを悔やみ、残念に思うこと。

教科書の要点

1 登場人物　（　）に名前を書き入れなさい。　教 p.214〜219

● 桂屋の家族関係図

①（　　　）— 女房（　　　）

子：
②（　　　）（十六歳）
まつ（十四歳）
③（　　　）（十二歳・養子）
とく（八歳）
④（　　　）（六歳）

・平野町のおばあ様—女房の母
・西町奉行　佐佐又四郎成意

2 あらすじ　正しい順番になるように、番号を書きなさい。　教 p.214〜228

（　）いちは奉行直々の取り調べに毅然とし、権力に対して鋭い一句を投げつけた。

（　）大嘗会のおかげで太郎兵衛は恩赦となり、死罪を免れた。

（　）太郎兵衛の娘いちは、助命の願書を奉行所に提出した。

（　）桂屋太郎兵衛は、商売の不正で死罪を言い渡された。

（　）いちの願書を内見した奉行の佐佐は、いちたちをいったん帰宅させ、後ほど取り調べをすることにした。

知識の泉　A イ。「焦」の部首はれっか（れんが），ほかはふるとり（隹）。

おさえよう

3 構成のまとめ

（　）に教科書の言葉を書き入れなさい。教p.214〜228

場面		出来事	様子や心情
第一場面 教初め〜p.216・㉖	斬罪の知らせ	●船乗り業の（①　　）を斬罪に処するという高札が立った。 →平野町のおばあ様が女房に伝える。	▼太郎兵衛の女房は、太郎兵衛の入牢以来、器械的に働いて繰り言を言っては泣いてばかりいた。 ▼長女の（②　　）がふすま越しにおばあ様の話を聞いていた。
第二場面 p.216・㉗〜217・⑰	入牢の理由	●太郎兵衛は北国通いの船を持っていて運送の業を営んでいたが、積み荷の代金を横領して入牢した。	
第三場面 p.217・⑱〜221・㉛	願書の提出	●いちは、父の命を助け、子供を処罰してほしいという（③　　）を書き上げる。 ●妹弟とともに（④　　）へ向かったいちは、門番に負けずに粘り続け、与力に願書を渡した。	いち 独り言で「ああ、そうしよう。きっとできるわ。」 いち 妹のまつに「黙っておいで。叱られたって帰るのじゃありません。姉さんのするとおりにしておいで。」 …いちの態度があまり（⑤　　）なので、門番はとめられない。
第四場面 p.221・㉜〜223・㉖	願書の処置	●願書を読んだ西町奉行佐佐は、子供を帰し、昼過ぎに町年寄五人に子供を召し連れて出させることにした。	▼妹はしくしく泣いたが、いちは泣かずに帰った。 城代「よほど（⑥　　）娘と見えますな。」
第五場面 p.223・㉗〜227・㉘	取り調べ	●女房と五人の子供が奉行所で取り調べられる。 ●いちの一句「お上のことには（⑦　　）から。」が、佐佐と役人一同の胸を刺した。	▼いちは、臆する気色もなく陳述した。 佐佐（⑧　　）を帯びた（⑨　　）の目を見せた。 「（⑩　　）者でございますな。」
第六場面 p.227・㉙〜終わり	その後	●大嘗会御執行による恩赦のため、太郎兵衛は死罪を免れ追放となる。→いちの願いは期せずして（⑫　　）し、家族は父に別れを告げることができた。	城代・両奉行「変な（⑪　　）だ。」

主題 十六歳のいちが〔ア 父の命　イ 自らの命〕を救うためにとった行動は〔ア 献身　イ 保身〕というべきものだが、子供らしからぬいちの態度や言葉にはその中に潜む〔ア 悲哀　イ 反抗〕の矛先が感じられ、役人の目には孝行娘とは映らなかった。

知識の泉 Q 「伝統」の対義語は何？

実力判定テストA　ステージ2

最後の一句

30分

自分の得点まで色をぬろう！
100点　合格！　80　もう一歩　60　がんばろう！　0
/100

解答 29ページ

次の文章を読んで、問題に答えなさい。

教 p.219・㊵〜221・㉛

　ようよう西奉行所にたどり着いてみれば、門がまだ閉まっていた。門番所の窓の下に行って、いちが「もしもし。」とたびたび繰り返して呼んだ。

　しばらくして窓の戸があいて、そこへ四十がっこうの男の顔がのぞいた。「やかましい。何だ。」

「お奉行様にお願いがあって参りました。」と、いちが丁寧に腰をかがめて言った。

「ええ。」と言ったが、①男は容易に詞の意味を解しかねる様子であった。

　いちはまた同じことを言った。

　男はようよう分かったらしく、「お奉行様には子供がものを申しあげることはできない、親が出てくるがいい。」と言った。

「いいえ、父はあしたお仕置きになりますので、それについてお願いがございます。」

「何だ。あしたお仕置きになる。それじゃあ、おまえは桂屋太郎兵衛の子か。」

「はい。」といちが答えた。

「ふん。」と言って、男は少し考えた。そして言った。「けしからん。②子供までが上を恐れんと見える。お奉行様はおまえたちにお会いはない。帰れ帰れ。」こう言って、窓を閉めてしまった。

　まつが姉に言った。「姉さん、あんなに叱るから帰りましょう。」

　いちは言った。③「黙っておいで。叱られたって帰るのじゃありません。姉さんのするとおりにしておいで。」こう言って、いちは門の前にしゃがんだ。まつと長太郎とはついてしゃがんだ。

　三人の子供は門のあくのをだいぶ久しく待った。ようよう貫木を外す音がして、門があいた。あけたのは、先に窓から顔を出した男である。

　いちが先に立って門内に進み入ると、まつと長太郎とが後ろに続いた。

　いちの態度があまり平気なので、門番の男は急に支えとどめようともせずにいた。そしてしばらく三人の子供の玄関の方へ進むのを、目を見張って見送っていたが、ようよう我に返って、「これこれ。」と声を掛けた。

「はい。」と言って、いちはおとなしく立ち留まって振り返った。

「どこへ行くのだ。さっき帰れと言ったじゃないか。」

「そうおっしゃいましたが、私どもはお願いを聞いていただくまでは、どうしても帰らないつもりでございます。」

「ふん。しぶといやつだな。とにかくそんなところへ行ってはいかん。こっちへ来い。」

　子供たちは引き返して、門番の詰所へ来た。それと同時に玄関脇から、「何だ、何だ。」と言って、二、三人の詰衆が出てきて、子供たちを取り巻いた。④いちはほとんどこうなるのを待ち構えて

A　革新。　文脈によっては，「革新⇔保守」ともなる。

いたように、そこにうずくまって、懐中から書付を出して、真っ先にいる与力の前に差し付けた。まつと長太郎もいっしょにうずくまって礼をした。

書付を前へ出された与力は、それを受け取ったものか、どうしたものかと迷うらしく、黙っていちの顔を見下ろしていた。

「お願いでございます。」と、いちが言った。

「こいつらは木津川口でさらしものになっている桂屋太郎兵衛の子供でございます。親の命乞いをするのだと言っています。」と、門番が傍らから説明した。

与力は同役の人たちを顧みて、「ではとにかく書付を預かっておいて、伺ってみることにしましょうかな。」と言った。それには誰も異議がなかった。

与力は⑤願書をいちの手から受け取って、玄関に入った。

〈森鷗外「最後の一句」による〉

1 ①男は容易に詞の意味を解しかねる様子であった　とありますが、その理由を次から一つ選び、記号で答えなさい。（20点）

ア　いちによっていきなり起こされて、怒りでいっぱいになっていたから。

イ　門も開かない早朝の訪問者が子供で、そのうえ、大胆な願いを申し立てたから。

ウ　初めて奉行所に来た緊張から、いちの言葉がしどろもどろだったから。

エ　相手が子供なので、初めからいちの言葉を聞こうとしていなかったから。

（　　）

2 ②子供までが上を恐れんと見える。について答えなさい。

(1) 記述　この言葉には、男のどのような考えが込められていますか。（25点）

（　　）

(2) よく出る　この言葉に表れた男の態度として、適切なものを次から一つ選び、記号で答えなさい。（20点）

ア　お上の怖さを、子供に教えようとする態度。

イ　お上を軽んじる者を許すことができない忠実な態度。

ウ　お上の厳しさから子供をかばおうとする態度。

エ　お上の威光を笠に着た、偉そうな態度。

（　　）

3 ③「黙っておいで。……。」こう言って、いちは門の前にしゃがんだ。や、④……与力の前に差し付けた。という言動に表れた、いちの性格に当てはまるものを次から一つ選び、記号で答えなさい。（20点）

ア　家族に対する愛情が深く、優しさがある。

イ　そのときの状況に流される優柔不断さがある。

ウ　自分の意志を貫き通す冷静さと強さがある。

エ　大人にも立ち向かう無鉄砲さがある。

（　　）

攻略！　いちの言葉や行動が、迷いのないものであることから考える。

4 よく出る　⑤願書　とありますが、これには姉弟のどのような願いが書かれていたのですか。文章中から五字で抜き出しなさい。（15点）

攻略！　いちが奉行所に来た事情を説明している、門番の言葉に着目する。

読書への招待

知識の泉　Q　次のうち和語はどっち？　ア＝野原　イ＝山脈

実力判定テストB ステージ3

最後の一句

30分

自分の得点まで色をぬろう！
100点 合格！ 80 もう一歩 60 がんばろう！ 0
/100

解答 29ページ

次の文章を読んで、問題に答えなさい。

教 p.223・㊳〜226・㉔

①尋問は女房から始められた。しかし名を問われ、年を問われたときに、かつがつ返事をしたばかりで、そのほかのことを問われても、「いっこうに存じませぬ。」「恐れ入りました。」と言うよりほか、何ひとつ申し立てない。

次に長女いちが調べられた。当年十六歳にしては、少し幼く見える、痩せ肉の小娘である。しかしこれはちとの臆する気色もなしに、一部始終の陳述をした。祖母の話を物陰から聞いたこと、夜になって床に入ってから、出願を思い立ったこと、妹まつに打ち明けて勧誘したこと、自分で願書を書いたこと、長太郎が目を覚ましたので同行を許し、奉行所の町名を聞いてから、案内をさせたこと、奉行所に来て門番と応対し、次いで詰衆の与力に願書の取り次ぎを頼んだこと、与力らに強要せられて帰ったこと、およそ②前日来経歴したことを問われるままに、はっきり答えた。

「それではまつのほかには誰にも相談はいたさぬのじゃな。」と、取調役が問うた。

「誰にも申しません。長太郎にも詳しいことは申しません。お父っさんを助けていただくように、お願いしに行くと申しただけでございます。お役所から帰りまして、年寄衆のお目にかかりましたとき、私ども四人の命をさしあげて、父をお助けくださるように願うのだと申しましたら、長太郎が、それでは自分も命がさしあげたいと申して、とうとう私に自分だけのお願い書を書かせて、持ってまいりました。」

いちがこう申し立てると、長太郎が懐から書付を出した。

取調役の指図で、同心が一人長太郎の手から書付を受け取って、縁側に出した。

取調役はそれを開いて、③いちの願書と引き比べた。いちの願書は町年寄の手から、取り調べの始まる前に、出させてあったのである。

④長太郎の願書には、自分も姉や姉弟といっしょに、父の身代わりになって死にたいと、前の願書と同じ手跡で書いてあった。

取調役は「まつ。」と呼びかけた。しかしまつは呼ばれたのに気がつかなかった。いちが「お呼びになったのだよ。」と言ったとき、まつは初めておそるおそるうなだれていた頭を上げて、縁側の上の役人を見た。

「おまえは姉といっしょに死にたいのだな。」と、取調役が問うた。

まつは「はい。」と言ってうなずいた。

次に取調役は「長太郎。」と呼びかけた。

長太郎はすぐに「はい。」と言った。

「おまえは書付に書いてあるとおりに、兄弟いっしょに死にたいのじゃな。」

「みんな死にますのに、私が一人生きていたくはありません。」と、長太郎ははっきり答えた。

「とく。」と取調役が呼んだ。とくは姉や兄が順序に呼ばれたので、

A ア。「野原」はどちらも訓読み。「山脈」はどちらも音読み。

今度は自分が呼ばれたのだと気がついた。そしてただ目を見張って役人の顔を仰ぎ見た。

「おまえも死んでもいいのか。」

とくは黙って顔を見ているうちに、唇に血色がなくなって、目に涙がいっぱいたまってきた。

「初五郎。」と取調役が呼んだ。

ようよう六歳になる末子の初五郎は、これも黙って役人の顔を見たが、「おまえはどうじゃ、死ぬるのか。」と問われて、活発にかぶりを振った。⑤書院の人々は覚えず、それを見てほほ笑んだ。

〈森鷗外「最後の一句」による〉

1 よく出る ①尋問は女房から始められた。とありますが、この尋問のときの女房といちの対照的な様子を表す言葉を、文章中からそれぞれ十二字で抜き出しなさい。 10点×2（20点）

女房…

いち…

2 ②前日来経歴したこと の内容に当たる部分を文章中から抜き出し、初めと終わりの五字を書きなさい。 （10点）

～

3 よく出る ③いちの願書 と、④長太郎の願書 の内容を、文章中の言葉を使って書きなさい。 10点×2（20点）

③

④

4 レベルUP 取調役の尋問に対する「まつ」「長太郎」「とく」の様子から、三人のどのような気持ちが読み取れますか。次から一つずつ選び、記号で答えなさい。 10点×3（30点）

ア 姉に従うべきだが、死ぬのは怖くてたまらないと思っている。
イ 父を助けるためだから、喜んで死のうと思っている。
ウ 姉に従って、自分も死ななければならないと思っている。
エ 姉が決めたことだから、誰にも反対できないと思っている。
オ 自分一人が生き残ることはしたくないと考えている。
カ 自分だけが生き残ることは、世間体が悪いと思っている。

まつ…（　　）　長太郎…（　　）　とく…（　　）

5 記述 ⑤書院の人々は覚えず、それを見てほほ笑んだ。とありますが、これはなぜだと思われますか。 （20点）

Q「見る」の尊敬語は？　ご□になる。

確認のワーク ステージ1

風の唄

学習のねらい
●東真と映子の関係に注目し、人物の心情を読み取ろう。
●絵を描くことに対する、東真の思いの変化を捉えよう。

解答 30ページ

教科書の要点

1 登場人物 （　）に教科書の言葉を書き入れなさい。教p.268〜273

●（①　　）…物語の主人公。中学三年生。
●（②　　）…主人公と同じ美術部の女子生徒。
●松恵…主人公の（③　　）。

2 あらすじ 正しい順番になるように、番号を書きなさい。教p.268〜280

（　）東真は、自分は他人のために描けると気づき、去っていく映子を追いかけて、モデルになることを引き受ける。

（　）東真が映子に柿の絵を描いてくれるかときくと、自分が描きたいものしか描けないと言われる。

（　）曽祖母のために、東真は庭で柿の絵を描く。

（　）曽祖母が東真に、柿の絵を描いてと言って亡くなる。

（　）以前付き合っていた瑞樹映子がやってきて、東真にコンクールに出す絵のモデルになってほしいと言う。

3 構成のまとめ （　）に教科書の言葉を書き入れなさい。教p.268〜280

まとまり	東真の様子や心情
第一場面（教初め〜p.272・⑩）曽祖母の願い	▼曽祖母が死んでいくのだと実感する。 ▼曽祖母の死…曽祖母に（①　　）を描いてと言われたことを思う。 ▼今の自分は、絵を描くことができない。
第二場面（p.272・⑪〜279・㉝）映子の才能	▼映子にも絵にも興味がないように振る舞いたい。 回想 映子の才能…自分の（②　　）さの自覚 ▼曽祖母のために絵を描いてほしいと頼むと、映子に、自分が描きたいものしか描けないと断られる。 ▼自分なら（③　　）のために描くことはできる。…自分の個性に気づき、映子を受け入れる。
第三場面（p.279・㉞〜終わり）描く東真	▼集中して柿の絵を描く。 ＝逝った人を送ろうとしている。 …（④　　）の場にふさわしい姿。

おさえよう

主題 東真は、映子の圧倒的な〔ア 才能　イ 努力〕に衝撃を受け、絵を描けなくなっていたが、〔ア 曽祖母　イ 祖母〕の言葉で自分なりの絵を描く意味に気づき、また絵を描き始める。東真が自分の個性を見いだし、自信を取り戻すまでの姿が描かれている。

★ 基本問題

次の文章を読んで、問題に答えなさい。 教p.274・②〜㉛

映子は天才なのだ。東真がそれに気がついたのは、映子と付き合いだして間もなくのことだった。

最初に出会ったときから、映子に惹かれていた。気になってしかたなかった。

ひと目、見たときから映子の白く小さな顔や闇色の光沢のある髪をきれいだと感じていた。不器用に黙り込むさまも、伏し目がちな目もとも、東真に守ってやりたいという気持ちを起こさせる。美しく、地味で、生きるのが下手で、だから放っておけない存在。映子のことをそう捉え、手を差し出した。

自分がどのくらい①見当外れの愚か者だったか思い知ったのは、二年生の秋、映子の部屋で偶然、油絵のカンバスを見つけたときだった。机の横に後ろ向きに立てかけてあった八号ほどのカンバスを何気なく手に取ってのぞいたのだ。

東真の横顔が描かれていた。胸から上。前方やや右寄りに淡い光源があるらしく、僅かな陰影ができている。何かを決意した直後のように、口もとが固く結ばれていた。

息をのんだ。②心臓をわしづかみにされたほどの衝撃にうめいていた。

机の横で、もう一枚、同じ大きさのカンバスがやはり後ろ向きになっていた。荒々しくつかむ。真紅が目に飛び込んできた。

大輪のバラだった。真紅のバラが一輪、ガラスの花瓶に生けられている。バラは散る間際のようで、花瓶の横には花弁が二枚、重なって落ちていた。

手が震える。

これは何だと叫びたかった。

息が詰まり、足もとが定まらない。

〈あさの あつこ「風の唄」による〉

1 ①見当外れ とありますが、どういうことですか。□に当てはまる言葉を、文章中から抜き出しなさい。

映子は［　　　　　　　］だから、放っておけないと思っていたが、実は絵の［　　］だったということ。

2 東真の映子に対する思いが変わったのは、いつ、どこで、何をしたときですか。

（　　　　　　　　）

3 よく出る ②心臓をわしづかみにされたほどの衝撃 とは、どのような気持ちですか。次から一つ選び、記号で答えなさい。

ア 映子が勝手に自分の絵を描いたことに怒る気持ち。
イ 映子の絵にあふれる自分への愛情に照れる気持ち。
ウ 映子のすばらしい絵にひたすら感動する気持ち。
エ 映子の絵の才能を目の当たりにして驚く気持ち。

（　　）

攻略！ 東真は、自分が「愚か者」だと思い知ったのである。

資料編

実力判定テストA ステージ2

風の唄

30分

自分の得点まで色をぬろう！ 合格！ 80 もう一歩 60 がんばろう！ /100

解答 30ページ

★ 次の文章を読んで、問題に答えなさい。

教 p.278・⑦〜279・⑳

〔東真は、映子に、柿の絵を描いてくれるように頼んだ。〕

この木は、いつからあの場所にいたのだろう。
唐突に、そんなことを思った。自分より年上なのは確かだ。祖母よりも老齢だろうか。もしかしたら、曽祖母より長く生きているのかもしれない。

「柿の絵をお棺に入れてくれって……言われたんだ。」

「ひいおばあさんに？」

「そう。」

違う。①大ばあちゃんの言ったこととは違う。

東真、あの柿を描いて。

大ばあちゃんは、そう言ったんだ。

指を広げてみる。静かに静かに冷えていった手首の感触がまだ鮮明に残っている。

東真、絵を描きなさい。あの柿を描いて。

「②無理やわ。」

傍らで映子がつぶやいた。映子は硬い表情で柿の枝先を凝視していた。その視線に追われたわけではあるまいが、ヒヨドリが一羽、慌ただしく飛び立っていった。

「無理って、どういうことだ？」

「あたしには描けない。」

映子とは思えない、断ち切るような口調だった。

「柿を描けないって？」

映子がかぶりを振る。髪がパサリと音を立てた。

「柿でも花でも人でも、他人のためには描けないよ。誰に頼まれても、無理。自分が描きたいものしか描けない。」

衝動が突き上げてきたのだろうか、映子の顔がゆがんだ。重く響く痛みに必死に耐えている。そんな表情だった。

「あたしは……他人のためには描けない。」

涙が盛り上がる。映子の頰の上を滑っていく。

「さよなら。」

短い別れの言葉を置いて映子はきびすを返し、東真から遠ざかっていった。足早に、去っていく。

日が陰る。風が強くなる。刈り入れ間近の稲がシャラシャラと軽い音を立てる。

東真は、両手をだらりと下げて、小さくなる映子の後ろ姿を見つめていた。

「③追いかけなくて、ええの？」

耳もとにささやきが伝わる。聞き慣れた柔らかな声だった。

「大ばあちゃん。」

「追いかけなくて、ええの。今なら、まだ追いつけるで。」

あと数メートル、あと数歩で曲がり角だ。視界から消えてしまう。

知識の泉 A **極めて大切な場面。** 〈例〉ここが試合の正念場だ。

「私のために描いてくれるやろ、東真。」

「柿を。」

「そうだよ。あんたなら描けるやろ。他人のために描けるやろ。」

「俺は……。」

そうだ、俺なら描ける。自分の内から突き上げて、自分の意思も感情も支配してしまう激しい力はないけれど、誰かのために、描くことはできる。それは……できる。

映子が僅かによろめいた。

背中を軽くたたかれた気がする。同時に、④東真は走りだしていた。

〈あさの あつこ「風の唄」による〉

1 ①大ばあちゃんの言ったこと　とありますが、曽祖母は、死ぬ前に東真にどのようなことを言ったのですか。次から一つ選び、記号で答えなさい。（15点）

ア　お棺の中に映子の柿の絵を入れてほしいということ。
イ　お棺の中に柿の実を入れてほしいということ。
ウ　東真に柿の絵を描いてほしいということ。
エ　映子に柿の絵を描いてほしいということ。

（　　）

2 記述　②無理やわ。とありますが、映子が柿の絵を描くことを無理だと言ったのは、なぜですか。（20点）

（　　）

攻略！　――線②の後の二人の会話に着目しよう。

3 ③耳もとにささやきが伝わる。について答えなさい。
(1) 誰のささやきが伝わったのですか。文章中から三字で抜き出しなさい。（10点）
(2) ささやきは、東真にどのようなことを伝えたのですか。（15点）
映子と違って、東真なら、（　　）ということ。

4 よく出る　東真は、映子がどのような力に動かされて絵を描いていると考えていますか。文章中から三十五字以内で抜き出しなさい。（20点）

5 よく出る　④東真は走りだしていた　とありますが、東真が走りだしたのは、何に気がついたからですか。次から一つ選び、記号で答えなさい。（20点）

ア　映子と同じように自分にもある、絵への激しい思い。
イ　他人のために描くという、自分なりの絵を描く意味。
ウ　東真に絵を描き続けてほしいという、曽祖母の願い。
エ　自分の思いにあくまでも正直な映子の愛らしさ。

（　　）

攻略！　「そうだ、俺なら……」で始まる段落に着目しよう。

知識の泉　Q　――線を漢字で書くと？　「病状がカイホウに向かう。」

資料編

確認のワーク　ステージ1

自然との共存――小笠原諸島

学習のねらい
●さまざまな資料を読み、内容を理解しよう。
●人間社会と自然との関わりについて読み取ろう。

解答 31ページ

基本問題

★教科書の次の部分を読んで、問題に答えなさい。

●教p.282〜286　資料ア〜カ

1 教p.282ア「小笠原の生態系に迫る危機を報じた新聞記事」について答えなさい。

(1) 小笠原諸島に入った調査隊の目的は何ですか。文章中から一文で抜き出しなさい。

（　　　　）

(2) 小笠原諸島はどのような場所ですか。（　）に当てはまる言葉を、文章中から抜き出しなさい。

カタツムリの（　　　）など、貴重な生物が多く生息し、（　　　）に登録された場所。

(3) この記事の内容をまとめた次の文の（　）に当てはまる言葉を、文章中から抜き出しなさい。

本土から（①　　）が侵入し、父島では大型の（②　　）五種のうち四種が姿を消したことから、外来種である（①）を（③　　）する必要があるということ。

攻略！ (3) 記事の後半部分から読み取ろう。

2 教p.283イ-(1)「小笠原村の住民の立場でまとめられた計画書（要約）」の、「活かすべき小笠原村の優位性」について答えなさい。

(1) 小笠原諸島の価値を守るための対策として挙げられていることを、見出し以外の文章中から十字で抜き出しなさい。

(2) イ-(1)から、小笠原村では、どのような自然環境の活用が行われていることが分かりますか。文章中から十一字で抜き出しなさい。

3 教p.284イ-(2)「小笠原村の住民の立場でまとめられた計画書（要約）」の「克服すべき小笠原村の不利性」について答えなさい。

(1)「このことは、小笠原村に住む私たちの日常生活に大きな影響を与えています。」とありますが、どういうことですか。（　）に当てはまる言葉を、文章中から抜き出しなさい。

小笠原村と本土との（　　）は制限されており、村民の（　　）負担が大きいということ。

(2) 小笠原村の村民が求めているのは、具体的にはどのようなことですか。

（　　）

攻略！ 計画書の最後の段落に「村民の切なる願い」とあることに着目。

4 よく出る 教p.282 ア「小笠原の生態系に迫る危機を報じた新聞記事」、教p.283 イ－(1)「小笠原村の住民の立場でまとめられた計画書（要約）」の「活かすべき小笠原村の優位性」についての説明として適切なものを、次から全て選び、記号で答えなさい。

ア 両者の小笠原の自然に対する認識には、共通する部分がある。
イ 資料アには、資料イ－(1)とは矛盾する内容が書かれている。
ウ 資料イ－(1)には、資料アを否定する内容が書かれている。
エ 資料イ－(1)には、資料アにはない内容が書かれている。

（　　）

5 教p.284 ウ「救急患者の移送要請件数」が表していることを次から一つ選び、記号で答えなさい。

ア 内地の医療機関への移送要請が一定数あるということ。
イ 医療機関を受診できずに命を落とす村民が多いということ。
ウ 村民が内地の医療機関を好んで受診しているということ。
エ 内地よりも重病の高齢者の数が多いということ。

（　）

6 教p.285 エ「小笠原を訪れる観光船と、観光客の数の変化」について説明した次の文の（　）に当てはまる言葉を書きなさい。

観光船の便数も観光客数も大きく増えている平成（　　）年度は、小笠原諸島が世界自然遺産に登録された年である。

7 教p.285 オ「父島の港周辺の、観光客向け案内地図」で、港の近くに観光客のための施設が集まっているのはなぜだと考えられますか。

（　　）

8 教p.286 カ「小笠原の自然について楽しみながら学べるツアーの広告」に当てはまる説明として、適切なものを次から一つ選び、記号で答えなさい。

ア 小笠原と他の地域のツアーの金額の比較をしている。
イ 小笠原の自然を守るための配慮が促されている。
ウ 小笠原の生態系や固有種について説明されている。
エ 小笠原の自然と村民の関係性が示されている。

（　）

9 記述 ア～カの資料から読み取ることのできる、世界遺産を観光地にする、Ⅰ…メリットと、Ⅱ…デメリットは何ですか。

Ⅰ（　　）

Ⅱ（　　）

攻略！ 各資料から共通して読み取れることをまとめよう。

知識の泉 Q「漢語＋外来語」になっているのはどっち？　ア＝窓ガラス　イ＝収納ケース

確認のワーク ステージ1　恋歌をよむ

学習のねらい
- 和歌の表現の工夫や修辞について理解しよう。
- さまざまな和歌集に収められている和歌の内容を読み取ろう。

解答 32ページ

基本問題

次の文章を読んで、問題に答えなさい。　教p.292・⑨〜293・㉔

最初に取り上げるのは、奈良時代に編纂された「万葉集」です。

①あしひきの山鳥の尾のしだり尾の長ながし夜をひとりかも寝む　作者未詳

山鳥の垂れ下がった尻尾が長いように、長い夜を私は一人で寝るのだろうか。

ここに詠まれているのは、好きな人と離れて一人きりで夜を過ごすときの気持ちです。好きな人といっしょにいると時間はあっという間に過ぎてしまいますが、反対に独りぼっちの時間は長く感じるもの。ここでは、②その長くて切ない夜の時間を表現するのに、山鳥の尾を利用しています。

山鳥はキジ科の鳥で、尾羽が長いのが特徴です。この歌の作者は、皆がイメージしやすいこの山鳥の尾を使って、自分が感じる夜の長さを具体的に伝えようとしています。「あしひきの山鳥の尾のしだり尾の」は「長ながし」を導く序詞ですが、この映像に支えられることで、作者の感じる夜の長さがありありと伝わってくる点が大切です。人間の感情は目に見えませんが、それを表現するために、目に見えてイメージしやすい自然の情景を利用しているのです。ここに、たった三十一文字で複雑な人間の心を言い表すための、表現の工夫がありました。

次は、平安時代に編纂された「古今和歌集」です。

③をとにのみきくの白露夜はおきて昼は思ひにあへずけぬべし　素性法師

あなたをうわさでだけ聞く私は、菊の白露が夜には置いて昼には日に当たって消えてしまうように、夜は悶々としながら起きていて、昼になると切なさのために消えてしまいそうです。

当時の男性はなかなか女性の姿を見る機会がありませんでした。この歌も女性のうわさを聞いて恋心を募らせたものですが、④その思いを表現するのに、ここでは身近な白露の映像が使われています。露が生じることを当時は「置く」と言いましたが、この歌では、夜に置いて昼になると日に当たって消えてしまう白露の姿に自分自身を重ねて、自分も夜は起きていて昼になるとあなたへの切ない思いのために消えてしまいそうだと表現しているのです。「おき」が「置き」と「起き」の、また「ひ」が「日」と「(思)ひ」

知識の泉　**A** イ。「窓」は和語。「収納」は漢語。「ガラス」「ケース」は外来語。

の掛詞になっています。見方を変えていえば、この二つの掛詞によって、白露の映像とうわさを聞いて恋い焦がれる自分のありようとが、結び付けられているということになります。

⑤自然の映像を利用するという点では、「万葉集」の歌と同じですが、表現の仕方はずいぶんと手の込んだものになっていますね。

〈吉田幹生「恋歌をよむ」による〉

1 「序詞」と「掛詞」は、それぞれどのような技法ですか。次から一つずつ選び、記号で答えなさい。

ア 特定の語を導き出すために置かれている、五音の言葉。
イ ある語句を導き出すために置かれている、二句以上の言葉。
ウ 一つの語に同音の複数の語の意味を重ね合わせている言葉。
エ 有名な古歌の表現を踏まえて詠まれた和歌。

序詞…（　　）　掛詞…（　　）

2 ①あしひきの山鳥の尾のしだり尾の長ながし夜をひとりかも寝むの和歌は、どのような気持ちを詠んだものですか。文章中から二十四字で抜き出し、初めと終わりの五字を書きなさい。

□□□□□ 〜 □□□□□

3 よく出る ②その長くて切ない夜の時間を……山鳥の尾を利用していますとありますが、山鳥の尾を利用したのは、なぜですか。（　）に当てはまる言葉を、文章中から抜き出しなさい。

（　　）のが特徴である山鳥の姿を思い浮かべることで、作者の感じる（　　）がありありと伝わるから。

4 ③をとにのみきくの白露夜はおきて昼は思ひにあへずけぬべしの和歌は、「おき」と「ひ」が掛詞になっています。それぞれ何と何の掛詞になっているのですか。文章中から抜き出しなさい。

「おき」…（　　）（　　）
「ひ」……（　　）（　　）

5 よく出る ④その思いを表現するのに、ここでは身近な白露の映像が使われていますについて答えなさい。

(1) 「その思い」とは、どのような思いですか。文章中から二字で抜き出しなさい。

□□

(2) 「白露」が使われたのは、和歌の作者が白露の姿にどのような自分を重ねたからですか。次から一つ選び、記号で答えなさい。

ア 恋心を募らせるだけで、行動に移せない自分。
イ 切ない思いで、はかなく消えてしまいそうな自分。
ウ 恋しい相手を、ひたすら思い続けている自分。
エ 恋しい相手に、振り返ってもらえない自分。

（　　）

攻略！ 「白露」がどのようなものかを押さえよう。

6 ⑤自然の映像とありますが、具体的には何を指していますか。二つの歌に関して、文章中から四字と二字で抜き出しなさい。

□□□□　□□

資料編

Q ――線を正しく書き直すと？　「先生，こちらでお待ちしてください。」

確認のワーク ステージ1

「おくのほそ道」の旅

学習のねらい
- 「おくのほそ道」に込められた芭蕉の思いを読み取ろう。
- 「おくのほそ道」が書かれた当時の状況を読み取ろう。

解答 32ページ

基本問題

★ 次の文章を読んで、問題に答えなさい。 教p.295・⑲〜297・②

「おくのほそ道」の冒頭部で、芭蕉はまず、「月日は百代の過客にして（月日は永遠にとどまることのない旅人であり）」と、月日を旅人にたとえます。「月日」というのは、暦のうえでの「月」と「日」だけではなく、実際の天体としての「月」と「日（太陽）」の意味も含んでいます。月も太陽も、昇っては沈むことを繰り返し、休むことなく旅を続けるものです。

そして次に、芭蕉は、江戸時代の実際的な移動手段であり、現実の旅を連想させる「舟」や「馬」という言葉を挙げます。①宇宙規模のスケールの大きな視点で格調高く始まった文章は、次の瞬間、江戸時代の現実的な旅のイメージを結ぶのです。

実際、「おくのほそ道」の主人公も、歩くだけではなく、ときおり舟と馬を使います。例えば、②旅立ちの場面は、

むつまじき限りは宵より集ひて、舟に乗りて送る。

親しい人々は（皆）前の晩から集まって、（いっしょに）舟に乗って送ってくれる。

と描かれます。ほかから隔離され、狭くてそれゆえ親密な舟という空間で、主人公は仲間としばし旅への思いを共有しました。その日、仲間と別れた主人公は、草加という宿場までしか歩けませんでしたが、これは当時の人としては相当に遅い歩みです。しかし、③曽良の日記によれば、本当は芭蕉はもっと先の宿場まで歩いていたようなのです。舟によって仲間との親密感は強調されましたが、それゆえ別れの悲しみはいっそう深まり、主人公の足取りを重くさせた、というふうに描いたのでしょう。

また、那須野では、広野を歩いて疲れ果てた主人公に、「足を止めたところで戻してくれればいい。」と農夫が馬を貸してくれます。馬を盗むかもしれないなどとは考えてもいないのです。主人公が馬に乗ると、男女の子供が二人、後を慕って走ってきます。緑の草原の中、馬に揺られる旅人と、走ってくる幼い子供たち。馬を通じて、純朴な土地の人々との交流が描写されています。

更に、最上川の急流下りでは、みなぎる水に舟が危ないとはらはらし、象潟では、ゆったりと舟遊びをします。

徒歩の旅にときおり舟や馬が加わることで、場面が印象深いものになったり、旅の速度に効果的な変化が生じたりします。④芭蕉は、舟と馬を小道具として上手に使っているのです。

知識の泉 A **お待ちになって。** 「お〜する」は謙譲語，「お〜になる」が尊敬語。

そして、最後の場面で、門人知友の待つ大垣に着くのですが、この物語は、親しい人たちに温かく迎えられたところで終わるわけではありません。主人公は、再び、

⑤旅のものうさもいまだやまざるに、長月六日になれば、伊勢の遷宮拝まんと、また舟に乗りて、……

旅の疲れもまだとれないうちに、九月六日になったので、伊勢の遷宮式を拝もうと、また舟に乗って、……

と旅立ってゆくのです。舟は、新たな旅をもたらす小道具でもあります。

〈深沢了子「『おくのほそ道』の旅」による〉

1 よく出る ①宇宙規模のスケールの大きな視点 とありますが、筆者が「おくのほそ道」の冒頭をこのように捉えたのは、なぜですか。次から一つ選び、記号で答えなさい。

ア 太陽と月の動きをよく観察してたとえに使っているから。
イ 暦のうえでの「月日」を旅人にたとえているから。
ウ 「月日」に対比させて、「舟」や「馬」を使っているから。
エ 「月日」という天体の意味も含む言葉を使っているから。

（　）

攻略！ 冒頭の文について解説している最初の段落に着目しよう。

2 ②旅立ちの場面 で、親しい人々が舟に乗って送ってくれたことを描くことで、どのような効果が生まれましたか。（　）に当てはまる言葉を、文章中から抜き出しなさい。

仲間との（　）を（　）する効果。

3 記述 ③曽良の日記によれば、……歩いていたようなのです とありますが、芭蕉が事実と異なることを書いたのは、なぜですか。

（　）

攻略！ 芭蕉が何を描こうとしたのかを読み取ろう。

4 よく出る ④芭蕉は、舟と馬を小道具として上手に使っているのです。とありますが、どういうことですか。（　）に当てはまる言葉を、文章中から抜き出しなさい。

那須野では、馬を通じて（　）を描き、最上川では急流下り、象潟ではゆったりとした（　）を描くというように、舟と馬が場面を（　）ものにしたり、（　）に変化をもたらしたりしているということ。

5 ⑤旅のものうさもいまだやまざるに、長月六日になれば、伊勢の遷宮拝まんと、また舟に乗りて、…… とありますが、この部分から、どのようなことがいえますか。□に当てはまる言葉を、文章中から抜き出しなさい。

□は、□でもあるということ。

プラスワーク 聞き取り問題① 話し合い
新しい公園の名前を決めよう

放送文は、上のQRコードから聞くことができます。

/100

解答 33ページ

放送を聞いて、問題に答えなさい。

メモ欄(らん) 放送の間は、問題に答えずメモを取りましょう。

それぞれの人が、どんな視点から提案を考えたのかに注意しよう。

⬇ここより下は問題になります。放送の指示にしたがって答えましょう。

(1) (問題は放送されます。)(20点)

花村(はなむら)市に［　　　］は何がよいかを考えて、各クラスから一つずつ案を出すこと。

(2) (問題は放送されます。)(20点)

(3) (問題は放送されます。)(20点)

［　　　］から名づけた点。

(4) (問題は放送されます。)(20点)

(5) レベルUP (問題は放送されます。)(20点)

▶文理ホームページからも放送文を聞くことができます。
https://www.kyokashowork.jp/ja11.html アクセスコードを入力→ C063692

プラスワーク

聞き取り問題② グループ・ディスカッション

ペットボトルを使うことに賛成か反対か

解答 34ページ

/100

放送文は、上のQRコードから聞くことができます。

★ 放送を聞いて、問題に答えなさい。

メモ欄(らん) 放送の間は、問題に答えずメモを取りましょう。

発言者の立場と、その理由に注意して、メモを取ろう。

⬇ここより下は問題になります。放送の指示にしたがって答えましょう。

(1) (問題は放送されます。) 10点×2 (20点)

立場 [　　]

理由 [　　] が問題になっているから。

(2) (問題は放送されます。) 10点×2 (20点)

[　　]

[　　]

(3) (問題は放送されます。) (20点)

[　　]

(4) (問題は放送されます。) (20点)

プラスチックごみの処理を [　　] という問題点。

(5) レベルUP (問題は放送されます。) (20点)

[　　]

プラスワーク 日本文学史（江戸時代〜昭和戦前）

文学史の要点

江戸時代

【町人文化の繁栄】町人が経済力を持ち、寺子屋の教育が広まる一方、木版印刷の発達で文学の大衆化が進んだ。前期は上方文学、後期は江戸文学が栄えた。

ジャンル	作品	作者・内容
俳諧	**おくのほそ道**	松尾芭蕉。北関東・東北・北陸の旅を俳句と文章でつづる紀行文。
	おらが春	小林一茶。人情味あふれる俳文俳句集。
浮世草子	**日本永代蔵**	井原西鶴。町人の生活を描いた小説。「世間胸算用」も有名。
浄瑠璃	**曽根崎心中**	近松門左衛門。身分の差による悲劇的な恋愛を描いた。
川柳・狂歌		世の中の有様を、風刺とユーモアを込めて俳句や短歌の形式で描く庶民文学。
滑稽本・読本	**東海道中膝栗毛**	十返舎一九。弥次郎兵衛と喜多八の旅を描いた滑稽本。
	南総里見八犬伝	滝沢（曲亭）馬琴。里見家の興亡を描いた長編の読本。

明治・大正・昭和の作家と作品

近代化の中で、西洋の文化も流入し、さまざまなスタイルの作家が活躍した。

作家	**森鷗外**	（一八六二〜一九二二）	軍医としてドイツに留学。「舞姫」「高瀬舟」など。
	夏目漱石	（一八六七〜一九一六）	英語教師をしながら執筆。「吾輩は猫である」など。
	芥川龍之介	（一八九二〜一九二七）	「今昔物語集」をもとにした短編小説「羅生門」など。
	宮沢賢治	（一八九六〜一九三三）	農学校の教師をするかたわら創作。「春と修羅」など。
	太宰治	（一九〇九〜一九四八）	生きる苦悩や退廃的な美を描く。「人間失格」など。
	川端康成	（一八九九〜一九七二）	日本の美を描き、ノーベル文学賞受賞。「雪国」など。
歌人俳人	**正岡子規**	（一八六七〜一九〇二）	「万葉集」を尊重し、短歌・俳句の革新運動を行った。
	石川啄木	（一八八六〜一九一二）	三行書きの短歌を平易な言葉で歌った。「一握の砂」など。

基本問題

(1) 松尾芭蕉が北関東・東北・北陸の旅について書いた紀行文の作品名を答えなさい。（　　）

(2) 「日本永代蔵」の作者を答えなさい。（　　）

(3) 森鷗外の作品を次から一つ選びなさい。（　　）
ア 「春と修羅」　イ 「人間失格」
ウ 「舞姫」　エ 「雪国」

(4) 「一握の砂」に収められているものを次から一つ選びなさい。（　　）
ア 短歌　イ 物語
ウ 俳句　エ 説話

(5) 「羅生門」の作者を次から一つ選びなさい。（　　）
ア 太宰治　イ 芥川龍之介
ウ 正岡子規　エ 宮沢賢治

解答 (1) おくのほそ道　(2) 井原西鶴　(3) ウ　(4) ア　(5) イ

覚えておきたい 慣用句

からだに関する慣用句

足を引っ張る　人の行いの邪魔をする。
頭を冷やす　興奮した気持ちを冷静にする。
腕を振るう　能力を十分に発揮する。
顔が広い　知り合いが多い。
肩を並べる　対等の位置に立って張り合う。
木で鼻をくくる　ひどく冷淡な態度をとる。
肝に銘ずる　心に刻みつけて、忘れない。
口をぬぐう　悪いことをしていながら、知らないふりをする。
首を長くする　期待して待ち遠しく思う。
腰をすえる　一つに集中して物事を行う。
腹を割る　本心を隠さずに打ち明ける。
眉唾もの　信用できず、あやしいもの。
身につまされる　他人の不幸などが自分のことのように思われる。
耳を澄ます　注意して聞こうとする。
胸をなでおろす　ほっとする。安心する。
目から鼻へ抜ける　頭の働きのよいさま。抜け目がない。

動物・植物に関する慣用句

青菜に塩　力なくしおれた様子。
雨後の筍　似たような物が次々と出てくるさま。
鵜のみにする　人の考えなどをよく理解せずに受けいれる。
馬が合う　よく気が合う。
閑古鳥が鳴く　訪れる人が少なく、ひっそりしている。商売のはやらないさま。
狐につままれる　意外なことが起こって、訳がわからなくなる。
木に竹をつぐ　調和せずつり合いがとれないこと。
犬猿の仲　仲の悪いこと。
すずめの涙　数量がとても少ないこと。
つるの一声　多くの人を否応なしに従わせる、権力者の一言。
虎の子　大切にとっておくもの。
梨のつぶて　便りや返事のないこと。
猫の額　場所が大変狭いこと。
根掘り葉掘り　しつこくこまごまと。
花を持たせる　人に手柄や勝利を譲る。
虫が知らせる　よくないことが起こりそうに感じること。
藪から棒　だしぬけに物事を行うこと。

色・数に関する慣用句

赤の他人　全く縁のない人。
朱を入れる　文章などに訂正や添削の書き込みを入れる。
白紙に戻す　何もなかった元の状態に返す。
色を失う　驚きや恐れなどで顔色が真っ青になる。
一目おく　自分よりも優れていると認める。
二の足を踏む　実行をためらう。
四の五の言う　あれこれと文句を言う。
九死に一生を得る　危ういところを、かろうじて助かる。

その他の慣用句

お茶を濁す　いいかげんに言って、その場をごまかす。
気がおけない　気をつかう必要がない。
しっぽを出す　隠していたことがばれる。
水をさす　うまくいっている仲や物事を、横から邪魔する。
らちがあかない　物事が進まず、決まらない。

覚えておきたい 俳句

松尾芭蕉

江戸時代前期の俳人。旅を続けながら俳諧を作り、俳諧を芸術の域にまで高めた。

古池や蛙飛びこむ水の音

静かな春の日、古池に蛙が飛び込み、静けさが破られた。しかし、その後すぐにもとの静寂に戻った。

五月雨をあつめて早し最上川

数々の山や川から五月雨を集めて増水し、すさまじい勢いで流れ下っているよ、最上川は。

おもしろうてやがてかなしき鵜舟かな

おもしろかった鵜飼いも終わると、にぎやかな楽しさの後のもの悲しさを感じる一夜であることよ。

名月や池をめぐりて夜もすがら

中秋の名月の美しさに引かれ、池の周りを歩いているうちに、夜を明かしてしまった。

初しぐれ猿も小蓑をほしげなり

山中で冷たい初しぐれに遭い、小蓑を着た。近くの木にいる猿も、寒くて小蓑を欲しそうだ。

旅に病んで夢は枯野をかけ廻る

旅先で病のために床に伏していても、夢の中で見るのは、枯れ野をかけめぐる自分の旅姿だ。

与謝蕪村

江戸中期の俳人。絵画的な作風で、芭蕉の没後に衰退していた俳諧を復興させた。

春の海終日のたりのたりかな

春の海は、陽光を浴びて、一日中、静かな波がのたりのたりとうねり続けているよ。

菜の花や月は東に日は西に

一面に広がる菜の花畑に、春の夕暮れがしのび寄る。東の空に月が出て、西の空に夕日が沈もうとしている。

山は暮れて野は黄昏の薄かな

日が暮れて、山々は暗い影になっているが、野にはまだ夕日が当たり、薄の穂が光っている。

小林一茶

江戸後期の俳人。弱者へのいたわりと人間味にあふれた、独特の俳諧を残した。

我と来て遊べや親のない雀

私のところに来て、一緒に遊ばないか、私と同じように親のない雀よ。

痩蛙まけるな一茶これにあり

やせた蛙よ負けるな、一茶がここについているぞ。
※春の産卵期に雌を巡って争う蛙の様子を見て。

名月を取ってくれろとなく子かな

あの丸い秋の月を取ってくれと泣いてせがむ我が子のあどけないことよ。

正岡子規

明治の俳人・歌人。自然をありのままに詠む写生俳句を唱え、俳句の革新を進めた。

柿食へば鐘が鳴るなり法隆寺

法隆寺の門前の茶店で柿を食べていると、寺の鐘が鳴った。秋の季節をしみじみと感じることだ。

赤蜻蛉筑波に雲もなかりけり

赤蜻蛉の群れが飛んでいる。雲ひとつなく澄んだ秋空の下に筑波山が見える。

いくたびも雪の深さを尋ねけり

幾度も外の雪の深さを家人に尋ねた。病床で寝たきりの身にも、雪の積もる気配は感じられてもどかしい。

種田山頭火

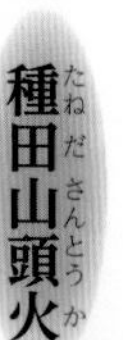

大正から昭和にかけての俳人。放浪の生活の中で、自由律俳句を詠んだ。

分け入つても分け入つても青い山

行っても行ってもただ青い山が続く。私の惑いと同じようだ。※出家して行脚する孤独な心情が表れている。

うしろ姿のしぐれてゆくか

冬の寒い日、しぐれの中を歩いていく自分の後ろ姿を見つめているもう一人の自分がいる。

夕立やお地蔵さんもわたしもずぶぬれ

夕立の中を歩いてずぶぬれになった。道端のお地蔵さんも私と同じようにずぶぬれだ。

定期テスト対策

得点アップ！予想問題

1 この「予想問題」で実力を確かめよう！

2 「解答と解説」で答え合わせをしよう！

3 分からなかった問題は戻って復習しよう！

この本での学習ページ

●予想問題の構成

回数	教科書ページ	教科書の内容	この本での学習ページ
第1回	見返し	生命は	2〜3
第2回	14〜16	二つのアザミ	4〜7
第3回	18〜22	俳句の読み方、味わい方／俳句五句	8〜13
第4回	30〜35	形	16〜21
第5回	37〜51	百科事典少女	22〜29
第6回	63〜73	絶滅の意味	34〜39
第7回	86〜91	恩返しの井戸を掘る	44〜49
第8回	96〜105	幸福について	50〜55
第9回	124〜126	初恋	60〜61
第10回	128〜134	万葉・古今・新古今	62〜67
第11回	135〜143	おくのほそ道	68〜73
第12回	144〜147	論語	74〜77
第13回	154〜170	故郷	80〜87
第14回	184〜195	いつものように新聞が届いた —— メディアと東日本大震災	94〜99
第15回	214〜230	最後の一句	110〜115

第1回 予想問題

生命は

次の詩を読んで、問題に答えなさい。

解答 36ページ　15分　●6問中　問

生命は
吉野弘

生命は
自分自身だけでは完結できないように
つくられているらしい
花も
めしべとおしべが揃っているだけでは
不充分で
虫や風が訪れて
めしべとおしべを仲立ちする

生命はすべて
その中に欠如を抱き
それを他者から満たしてもらうのだ

私は今日、
どこかの花のための
虻だったかもしれない
そして明日は
誰かが
私という花のための
虻であるかもしれない

1 この詩の形式を漢字五字で書きなさい。

2 ①完結できない　とありますが、これとほぼ同じ意味の表現を、詩の中から三字と五字で抜き出しなさい。

3 ②他者　とありますが、「花」にとっての「他者」は、何ですか。詩の中から三字で抜き出しなさい。

4 第三連で用いられている表現技法を次から全て選び、記号で答えなさい。

ア 体言止め　イ 対句　ウ 擬人法
エ 倒置　オ 隠喩

5 詩の中の「私」と「誰か」の関係を説明したものを次から一つ選び、記号で答えなさい。

ア 両者はそれぞれ独立して存在しているという関係。
イ 「私」が「誰か」のために存在しているという関係。
ウ 「誰か」が「私」のために存在しているという関係。
エ 互いが互いを補い合って存在しているという関係。

1	2	3	4	5

第2回 予想問題 二つのアザミ

次の文章を読んで、問題に答えなさい。

解答 36ページ 15分 ●4問中 問

それから長い時間がたって、高校生になったばかりの頃、①私は再び書物の中で、漢字の「薊」に出会うことになりました。梶井基次郎の「闇の絵巻」と題された短編を読んだときのことです。真っ暗な闇の中に一歩を踏み出す勇気を、主人公はこんなたとえで表現していました。

「裸足で薊を踏んづける！」

私は呆然としました。裸足で薊を踏んづけるほどの勇気とは！宮沢賢治の作品を通じて、アザミは明るい光の中ではっきり目に見える紫色の、「すてきに背高の」、明るい陽のもとで映える花として心に刻まれていました。梶井基次郎は、そこにもう一つ、まるで正反対の、闇に沈んだ見えない「薊」というイメージを付け加えてくれたのです。その見えない色の、なんと鮮やかなことでしょう。おまけに、とげを踏み抜いた足の裏の感触まで生々しく伝わってくるようです。

少年の頃に私が見ていた野の花としてのアザミは、優れた二人の書き手の作品のおかげで、明と暗を持つ、言葉としての「薊」になりました。異なる文脈で出会ったことによって、「薊」は私の心の中で、より豊かな花に育っていったのです。

興味深いのは、②言葉としての「薊」の色が深まるにつれて、原っぱに咲いている本物の「アザミ」も美しさを増していったことです。つまり、二つの「薊」は、世界の見方を変えてくれたのです。本を読み、言葉に触れ、言葉を育てていく喜びは、こんなふうに、見慣れていた光景に新しい光が当てられる様子を、驚きをもって眺めることにあるのではないでしょうか。〈堀江敏幸「二つのアザミ」による〉

1 ①私は再び……出会うことになりました について答えなさい。

(1) 「漢字の『薊』」とは、具体的にはどのような表現ですか。文章中から十一字で抜き出し、初めの五字を書きなさい。

(2) 「二つの『薊』」との出会いで、アザミはどのようなものに変化しましたか。文章中から十六字で抜き出し、初めの五字を書きなさい。

2 ②言葉としての「薊」の色が深まる とは、どういうことですか。次から一つ選び、記号で答えなさい。

ア 本物の「アザミ」が、より美しく感じられるようになること。
イ 本物の「アザミ」の花の色がいっそう鮮やかになること。
ウ 言葉としての「薊」のイメージが、広がって豊かになること。
エ 言葉としての「薊」への関心が高まるようになること。

3 「言葉」についての筆者の考えを次から一つ選び、記号で答えなさい。

ア 言葉は全て明と暗の側面を持つので、両方知るべきだ。
イ 言葉を育てるためには、読書をすることが不可欠である。
ウ 言葉を育てることで、実物は全て、より美しく見える。
エ 言葉に触れ、育てることで、世界の見方が変わる。

1	2
(1)	
	3
(2)	

第3回 予想問題 俳句の読み方、味わい方／俳句五句

次の俳句を読んで、問題に答えなさい。

解答 36ページ 15分 ●11問中 問

A たんぽぽや日はいつまでも大空に　中村汀女

B 囀をこぼさじと抱く大樹かな　星野立子

C をりとりてはらりとおもきすすきかな　飯田蛇笏

D 春風や闘志いだきて丘に立つ　高浜虚子

E 万緑の中や吾子の歯生え初むる　中村草田男

F 分け入つても分け入つても青い山　種田山頭火

〈A〜C 片山由美子「俳句の読み方、味わい方」による〉
〈D〜F「俳句五句」による〉

1 Aの句の「切れ」は、どこにありますか。次から一つ選び、記号で答えなさい。

ア 上五　イ 中七　ウ 下五

2 Dの句の中から、作者の気持ちが表れている言葉を二字で抜き出しなさい。

3 Eの句の季語と季節を書きなさい。

4 Eの句の「吾子」とは、どのような意味ですか。

5 Fの句は、どのような様子を描いていますか。次から一つ選び、記号で答えなさい。

ア 奥深く青々とした山の中を、ひたすら歩き続ける様子。
イ 光が差さない暗い山の中を、一人でおびえながら歩く様子。
ウ たくさんの人でにぎわう山道を、楽しそうに歩く様子。
エ 新緑に輝く明るい山々を眺めながら、のんびりと歩く様子。

6 Fの句で用いられている表現技法を次から全て選び、記号で答えなさい。

ア 倒置　イ 体言止め　ウ 擬人法　エ 反復

7 次の鑑賞文に当てはまる句をA〜Fから一つずつ選び、記号で答えなさい。

① 俳句の決まりにとらわれない形で動作や自然の情景を描き、作者の深い心の迷いを感じさせている。
② 穏やかな季節を表す言葉と強い思いを表す言葉を取り合わせて、作者の決意を際立たせている。
③ 遠近や大小、色彩の対比を鮮やかに描きながら、幼いものにあふれる生命力を、喜びをもって表現している。
④ 擬態語を用いて植物の重さを表現することで、かすかな重みの手応えを感じ取った感動を詠んでいる。

1	4	7
		①
2		②
3 季語		③
季節	5	④
	6	

第4回 予想問題 形

次の文章を読んで、問題に答えなさい。

解答 37ページ　15分　●7問中　問

彼は、二番槍は、自分が合わそうと思ったので、駒を乗り出すと、一文字に敵陣に殺到した。①猩々緋の武者の前には、戦わずして浮き足立った敵陣が、中村新兵衛の前には、びくともしなかった。そのうえに彼らは猩々緋の「槍中村」に突き乱されたⓐウラみを、この②黒革縅の武者の上に復讐せんとして、たけり立っていた。

新兵衛は、③いつもとは、勝手が違っていることに気がついた。いつもはⓑ虎に向かっている羊のようなおじけが、敵にあった。彼らがうろたえ血迷うところを突き伏せるのに、何の造作もなかった。今日は、彼らは対等の戦いをするときのように、勇み立っていた。どの雑兵もどの雑兵も十二分の力を新兵衛に対し発揮した。二、三人突き伏せることさえ容易ではなかった。敵の槍の矛先が、ともすれば身をかすった。新兵衛は必死の力を振るった。平素の二倍もの力をさえ振るった。が、彼はともすれば突き負けそうになった。手軽にかぶとや猩々緋を貸したことを、後悔するような感じが頭の中をかすめたときであった。④敵の突き出した槍が、縅の裏をかいて彼の脾腹を貫いていた。

〈菊池 寛「形」による〉

1 ══線ⓐは漢字に直して書き、══線ⓑは読み仮名を書きなさい。

2 ①猩々緋の……びくともしなかった。とありますが、その理由を説明した次の文の□に当てはまる言葉を書きなさい。

猩々緋を着ていなかったので、目の前の武者が□から。

3 ②黒革縅の武者 とは、誰のことですか。文章中から抜き出しなさい。

4 ③いつもとは、勝手が違っている とありますが、新兵衛にとって、どう違ったのですか。次の□に当てはまる言葉を、文章中からそれぞれ二字で抜き出しなさい。

いつもは、敵を突き伏せるのは Ⅰ もなかったが、今日は、Ⅱ ではなかった。

5 ④敵の突き出した槍が、縅の裏をかいて彼の脾腹を貫いていた。とありますが、このような結果になった理由を説明した次の文の□に当てはまる言葉を書きなさい。

新兵衛が、□ことに気づかずに、「形」を貸してしまったから。

1	2	3	5
ⓐ			
ⓑ			
		4 Ⅰ	
		Ⅱ	

第5回 予想問題

百科事典少女

次の文章を読んで、問題に答えなさい。

解答 37ページ　15分　●5問中　問

「ねえ、見て。第五巻は［し］。し、一文字で一つの巻全部だよ。①すごいと思わない？」

「うん。」

何がすごいのか自信が持てないまま、私は曖昧に返事をした。

「この世界では、し、で始まる物事がいちばん多いの。し、が世界の多くの部分を背負ってるの。この、ⓐツり針みたいな頼りない一文字が、実はひそかに一生懸命頑張ってくれているんだよ。いいえ、自分はたいして何の役にも立ってはおりません、みたいな顔をしてね。」

労をねぎらうように、彼女は第五巻の背表紙の［し］をなでた。

「でもね、だからといってほかの文字をないがしろにしているわけじゃないの。第十巻。栄光の最終巻。［むめもやゆよらりるれろわん］。む、から、ん、まで全部で十三文字だよ。十三文字が仲良く手をつないで、十分の一の役目をしっかり担ってる。それが、し、と比べて劣る役目だとは、私は少しも思わないよ。」

うん、そうだ、確かにそうだ、と私はうなずいた。べべも尻尾を揺らして床をひと掃きし、同意を示した。

「②ああ、最後の、ん、はどんなふうになってるんだろう。」

Rちゃんはガラス戸の向こう、アーケードの偽ステンドグラスを突き抜け、アッピアⓑ街道を通り抜けたもっと遠くのどこかを見つめて言った。そこを見つめ続けていると、最後の、ん、が支える世界のかけらが浮かび上がってくる、とでもいうかのようだった。③私とべべは彼女の邪魔にならないよう、じっとおとなしくしていた。

〈小川洋子「百科事典少女」による〉

1 ══線ⓐは漢字に直して書き、══線ⓑは読み仮名を書きなさい。

2 ①すごいと思わない？　とありますが、そう考える理由を説明した次の文の□に当てはまる言葉を、文章中から十字で抜き出しなさい。

この世界では、し、で始まる物事がいちばん多く、し、が世界の□いるから。

3 ②ああ、最後の、ん、はどんなふうになってるんだろう。とありますが、この言葉にはRちゃんのどのような心情が表れていますか。次から一つ選び、記号で答えなさい。

ア　とまどい　イ　悲しみ　ウ　悩み　エ　期待

4 ③私とべべは彼女の邪魔にならないよう、じっとおとなしくしていた。とありますが、このときの「私」の心情を次から一つ選び、記号で答えなさい。

ア　百科事典に対するRちゃんの考えに反論したい。
イ　Rちゃんと共に「ん」の世界を想像したい。
ウ　「ん」の世界を想像するRちゃんをそっと見守りたい。
エ　百科事典だけでなく、Rちゃんといろいろな話をしたい。

1	2	3
ⓐ ／ ⓑ		
		4

第6回 予想問題 絶滅の意味

次の文章を読んで、問題に答えなさい。

解答 37ページ　15分　●4問中　問

だが実際には、ある生物の絶滅が生態系にどれくらいの影響を与えるかを推し量ることは、容易ではない。生態系の仕組みはたいへん複雑で、僅かな条件の違いがどのような結果を生むかの予測は極めて難しいのである。

例えば、①一種類の生物の絶滅が他の生物の絶滅を連鎖的に引き起こすこともある。昆虫の中には、あるきまった植物しか食べないものも多い。したがって、ある植物の絶滅がそれを食べる昆虫の絶滅、更にはその昆虫を食べる動物の絶滅を引き起こす可能性もある。場合によっては、ある一種類の生物の絶滅により、生態系全体の仕組みが壊れてしまうこともあるかもしれない。

そんな例として、ラッコの話がよく知られている。ラッコは、北の海にすむ愛らしい動物だが、その毛皮が高く取り引きされていたため、②たくさんのラッコが捕獲されて個体数がとても少なくなってしまった。ラッコはウニ類や貝類を食べている。ラッコの数が減ったことでウニ類や貝類が増加した。ウニ類や貝類はコンブのような海藻を食べている。ウニ類や貝類が増えた結果、海藻が激減してしまった。つまり、ラッコを捕りすぎた結果、海藻が海からなくなるということが起きてしまったのである。一見関係なさそうな生物の絶滅が、生態系全体に大きな影響を及ぼし、結果として私たちは生態系の恵みを受け取れなくなる可能性があるのだ。

もちろん、全ての生物がラッコのように、生態系やその働きに重大な影響を与えるわけではない。しかし、問題は、③どの生物が重要な役割を果たしているのかが分からないという点である。多くの場合、その生物が絶滅したり、極端に数を減らしたりということが起こって、初めてその生物が重要であったことが分かるのである。

〈中静 透「絶滅の意味」による〉

1 ①一種類の生物の絶滅が……引き起こすこともあるとありますが、筆者はその結果どのようなことも起こりうると述べていますか。文章中から十八字で抜き出しなさい。

2 ②たくさんのラッコが捕獲されて……少なくなってしまったとありますが、このことで最終的にどのようなことが起こりましたか。次の□に当てはまる言葉を、文章中から抜き出しなさい。

海藻が□ということ。

3 ラッコの例が教えてくれることが分かる一文を、――線②と同じ段落の中から抜き出し、初めの五字を書きなさい。

4 ③どの生物が重要な役割を果たしているのかが分からないのは、なぜですか。「生態系」という言葉を使って書きなさい。

1	2	3	4

第7回 予想問題　恩返しの井戸を掘る

次の文章を読んで、問題に答えなさい。

解答 37ページ　15分　●6問中　問

シェリフは、すぐに僕に注射を打ち、「サバ・パセ、サバ・パセ（大丈夫、すぐよくなるよ）。」と声を掛け続けてくれた。その言葉に、僕はどれだけ励まされたことか。

うわさを聞いた村人たちもお見舞いに来てくれる。陽気なおばちゃんたち、安心させるように見守る男たち、心配そうにドアや窓からのぞく子供たち。村の人、みんなに見守られていた。

「日本では、病気のときはおかゆを食べるんだ。」と話したら、翌日、おかゆを鍋いっぱいに作ってきてくれて、①飛び起きるほどびっくりした。

「ギニアでもおかゆを食べるのか。」と聞くと、「似たようなものはあるけど、こんなのは初めて。特別にこしらえた。」と言う。②おかゆに込められた思いが何よりうれしくて、僕は大声をあげて思いっ切り泣きたかった。

発病してから三日たっても血の混じった下痢が止まらない。③その間、シェリフはずっと僕に手持ちの薬と注射を与えてくれていた。

三日目の晩、僕が残り少ない薬のストックを見ながら、「マラリアの注射はどれ？」と聞くと、「ないよ。」と彼は言う。「えっ？　じゃあ、どうやって注射を打ってくれたの？」と聞くと、「タツに打ったのが最後だった。」と答える。一瞬訳が分からなかった。最後の薬？　もし、その薬がなかったら？　村人がマラリアになったら？　シェリフは三日間、あたりまえのように注射をしてくれていたが、村の最後のアンプルを僕のために使ってくれていたのだ。本当に申し訳ないことをさせてしまった。

〈坂本　達「恩返しの井戸を掘る」による〉

1　①飛び起きるほどびっくりした　について答えなさい。

(1)　筆者は、どのようなことに対して驚いたのですか。

(2)　筆者が「飛び起きるほど」驚いたのは、なぜですか。次から一つ選び、記号で答えなさい。

ア　それが自分の知っているおかゆとは全く別物だったから。

イ　ギニアでおかゆが食べられるとは思っていなかったから。

ウ　それが日本のおかゆに似た、ギニアのおかゆだったから。

エ　ギニアでも病気のときにはおかゆを食べると知ったから。

2　②おかゆに込められた思い　とは、どのようなものですか。次の□に当てはまる言葉を、文章中から指定された字数で抜き出しなさい。

「僕」をⅠ〈二字〉し、Ⅱ〈二字〉させようとする思い。

3　③その間、……与えてくれていた。について答えなさい。

(1)　「注射」がどのようなものかが分かる言葉を、文章中から四字で抜き出しなさい。

(2)　筆者は(1)のことを知り、村人に対してどのような思いになりましたか。文章中から一文で抜き出し、初めの五字を書きなさい。

1	2	3
(1)	Ⅰ	(1)
	Ⅱ	
(2)		(2)

第8回 予想問題　幸福について

次の文章を読んで、問題に答えなさい。

解答 38ページ　15分　6問中　問

トッポ　じゃあさ、「幸福とは何か」だけど、さっきも言ったように、喜びを感じることが幸福なんじゃないかな。

カイ　どうだろう。例えばさ、スポーツの練習をしてくたくたになって帰るとき、今日も頑張ったぞって、幸せな気持ちになることがあるけど、それはむしろ充実感でしょう。

トッポ　それも喜びじゃないの？

カイ　喜びとはちょっと違うよね。試合に勝ったときは喜びだけど、練習のときは充実感だよ。

トッポ　でもさ、おいしいものを食べてるときって幸せだけど、それは喜びでしょ？　充実感とは違うな。

グー　あのさ。二人とも、幸福ってその人の気持ちの問題だって、考えてるわけ？

カイ・トッポ　どういうこと？

グー　喜びとか充実感とか、とにかく何か幸福といえるような気持ちになっていれば幸せだし、そういう気持ちになってなければ幸せじゃないって、二人ともそう考えてるんだよね。

――私も、幸せなときってどんな気持ちだろうと考え始めていたから、この発言にはどきっとした。「幸せなときはどんな気持ちか」という問いは、幸福は気持ちの問題だということを前提にしている。だけど、その前提も疑ってみるべきなのかもしれない。

　議論していて楽しいのは、こんなふうに今まで考えていなかったことに気づかされるときだ。ほかの人の発言から何かを学ぼうとすること。その姿勢があれば、議論することがもっと楽しくなるはずだ。

〈野矢茂樹「幸福について」による〉

1　トッポとカイは、幸福とは何だと考えていますか。それぞれ十字以内で書きなさい。

2　どういうこと？とありますが、この直前のグーの問いかけにはどのような意図がありますか。次の□に当てはまる言葉を、文章中から指定された字数で抜き出しなさい。

幸福はⅠ〈六字〉だというⅡ〈二字〉を疑ってみるべきではないか。

3　筆者は、議論をしていて楽しいのはどのようなときだと述べていますか。文章中から抜き出しなさい。

4　議論にはどのような姿勢があるとよいと筆者は述べていますか。

1 トッポ	1 カイ	2 Ⅰ	2 Ⅱ	3	4

第9回 予想問題　初恋　次の詩を読んで、問題に答えなさい。

解答 38ページ　15分　●5問中　問

初恋

島崎藤村

まだあげ初めし前髪の
林檎のもとに見えしとき
前にさしたる花櫛の
①花ある君と思ひけり

やさしく白き手をのべて
林檎をわれにあたへしは
②薄紅の秋の実に
人こひ初めしはじめなり

わがこころなきためいきの
その髪の毛にかかるとき
③たのしき恋の盃を
君が情に酌みしかな

林檎畠の樹の下に
おのづからなる④細道は
誰が踏みそめしかたみぞと
⑤問ひたまふこそこひしけれ

---

1 ①花ある君 とありますが、「君」がまだ若い女性であることが分かる言葉を、第一連から九字で抜き出しなさい。

2 ②薄紅の秋の実 に込められたイメージを次から一つ選び、記号で答えなさい。

ア 燃えるように情熱的な恋。　イ 淡くみずみずしい恋。
ウ 甘く成熟した大人の恋。　エ 実る可能性のない苦しい恋。

3 ③たのしき恋の盃を／君が情に酌みしかな とは、どのような様子を表していますか。次から一つ選び、記号で答えなさい。

ア 二人で飲み物を飲みながら話している様子。
イ 「君」が「われ」の恋を応援している様子。
ウ 恋が実った喜びに酔いしれている様子。
エ 「われ」の恋心が冷めてしまった様子。

4 ④細道 が自然にできたのは、なぜですか。

5 ⑤問ひたまふこそこひしけれ とありますが、問いの内容を表す言葉を詩の中から抜き出し、初めと終わりの四字を書きなさい。

1	2	3	4	5
				〜

第10回 予想問題 万葉・古今・新古今

次の和歌を読んで、問題に答えなさい。

解答 38ページ　15分　●11問中　問

【万葉集】

A　東の野にかぎろひの立つ見えてかへり見すれば①月かたぶきぬ　柿本人麻呂

B　春の野にすみれ摘みにと来し我そ野をなつかしみ②一夜寝にける　山部赤人

C　信濃道は今の墾り道刈りばねに足③踏ましなむ沓はけ我が背　東歌

【古今和歌集】

D　新しき年の初めの初春の今日降る雪の④いやしけ吉事　大伴家持

E　ちはやぶる神世も聞かずたつた河から紅に水くくるとは　在原業平

【新古今和歌集】

F　さびしさはその色としもなかりけり真木たつ山の秋の夕暮　寂蓮法師

〈「万葉・古今・新古今」による〉

1　A〜Fの和歌の中から、枕詞を一つ抜き出しなさい。

2　①月かたぶきぬ　とありますが、月が見えている方角を次から一つ選び、記号で答えなさい。

ア　北　イ　南　ウ　西　エ　東

3　②一夜寝にける　とありますが、なぜ寝てしまったのですか。

4　③踏ましなむ　の意味を次から一つ選び、記号で答えなさい。

ア　お踏みにならないかもしれません
イ　お踏みになってしまうでしょう
ウ　お踏みになってはいけません
エ　お踏みになってください

5　④いやしけ　とありますが、どうなることを願っているのですか。次の□に当てはまる言葉を、現代語で書きなさい。

降り積もっている[Ⅰ]のように、[Ⅱ]ことが重なること。

6　Fの和歌の句切れを次から一つ選び、記号で答えなさい。

ア　初句切れ　イ　二句切れ　ウ　三句切れ　エ　四句切れ

7　次の鑑賞文に当てはまる和歌を選び、記号で答えなさい。

①　寂しさは特定の色から感じるのではないことを詠んでいる。
②　紅葉が川を流れる様子を色鮮やかに表現している。
③　旅に出る夫を気遣う妻の優しい気持ちを詠んでいる。
④　明け方の空の様子について、日と月を対照させて詠んでいる。

1	3	4	6
2		5 Ⅰ	7 ①
		Ⅱ	②
			③
			④

第11回 予想問題　おくのほそ道

次の文章を読んで、問題に答えなさい。

解答 39ページ　15分　●8問中　問

月日は百代の①過客にして、行き交ふ年もまた旅人なり。舟の上に生涯を浮かべ、馬の口とⓐらへて老いを迎ふる者は、日々旅にして、旅を栖とす。②古人も、多く旅に死せるあり。③予も、いづれの年よりか、片雲の風に誘はれて、漂泊の思ひやまず、海浜にさすらへて、去年の秋、江上の破屋に蜘蛛の古巣を払ひて、やや年も暮れ、春立てる霞の空に、白河の関越えんと、そぞろ神のものにつきて心をⓑ狂はせ、④道祖神の招きにあひて取るもの手につかず、股引の破れをつづり、笠の緒付け替へて、三里に灸据ゆるより、松島の月まづ心にかかりて、⑤住める方は人に譲り、杉風が別墅に移るに、

⑥草の戸も住み替はる代ぞ雛の家

表八句を庵の柱に掛けおく。

〈「おくのほそ道」による〉

1　━━線ⓐ・ⓑを現代仮名遣いに直し、全て平仮名で書きなさい。

2　①過客 と同じ意味の言葉を、文章中から抜き出しなさい。

3　②古人 のここでの意味を次から一つ選び、記号で答えなさい。

ア　他国で働き死んでいった、名もない人たち。

イ　先に死んでいった、懐かしい友人たち。

ウ　定住の地を持たずに、旅暮らしをしていた昔の人たち。

エ　生涯を旅人として生きた、詩歌の道の先人たち。

4　③予 は誰のことですか。名前を書きなさい。

5　④道祖神の招きにあひて取るもの手につかず とありますが、このときの作者の気持ちを、文章中から五字で抜き出しなさい。

6　⑤住める方は人に譲り とありますが、そのようにしたのはなぜですか。「旅」「覚悟」の言葉を使って、説明しなさい。

7　⑥草の戸 と同じものを表す言葉を、文章中から五字で抜き出しなさい。

1	2	4	5	6	7
ⓐ					
ⓑ	3				

第12回 予想問題 論語

次の文章を読んで、問題に答えなさい。

解答 39ページ 15分 ●7問中 問

A 子曰はく、「①過ちて改めざる、是を過ちと謂ふ。」と。

B 子曰はく、「君子は和して同ぜず。②小人は同じて和せず。」と。

C 子曰はく、「学びて思はざれば則ち罔し。思ひて学ばざれば則ち③殆ふし。」と。

D 子貢問ひて曰はく、「［　　］」と。子曰はく、「其れ④恕か。己の欲せざる所は、人に施すこと勿かれ。」と。

子貢問曰、「⑤有下一言而可二以終身行一レ之者上乎。」子曰、「其恕乎。己所レ不レ欲、勿レ施二於人一。」

〈「論語」による〉

1 ①過ちて……謂ふ。の内容を次から一つ選び、記号で答えなさい。

ア 過ちはどんなに小さなことでも、重大な過失だ。
イ 過ちと気づいても、それを改める者はまずいない。
ウ 過ちと気づいても改めないことが、重大な過失だ。
エ 過ちを繰り返さないためには、改心するべきだ。

2 ②小人 と反対の意味で使われている言葉を抜き出しなさい。

3 Bの「和」と「同」の意味を次から一つ選び、記号で答えなさい。

ア 「和」は「人と調和する」、「同」は「同調する」という意味。
イ 「和」は「仲良くする」、「同」は「同情する」という意味。
ウ 「和」は「和解する」、「同」は「同盟を組む」という意味。
エ 「和」は「賛成する」、「同」は「人と協調する」という意味。

4 ③殆ふし とありますが、なぜですか。

5 ④恕 について答えなさい。

(1) 「子貢」に何を問われて「子」が与えた答えですか。次から一つ選び、記号で答えなさい。

ア 一言で表現できて、簡単に実行できる先生の教え。
イ 人が一生実行するべき行いを一言で表したもの。
ウ 人生の師として、弟子に教えておきたい言葉。
エ 人が一生かかっても、実践することのできない行為。

(2) 「恕」とは、どのような気持ちですか。「子」の考えに即して具体的に書きなさい。

6 ――線⑤の書き下し文を、［　　］に当てはまるように書きなさい。

1	4	5 (1)	5 (2)	6
1				
2				
3				

第13回 予想問題

故郷

次の文章を読んで、問題に答えなさい。

解答 40ページ　15分　● 5問中　問

　私も横になって、船の底に水のぶつかる音を聞きながら、今、自分は、自分の道を歩いていると分かった。思えば①私とルントーとの距離は全く遠くなったが、若い世代は今でも心が通い合い、現にホンルはシュイションのことを慕っている。せめて彼らだけは、私と違って、互いに隔絶することのないように……とはいっても、彼らが一つ心でいたいがために、私のように、無駄の積み重ねで魂をすり減らす生活を共にすることは願わない。またルントーのように、打ちひしがれて心が麻痺する生活を共にすることも願わない。また他の人のように、やけを起こして野放図に走る生活を共にすることも願わない。希望を言えば、彼らは新しい生活を持たなくてはならない。私たちの経験しなかった新しい生活を。

　希望という考えが浮かんだので、私はどきっとした。たしかルントーが香炉と燭台を所望したとき、私は相変わらずの偶像崇拝だな、いつになったら忘れるつもりかと、心ひそかに彼のことを笑ったものだが、今、私のいう②希望も、やはり③手製の偶像にすぎぬのではないか。ただ彼の望むものはすぐ手に入り、私の望むものは手に入りにくいだけだ。

　まどろみかけた私の目に、海辺の広い緑の砂地が浮かんでくる。その上の紺碧の空には、金色の丸い月が懸かっている。④思うに希望とは、もともとあるものとも言えぬし、ないものとも言えない。それは地上の道のようなものである。もともと地上には道はない。歩く人が多くなれば、それが道になるのだ。

〈魯迅／竹内好・訳「故郷」による〉

1　①私とルントーとの距離は全く遠くなった　とありますが、この状態を表す言葉を、文章中から二字で抜き出しなさい。

2　「私」の考える②「希望」とは、どのようなことですか。次の□に当てはまる言葉を、文章中から指定された字数で抜き出しなさい。

　Ⅰ〈四字〉が、自分たちとは違うⅡ〈五字〉を持つこと。

3　③手製の偶像　とは、ここではどういうものですか。次から一つ選び、記号で答えなさい。

ア　自分が作り出して、自分の中だけで信じているもの。
イ　実現はとうてい不可能だと自分でも思っているもの。
ウ　限られた人しか見ることのできない神秘的なもの。
エ　すぐ消えてしまうような、はかないもの。

4　④思うに希望とは、……ないものとも言えない。とありますが、「私」は、「希望」が実現するためにはどうなることが必要だと考えていますか。簡潔に書きなさい。

1	2	3	4
	Ⅰ　　Ⅱ		

第14回 予想問題

いつものように新聞が届いた ——メディアと東日本大震災

次の文章を読んで、問題に答えなさい。

解答 40ページ　15分　● 6問中　問

「三・一一」のあの瞬間の前に戻りたいと思っても、戻ることはできない。私たちには、巨大な自然災害を察知し、コンクリートで制御できるという過信があったのかもしれない。①過去は変えられなくても、経験を今後に生かしていくことはできる。記者たちは、新聞が果たすべきこと、新聞に求められていることは何かを考え続けている。キーワードは「防災」「減災」だ。

例えば、津波の威力を伝えることで、防災意識を喚起する。高さ五十センチ、長さ二十メートル、秒速五メートルの津波を再現した実験では、膝の上に水の塊が当たった瞬間に人は前のめりに倒れ、一度バランスを失うと体のコントロールが利かない。男性の場合、高さ五十センチの津波に襲われると八割が、女性は三十センチで五割が流されるという。高さ一メートルの津波は木造家屋の一階をぶち抜き、二メートルの津波では全壊してしまう。②津波の脅威を繰り返し、そして具体的に伝え続けていかなければならない。

震災の記憶が薄れていく。「記憶の風化」だ。だが、これから起こりうる災害に対して、最大の備えは「忘れないこと」ではないか。あの震災で亡くなった人の無念や家族を失った人の苦しみをくみ取り、犠牲者を出さない方法を考えて発信する。それは、③被災地に生きる私たち一人一人、そして地元新聞社の使命ではないだろうか。東日本大震災の教訓をどう見いだし、災害に強い地域づくりをどう進めていくのか。震災を記憶にとどめることは、未来の社会につながると信じたい。

だからこそ、④記者たちは今もなお震災と向き合い、伝え続けている。

〈今野俊宏「いつものように新聞が届いた——メディアと東日本大震災」による〉

1 ①過去は変えられなくても、経験を今後に生かしていくことはできる。とありますが、経験を生かしてどのような意識を伝えようとしていますか。文章中から漢字二字で二つ抜き出しなさい。

2 ②津波の脅威を……いかなければならない。について答えなさい。

(1) 何のためですか。次から一つ選び、記号で答えなさい。
ア 過去の失敗を忘れるため。　イ 新聞の正しさを見せるため。
ウ 防災意識を高めるため。　エ 津波を怖がらないため。

(2) 具体的な伝え方の例を述べている部分を文章中から連続する三文で抜き出し、一文目の初めの五字を書きなさい。

3 ③被災地に生きる……地元新聞社の使命 とは、どうすることですか。文章中から一文で抜き出し、初めの五字を書きなさい。

4 ④記者たちは今もなお震災と向き合い、伝え続けている とありますが、何のためですか。「記憶」「未来」「災害」という言葉を使って書きなさい。

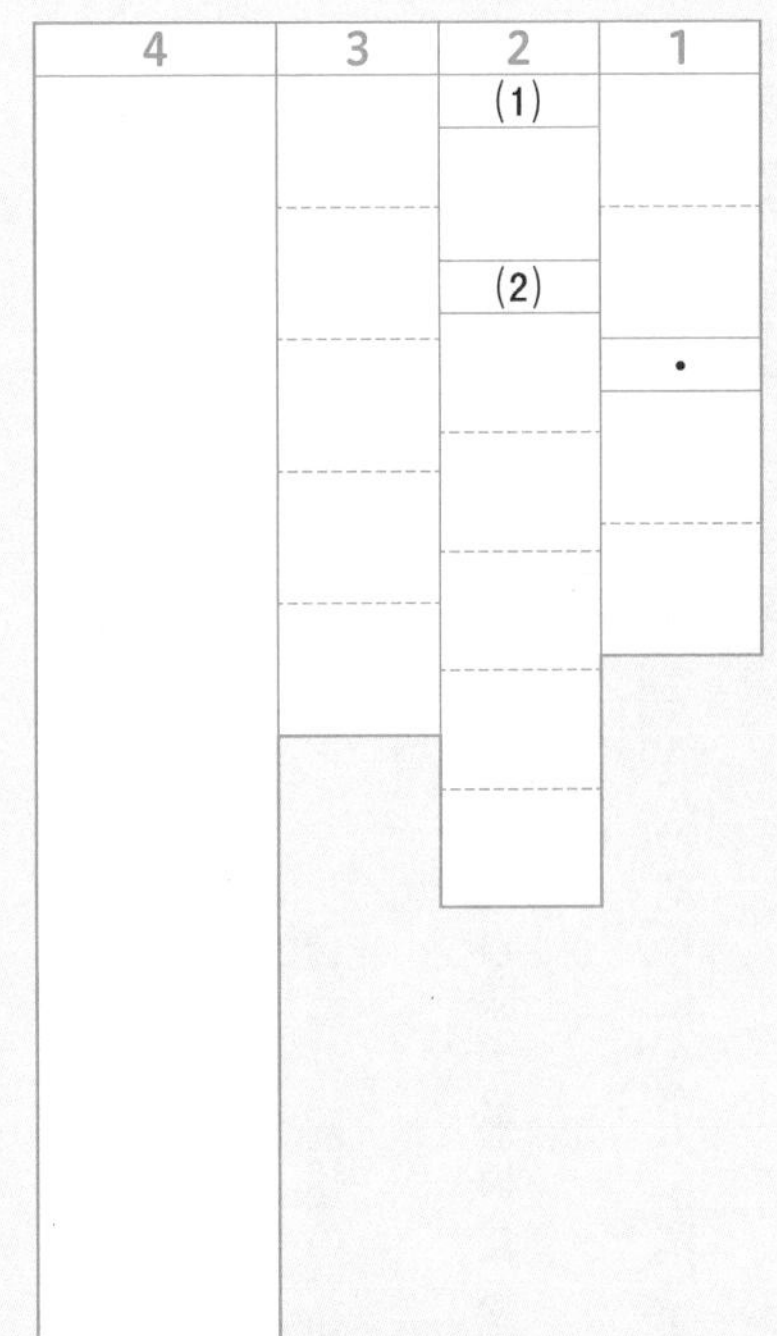

第15回 予想問題

最後の一句

次の文章を読んで、問題に答えなさい。

解答 40ページ　15分　●4問中　　問

「おまえの申し立てにはうそはあるまいな。もし少しでも申したことに間違いがあって、人に教えられたり、相談をしたりしたのなら、今すぐに申せ。隠して申さぬと、そこに並べてある道具で、誠のことを申すまで責めさせるぞ。」佐佐は責め道具のある方角を指差した。

　いちは指された方角をひと目見て、少しもたゆたわずに、「いえ、申したことに間違いはございません。」と言い放った。その目は冷ややかで、その詞は徐かであった。

「①そんなら今一つおまえにきくが、身代わりをお聞き届けになると、おまえたちはすぐに殺されるぞよ。父の顔を見ることはできぬが、それでもいいか。」

「よろしゅうございます。」と、同じような、冷ややかな調子で答えたが、少し間を置いて、何か心に浮かんだらしく、「お上のことには間違いはございますまいから。」と言い足した。

　佐佐の顔には、不意打ちに遭ったような、驚愕の色が見えたが、それはすぐに消えて、険しくなった目が、いちの面に注がれた。②憎悪を帯びた驚異の目とでもいおうか。しかし佐佐は何も言わなかった。

　次いで佐佐は何やら取調役にささやいたが、間もなく取調役が町年寄に、「御用が済んだから、引き取れ。」と言い渡した。

　白洲を下がる子供らを見送って、佐佐は太田と稲垣とに向いて、「生い先の恐ろしい者でござりますな。」と言った。心の内には、哀れな孝行娘の影も残らず、人に教唆せられた、愚かな子供の影も残らず、ただ氷のように冷ややかに、刃のように鋭い、いちの最後の③詞の最後の一句が反響しているのである。

〈森鷗外「最後の一句」による〉

1　責め道具を見せても動じない、いちの様子を表した言葉を、文章中から十字以内で抜き出しなさい。

2　①そんなら今一つおまえにきく　とありますが、佐佐がいちに尋ねたことを簡潔に書きなさい。

3　②憎悪を帯びた驚異の目　を、佐佐がいちに向けたのは、なぜですか。次から一つ選び、記号で答えなさい。

ア　いちの言葉に、願いを取り消さない強情さを感じたから。

イ　いちの言葉に、父親への献身と思いやりを感じたから。

ウ　いちの言葉に、お上に対する反抗と皮肉を感じたから。

エ　いちの言葉に、大人にも負けないほどの冷静さを感じたから。

4　③最後の一句　が指している言葉を、文章中から抜き出しなさい。

1	2	3

4

教科書ワーク 国語 特別ふろく①

無料アプリ

どこでもワーク

こちらにアクセスして，ご利用ください。
https://portal.bunri.jp/app.html

スキマ時間で国語の知識問題に取り組めるよ！

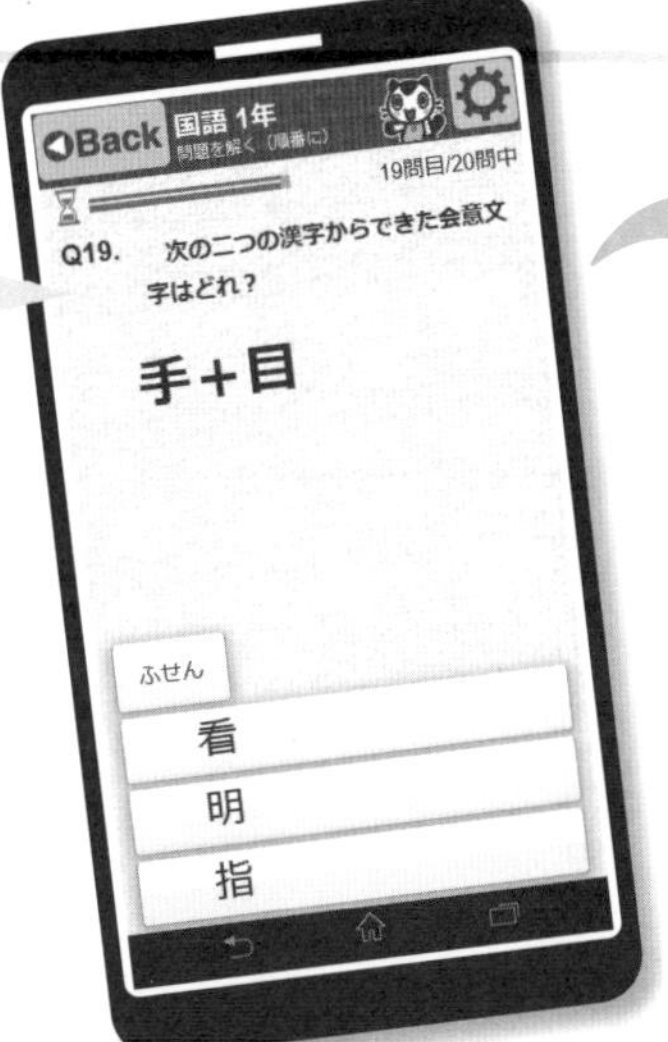

Back
国語 1年
問題を解く（順番に）
A19.　19問目/20問中
【会意文字】
二つ以上の字を組み合わせて新しい意味を表す漢字。「看」は，「手」と「目」を組み合わせて作った会意文字。
「指」は形声文字（「扌」＋「旨」）。
「明」は会意文字（「日」＋「月」）。
ふせん
次の問題
○ 看
× 明
× 指

丁寧な解説つき！

解答がすぐに確認できる！

間違えた問題は何度もやり直せるよ！

無料ダウンロード

ホームページテスト

無料でダウンロードできます。
表紙カバーに掲載のアクセスコードを入力してご利用ください。
https://www.bunri.co.jp/infosrv/top.html

問題▶

国語 1年 第4回

▼解答

解答が同じ紙面にあるから採点しやすい

文法や古典など学習内容ごとにまとまっていて取り組みやすい！

解説も充実！

注意　●アプリは無料ですが，別途各通信会社からの通信料がかかります。
● iPhone の方は Apple ID，Android の方は Google アカウントが必要です。対応 OS や対応機種については，各ストアでご確認ください。
●お客様のネット環境および携帯端末により，アプリをご利用いただけない場合，当社は責任を負いかねます。ご理解，ご了承いただきますよう，お願いいたします。

中学教科書ワーク 解答と解説

東京書籍版 国語3年

この「解答と解説」は、取りはずして使えます。

生命は

2〜3ページ ステージ1

教科書の要点

❶〔順に〕イ・イ

❷①虫　②風　③花　④虻〔③・④は順不同〕

❸そして明日は／誰かが／私という花のための／虻であるかもしれない

❹①花　②虫　③欠如　④虻

おさえよう　〔順に〕イ・イ・ア

基本問題

1 (1) 生命
(2) ウ

2 欠如・他者

3 例1 すべて欠如を抱いており、それを他者から満たしてもらうことで存在しているもの。
例2 自分自身だけでは完結できないようにつくられており、欠如を他者から満たしてもらって成り立っているもの。

解説

1 ——線①は、生命が、自分自身だけでは完結できない例として示されている。花という生命が成り立つためには、めしべとおしべがあるだけでは不充分で、虫や風が、めしべとおしべの受粉の仲立ちをして完結することを表している。

2 重要 ——線②は、第二連の三行の内容を比喩表現を用いて表しており、「生命」を「花」に、「他者」を「虻」にたとえている。

3 記述対策

・考え方…「生命」を「生命は」で始まる第一連の最初の三行と、第二連に着目して考える。

・書き方…生命は「自分自身だけでは完結できない」または「欠如を抱き」という部分と、「他者から満たしてもらう」という部分の二点を押さえてまとめる。

二つのアザミ

4〜5ページ ステージ1

漢字と言葉

1 ❶かたすみ　❷ゆ　❸さ　❹みりょく　❺は

2 ❶魅力　❷片隅　❸咲　❹揺

3 ❶オ　❷エ　❸ア　❹ウ　❺イ

教科書の要点

❶イ

❷①宮沢賢治　②梶井基次郎

❸①野の花　②明　③暗　④言葉〔②・③は順不同〕

❹①すてきに背高　②音楽　③裸足　④闇　⑤言葉　⑥本物
⑦世界の見方　⑧育てて　⑨新しい

おさえよう　〔順に〕ア・イ・ア

6〜7ページ ステージ2

1 片仮名の花

2 すてきに背高の薊
3 ウ
4 闇に沈んだ見えない「薊」（というイメージ）
5 イ

✪解説

1 花の姿や名前の音にふさわしい漢字が思いつかず、アザミは筆者の「頭の中で片仮名の花として咲いて」いたのである。

2 「すてき」「背高」の両者を組み合わせて、アザミのような花の上に載せるなど、想像したことさえなかった、と筆者は述べている。自分の想像を超えた表現に魅力を感じたのである。

3 「それ」は、「すばらしく背の高いアザミ」を指す。宮沢賢治の「すてきに背高の薊」という表現が、「それ」をもっと簡潔にし、リズミカルで新鮮な印象を与える表現になっているということを述べている。

4 直後でこの表現について、「(宮沢賢治の表現とは) まるで正反対の、……というイメージを付け加えてくれた」と述べている。

5 **重要** 筆者の体験を踏まえると、「世界の見方」とは、本物のアザミの見方や捉え方のことに当たる。言葉としての「薊」に触れ、そのイメージが豊かになったことで、本物のアザミがより美しく見えるようになったのである。

俳句の読み方、味わい方／俳句五句

8～9ページ ステージ1

漢字と言葉

1 ❶はら ❷ふんいき ❸ぎじんほう ❹ほ ❺よいん ❻わず

2 ❶擬人法 ❷余韻 ❸雰囲気 ❹僅（別解 僅）❺穂 ❻払

3 ❶オ ❷ウ ❸エ ❹イ ❺ア

教科書の要点

❶ ①五 ②七 ③五 ④自由律 ⑤季節 ⑥無季 ⑦有季定型 ⑧歳時記 ⑨切れ ⑩余韻

❷ ①取り合わせ ②季語 ③一物仕立て ④擬人法

❸ ①春 ②や ③囀 ④春 ⑤かな ⑥すすき ⑦秋 ⑧かな

❹ ①闘志 ②春風 ③や ④歯 ⑤万緑 ⑥や ⑦雲 ⑧赤蜻蛉 ⑨けり ⑩ひかり ⑪冬菊 ⑫山

おさえよう 〔順に〕イ・ア・イ

10～11ページ ステージ2

✪

1 や・上五
2 たんぽぽ
3 Ⅰ明るい日差しやのどかさ Ⅱ日永の気分
4 季語とともに、一見無関係に思える事柄を詠み込む方法
5 Ⅰア Ⅱ春らしい生命感にあふれた季語
6 擬人法
7 かな
8 Aウ Bア
9 ①A ②B ③B ④A

✪解説

3 「上五は……連想させます」、「中七・下五は、……伝えています」とある。

6 人間以外のものを人間のようにたとえるのが擬人法。たくさんの鳥の囀をこぼさないように抱きとめている大樹の姿が表されている。

8 Aの句の切れ字は「や」であり、「『たんぽぽ』を印象づけるとともに明確な切れを示します」とある。Bの句の切れ字は「かな」であり、「『囀をこぼさじと抱く大樹』をしっかりと受け止め、根を張るような安定感をもたらす」とある。

9 **重要** ③Bは、大樹がたくさんの鳥の囀を抱きとめていると捉えた擬人法が効果的な句である。④Aの句は、「たんぽぽや」と「日

はいつまでも大空に」の二つの部分に分かれている。地上のたんぽぽと大空の太陽を取り合わせて、大きな空間を描いた句である。

12〜13ページ ステージ3

❶ 1 有季定型　2 ア
3 はらりとおもき
4 例1 薄が重そうな印象になることを避け、「はらりと」という感触を伝えるため。
例2 「はらりと」という感触から感じ取った薄のかすかな重さを表現するため。
5 イ

❷ 1 闘志　2 や
3 ①緑　②白　③生命力　④喜び
4 取り合わせ
5 季語…冬菊　季節…冬
6 ウ
7 自由律（の俳句）
8 ①A　②C

解説

❶ 2 この句の切れ字は「かな」である。切れ字には言葉を印象づけたり、イメージを広げたりする効果があるが、ここでは「かな」と柔らかく言い止めることで、余韻を生み出す働きをしている。

4 記述対策
・**考え方**…鑑賞文中に、漢字で書くと重そうに感じられ、「はらりと」という感触が伝わらない、とある。薄が重そうな印象になることを避けるために、全て平仮名にしたのだと考えられる。
・**書き方**…「『はらりと』という感触を伝える」などの内容を入れて、平仮名で表した目的をまとめる。

5 軽いと思って手にした薄の意外な重さから、かすかな重みの手応えを感じ取ったのだと考えられる。

❷ 3 一面に広がる「緑」と我が子の歯の「白」という色彩や大きさを対比させている。豊かな生命力を感じさせる句である。

6 「冬菊」が「まとふ」としている部分に擬人法が用いられている。

8 重要 Aは、春という季節と「闘志」を取り合わせ、新たなことに挑む気持ちを表現している。Cは、冬になり、周りの花が枯れるなか、自らの光だけを身にまとい咲いている冬菊の美しさが印象的な句である。

日本語探検1 和語・漢語・外来語／漢字道場1 他教科で学ぶ漢字(1)

14〜15ページ ステージ1

漢字

❶ ❶とんでんへい　❷かいたく　❸ちょくご　❹つがる　❺かいきょう　❻らくのう　❼じゅうそう　❽かんづめ　❾ねんざ

❷ ❶勅語　❷海峡　❸重曹　❹屯田兵　❺捻挫　❻缶詰　❼開拓　❽酪農　❾津軽

教科書の要点 日本語探検1

❶ ①平仮名　②訓（読み）　③中国　④外国語　⑤使用範囲　⑥意味の違い（別解ニュアンス）　⑦外来語

基本問題 日本語探検1

1 ①スピード　②挑戦（する）　③ルール　④泳ぎ（別解泳ぐ）　⑤調査（する）　⑥歩き（別解歩く）
2 ①漢語　②和語　③和語　④外来語　⑤漢語　⑥和語　⑦漢語　⑧外来語
3 ①ア　②ウ　③イ　④ア　⑤ア　⑥ウ　⑦イ　⑧ア　⑨ウ　⑩ア
4 ①明らか　②購入する　③買い物　④キャンセル　⑤開始

解説

基本問題 日本語探検1

3 漢字を音読みする語は漢語、漢字を訓読みする語は和語である。①

「ふたり」は熟字訓なので和語。③「シュウヘン」は音読みなので漢語。④「まつ」、⑤「ながい」、⑩「いでたち(出で立ち)」は訓読みなので和語。

4 ④「解約」は予約や約束を取り消すこと。⑤「スタート」を和語に直すと、「始まる」などとなる。

形

16〜17ページ　ステージ1

1 漢字と言葉

❶ごきない　❷はな　❸げきろう　❹あらし　❺かしら　❻なんばんてつ　❼うら　❽とら

2 ❶五畿内　❷南蛮鉄　❸激浪　❹華　❺恨　❻嵐

3 ❶ウ　❷ア　❸エ　❹イ

教科書の要点

1 ①侍大将　②槍中村　③功名　④猩々緋

2 〔右から順に〕2・4・3・1

3 ①脅威　②信頼　③高らか　④肝魂　⑤吹き分けられる　⑥誇り　⑦びくとも　⑧たけり　⑨勝手　⑩後悔

おさえよう 〔順に〕ア・イ

18〜19ページ　ステージ2

★

1 (1) イ

(2) 例新兵衛の猩々緋と唐冠のかぶとを貸してほしいということ。

2 育むような慈顔　**3** ウ

4 (なんぞ)華々しい手柄をしてみたい

5 ウ　**6** 若い侍

7 イ

8 猩々緋(別解羽織)・唐冠(のかぶと)〔順不同〕

9 かなり大きい誇り

★解説

1 (1)「美男の侍」は、「新兵衛の主君松山新介の側腹の子」である。

(2)「御身様の猩々緋と唐冠のかぶとを貸してたもらぬか」が、願い出た内容である。

2 新兵衛が若い侍に向ける表情に着目する。「慈しみ育ててきた」愛情が、「育むような慈顔」に表れている。

3 「念もない」とは、ここでは「たやすい。容易である」という意味。「高らかに笑っ」ていることからも、新兵衛の軽い気持ちが受け取れる。

4 「功名心」とは、手柄を立てて有名になろうとする気持ち。若い侍の言葉に「華々しい手柄をしてみたい」とある。

5 ――線⑤の後に着目する。「中村新兵衛の形」である猩々緋の羽織と唐冠のかぶとを借りるからには、新兵衛のような「肝魂」、すなわち度胸(実力)がないと力を発揮できないと、若い侍を激励している。

7 ――線⑦の前の部分に着目する。「いつものように猩々緋の武者が……」とあり、敵は若い侍が着けている猩々緋を見て、いつもの猩々緋の武者がやってきたと感じたのである。

8 「猩々緋」と「唐冠のかぶと」を若い侍が身に着けているが、いつもは新兵衛が身に着けているものなので、「自分の形」と言っている。

9 重要 猩々緋の武者(若い侍)の活躍を眺めていた新兵衛は、自分の「形」だけすら力があることを知り、「かなり大きい誇り」を感じている。

20〜21ページ　ステージ3

★

1 黒革縅の鎧・南蛮鉄のかぶと〔順不同〕

2 ウ　**3** イ

4 (1) Ⅰ羊・おじけ　Ⅱ対等・勇み

(2) 例1 猩々緋や唐冠のかぶとを身に着けていなかった
例2 いつもの「形」ではなかった

5 (1) 例1 大切なのは「実力」であり、「形」自体には力はないと思っていた。
例2 自分に「実力」があるからこそ、「形」も力を持つと思っていた。

(2) ウ

6 エ

解説

1 新兵衛は、その日に限って「黒革縅の鎧」と「南蛮鉄のかぶと」を身に着けている。

2 ――線②を含む文の後に着目する。「形」にまで影響を与える自分の強さに対して、誇りを感じていることが分かる。

3 「形」の持つ力は、自分の実力があってこそだと思っていたときの気持ちである。

4 (1) 猩々緋の武者の前では浮き足立っていた敵陣が、新兵衛の前ではびくともせず、そのうえにたけり立っていたのである。

(2) 敵兵は、「猩々緋」と「唐冠のかぶと」という「形」で新兵衛を認識していたので、**黒革縅を身に着けた新兵衛をいつもの猩々緋の武者とは気づかず、**恐れなかったのだ。

5 (1) 記述対策

- **考え方**…新兵衛は、「形」は自分の「実力」を象徴するものでしかないと考えていた。
- **書き方**…「実力」がだいじであり、「形」だけでは力を持たない、という内容をまとめる。

(2) **重要** 「猩々緋」という「形」を身に着けた武者には敵が浮き足立ったが、「形」を身に着けていない新兵衛にはびくともしなかった。このことから、「形」はそれだけで力があり、今までそれに助けられていたことに新兵衛は気づきかけ、後悔するような気持ちになったのである。

6 この作品は、「形」は中身に付随するものにすぎないと思っていた主人公が、「形」を失うことでその力の大きさに気づくが、時既に遅く命を落としてしまうという悲劇を描いている。

百科事典少女

22～23ページ ステージ1

漢字と言葉

1 ①いす ②ゆいいつ ③だいたん ④はいざい ⑤りょうかい ⑥こうもく ⑦ようさい ⑧たんさく ⑨しゅういつ ⑩ぼんよう ⑪しいてき ⑫ちみつ

2 ①舗装 ②遠慮 ③休憩 ④完璧 ⑤渇 ⑥凝

3 ①イ ②ウ ③ア

教科書の要点

1 ①読書休憩室 ②うそ ③本当 ④百科事典 ⑤Rちゃん

2 〔右から順に〕3・1・4・2

3 ①紳士 ②いきいき ③本当 ④うそ ⑤Rちゃん ⑥手提げ袋 ⑦永遠 ⑧信じられない

おさえよう 〔順に〕イ・ア

24～25ページ ステージ2

1 おしゃべり～としていた

2 登場人物の～たりした。（別解 ったりした）

3 秘密 4 ウ

5 (1) イ

(2) 例 百科事典につまらないページなど一切存在しないと考えていたから。

6 ウ

解説

1 Rちゃんの様子は、――線①の前の「読書休憩室で彼女は、……」で始まる一文に具体的に書かれている。

2 「私」とRちゃんは、本を読んでお互い区切りのいいところまで来ると、登場人物の性格の議論をしたり、ストーリー展開の批判をしたり、次に読む本をアドバイスし合ったりしていた。

3 読書休憩室での二人の親密さを秘密にしておかないと、もう二度と読書休憩室に入れないのだと、**二人は固く信じていた**のである。二人にとって読書休憩室やそこで過ごす時間は特別なものであり、秘密にすることで親密さはいっそう強められただろう。

4 **重要** Rちゃんは、「私」がうっとりする〝うそのお話〟に対して、「手厳しい言葉を浴びせた」とある。その「手厳しい言葉」とは、「ご都合主義。」「甘ったるい。」などの言葉のことである。「手厳しい」とは、「容赦がなく、とても厳しい」こと。

5 (1) Rちゃんは、巻の順番を変えたりページを飛ばしたりせず、「きちょうめんに、根気強く、一ページずつめくっていった」のだ。

(2) 「彼女に言わせれば」の後のRちゃんの言葉に着目する。

6 Rちゃんは「熱中してくると」、椅子からお尻が少しずつ浮き上がり、やがて——線⑥のような姿勢になっている。Rちゃんの姿勢の変化から、読んでいるうちに百科事典にどんどん熱中していく様子が伝わってくる。

26〜27ページ ステージ3 (1)

★

1 例（第一巻から順番に、一ページずつ、一字残らず全部、）大学ノートに鉛筆で書き写していた。

2 イ

3 例1 百科事典の中
例2 百科事典の世界

4 ア・エ

5 Rちゃんのときと同じ

6 例1 百科事典を読む紳士おじさんの姿がRちゃんのように見えてきたから。
例2 紳士おじさんを見ていると、そこにRちゃんがいるように感じられてきたから。

★解説

1 直後の一文に、紳士おじさんが百科事典を読みながらしていたことが書かれている。

2 ——線②の直前に、「余計な口出しをせずに見守りたいという静かな理解が含まれていた」とある。「父」は、**百科事典を書き写す紳士おじさんの気持ちを理解していた**のだ。紳士おじさんの気持ちについては、後に「かつて娘（Rちゃん）が……踏みしめる。」とあることから考える。

3 「そこ」を含む一文の直後に「同じページの中で」とあるので、百科事典の中のことだと分かる。——線③以降では、百科事典に書かれている言葉の世界を「私」が想像した様子が書かれている。

4 **重要** ——線④の後の「かつて娘が……踏みしめる。」の文に着目する。かつて娘が読んだページでは娘の気配を探し、娘が読めなかったページでは、**娘の身代わりとなって読み**、娘が望んでいたことを代わりに実現しようとしている。

5 「私」は紳士おじさんを離れたところから見つめていたが、「べべ」はRちゃんのときと同じように近くに寝そべっていた。

6 記述対策
- **考え方**…——線⑥の後の、紳士おじさんの姿がRちゃんの残像と重なり合い、二人が一つの影となって百科事典を旅しているという内容に着目する。
- **書き方**…紳士おじさんが、「Rちゃんと重なって見えた」あるいは「Rちゃんがそこにいるように感じた」ことが書かれていればよい。

28〜29ページ ステージ3 (2)

★

1 ウ　**2** エ

3 手提げの中にもう一つ百科事典を作ろうとしているかのようだった

4 (1) 例1 終わりは来ないのではないかという不安と、終わらないでほしいという願いが入り混じった気持ち。
例2 終わりは来ないのではないかという不安と、永遠に続くことを願う気持ち。
(2) 本当に終わりが来るなんて、と信じられない思い

5 拳を震わせ

6 例1 Rちゃんが生きたあかしを確かめ、望みを代わりにかなえることができたと感じたから。
例2 Rちゃんがいた世界を自分の手もとに全て納めることができたと感じたから。

7 楽しみにしていた

解説

1 **重要** ——線①の後の「私」の言葉に「百科事典は大丈夫です。」とある。「百科事典」を気にしてやってきた紳士おじさんの思いを察してかけた言葉であると分かる。

2 ——線②に続けて、「店主たちは皆黙って紳士おじさんの姿を見守った」とある。「父」と同じ思いだったと考えられる。

3 手提げ袋に、「まるでアーケードの中に散らばる世界のかけらたちを拾い集め」、もう一つの百科事典を作ろうとしているかのようだったのだ。紳士おじさんにとってRちゃんの手提げ袋の中身を充実させることは、百科事典を書き写す作業と同じように、Rちゃんがいた世界を全て集めるという行為であることが分かる。

4 (1) 記述対策
・**考え方**…まだ紳士おじさんが百科事典を書き写し終えていない、文章の初めの部分に着目する。
・**書き方**…「終わりは来ないのではないだろうか」という「不安」と、一方で「永遠を願う」という気持ちが書けていればよい。

6 記述対策
・**考え方**…「Rちゃんのいる世界を納めた」とある。「納める」は「しまっておく」ということであり、Rちゃんの思いを感じることができる百科事典をノートに書き写し終えることができたので、二度と来ることはなかったのだと考えられる。
・**書き方**…「Rちゃんの生きたあかしを確かめ、望みを代わりにかなえた」「Rちゃんがいた世界を全て納めた」という、百科事典を書き写し終えたことの意味を押さえた内容であればよい。

評価しながら聞こう／日本語探検2 間違えやすい敬語

30〜31ページ ステージ1

基本問題 評価しながら聞こう

1 交通安全・自転車
2 イ　3 ア・イ・エ

教科書の要点 日本語探検2

1 ①謙譲語 ②尊敬語 ③謙譲語 ④尊敬語 ⑤謙譲語
⑥尊敬語 ⑦謙譲語

基本問題 日本語探検2

1 ①A ②B ③A ④A ⑤B

2 ①お帰りになった（別解帰られた） ②ご覧になり（別解見られ）
③なさっ（別解され） ④いただき（別解ちょうだいし）
⑤お持ちし（別解お持ちいたし）

3 ①ご連絡ください ②おり ③嫌い ④ご利用になれ
⑤召しあがり（別解お食べになり・食べられ） ⑥お送りし
⑦いらっしゃい（別解おいでになり・来られ・お越しになり）
⑧お帰りになる（別解帰られる）

解説

基本問題 評価しながら聞こう

3 二つ目の段落で「なぜかというと」と提案の根拠を明らかにしている。最初の段落で提案内容、二つ目・三つ目の段落でその根拠、四つ目の段落で提案を繰り返すという分かりやすい構成になっている。また、二つ目の段落では自分の経験が述べられている。

1 **基本問題** 日本語探検2

1 ①「ご……になる」は尊敬語。②「お……する」は謙譲語。身内の動作には謙譲語を用いる。

2 ②「見る」の尊敬語は、「ご覧になる」。謙譲語の「拝見する」と間違えやすいので、注意が必要。

3 ①「ご……してくださる」は謙譲語＋尊敬語なので誤り。③敬意を表す相手側のものであっても動物には敬語を使わない。⑤敬語が「召しあがる」「お……になる」「れる」と三重になっている。⑥「私」が「先生」に送るので、謙譲語を使う。⑦「先生」が来ることを言っているので、尊敬語を使う。⑧「田中様」が帰ることを言っているので、尊敬語を使う。

32〜33ページ ステージ1 漢字道場2 熟語の構成・熟字訓

漢字

1 ❶おうとつ ❷しゅんえい ❸しゅくしゅく ❹ちゆ ❺たいしゃく ❻こんじゃく ❼すいとう ❽ちゅうすう ❾つ ❿さんろく ⓫きが ⓬こんしんかい ⓭さみだれ ⓮かたず ⓯おば ⓰おじ

2 ❶珠玉 ❷娯楽 ❸首都圏 ❹匿名 ❺喫茶 ❻要旨 ❼多寡 ❽開墾

教科書の要点

1 ①対になる ②似た意味 ③主・述 ④連体修飾 ⑤連用修飾 ⑥下

2 ①対等 ②一字 ③二字 ④二字 ⑤一字

基本問題

1 ①イ ②オ ③カ ④ア ⑤ケ ⑥ク ⑦ウ ⑧キ ⑨エ

2 ①エ ②ア ③ウ ④イ ⑤ウ ⑥エ

3 ①不 ②的 ③無 ④非 ⑤化 ⑥未

4 ①ウ ②イ ③ア ④エ ⑤イ ⑥エ

5 ①あずき ②なだれ ③しない ④かぜ

解説

1 ③「切望」の「切」は「切実に」という意味で、「望（む）」を修飾している。④「点」は「（火が）ともる」、「滅」は「消える」という意味。⑤「特急」は「特別急行」を省略したもの。⑥「化」はさまざまな語の後に付いて、「……の状態になる」という意味を表す接尾語。⑧「匿」は「隠す」という意味。

2 ①ア「連続」、イ「温暖」、ウ「新鮮」は二字が似た意味を持つもの。エ「協」は「合わせる」という意味の字。「力」は「協」の対象を示している。②イ「理性」の「性」、ウ「劇的」の「的」、エ「必然」の「然」はいずれも接尾語。ア「仮定」は連用修飾・被修飾の関係にあるもの。③ア「作文」は「文を作る」、イ「開会」は「会を開く」、エ「就職」は「職に就く」、いずれも下の字が対象や目的を示している。ウ「清流」は連体修飾・被修飾の関係にあるもの。④ア「明暗」、ウ「緩急」、エ「真偽」は二字が対になるもの。イ「永久」は二字が似た意味を持つもの。⑤ア「雷鳴」は「雷が鳴る」、イ「地震」は「地が震える」、エ「気絶」は「気（意識）が絶える」となり、いずれも主・述の関係にあるもの。ウ「突然」は「然」という接尾語が付いたもの。⑥ア・イ・ウは、それぞれ「私立学校」、「国際連合」、「入学試験」を省略したもの。エ「人造」は主・述の関係にあるもの。

3 「未」は「まだ……ない」、「非」は「……ではない」、「不」は「……ない」、「無」は「……がない」、「化」は「……の状態・性質になる」、「的」は「……の傾向がある」という意味。

34〜35ページ ステージ1 絶滅の意味

漢字と言葉

1 ❶きょうりゅう ❷せいれき ❸か ❹ばっさい

⑤どじょう ⑥えさ（別解え） ⑦じゅんかん ⑧こうけん
⑨れんさてき ⑩かいそう ⑪だとう ⑫ふんきゅう

2 ❶昆虫 ❷噴火 ❸浄化 ❹抑制 ❺均衡 ❻遮

3 ❶ウ ❷ア ❸イ

教科書の要点

❶ 四万

❷ 生物・大気・環境・全体

❸ バランス

❹ ①恐竜 ②スピード ③原因 ④生態系 ⑤生存に不可欠な基盤 ⑥出自（別解民族） ⑦見過ごして ⑧恩恵（別解恵み） ⑨不可逆的

おさえよう 〔順に〕ア・イ・イ

36～37ページ ステージ2

❶ 1 スピード・原因〔順不同〕 2 エ

3 例火山の大噴火、隕石の衝突、あるいは、それらによって起きた環境変化。

4 人間

❷ 1 互いに影響し合ってバランスを保っている

2 相互作用 3 ウ

解説

❶ 1 最初の一文に着目する。

2 **重要** ――線①と同じ段落内で、「現代の絶滅」が「過去の地球の歴史ではありえないくらい速いスピード」で起こっていることが述べられている。

3 ――線②の直後に述べられている。

4 ――線③を含む文の終わりに「人間が引き起こしたことなのである」と述べられている。過去の絶滅の原因は火山の大噴火、隕石の衝突、あるいはそれらによる環境変化であったが、現代の絶滅の原因は人間の行為だということを捉える。

❷ 1 ――線①の後の一文「生態系において、全ての生物は、……互いに影響し合ってバランスを保っている。」に着目する。

2 「生物どうしのこうした結び付き」は、**自身の生存や繁殖を他の生物に依存している関係**を表している。このことを表した言葉が「互いに影響し合ってバランスを保っている」であり、最後の段落の一文目で「相互作用」と言い換えられている。

3 **重要** 最後の段落に着目し、私たち人間も他の生物と同じように**生態系を構成する一員**であり、**生態系に支えられて生きている**ことを読み取る。

38～39ページ ステージ3

✪ 1 (1) 例絶滅してもかまわない生物もいるのではないか（、という主張）。

(2) 例1生態系の仕組みは複雑だから、ある生物の絶滅が生態系にどのような影響を与えるか推し量るのは難しい。例2複雑な生態系において、ある生物の絶滅が与える影響を推測するのは容易ではない。

2 (1) イ (2) ウニ類や貝類・海藻

3 エ 4 ①発見 ②有用 ③生存に役立つ

5 ウ

解説

✪ 1 (1) ――線①の直後の一文に着目する。

(2) **記述対策**

- **考え方**…【 】の内容は、一つ目の段落が「絶滅してもかまわない生物もいるのではないか」という主張、二つ目の段落が筆者の反論、三つ目の段落が反論の根拠となる具体例。
- **書き方**…①生態系の仕組みが複雑だということ、②生物の絶滅がどれくらいの影響を与えるか予測が難しい、という二点をまとめる。

2

(1) 前の段落には連鎖的な絶滅のことが述べられているが、ラッコは絶滅したわけではないので、「絶滅」という言葉を用いているア・ウは誤り。

(2) ラッコの減少→ウニ類や貝類の増加→海藻の激減という流れを読み取る。

3 「だが実際には、……」で始まる三つ目の段落に、生態系が複雑であるため、ある生物の絶滅が生態系にどれくらいの影響を与えるか推測するのは難しい、ということが述べられている。

4 ――線④の前に、新たな食料や医薬品として人間の生存に役立つ可能性がある生物がいるかもしれないことが述べられている。

5 **重要** 最後の段落に着目する。「不可逆」とは「元に戻れない」ということ。生態系に大きな被害が出ても、一度生物が絶滅したら、それを復活させることはできないのだ。

編集して伝えよう／日本語探検3 連語・慣用句

40〜41ページ ステージ1

漢字

1 ❶かくとうぎ ❷かさ ❸さいはい

2 ❶采配 ❷格闘技 ❸傘

基本問題 編集して伝えよう

1 ア・イ

2 青山…ウ 川口…イ 木村…ア

3 ウ

基本問題 日本語探検3

1 ①エ ②ア ③カ ④ウ ⑤キ ⑥オ ⑦ク ⑧イ

2 ①イ ②ア ③エ ④ウ ⑤キ ⑥カ ⑦オ ⑧ク

3 ①水 ②肝 ③鼻 ④お茶 ⑤口車 ⑥（小）耳

4 ①エ ②イ ③ア・ウ ④カ ⑤オ

解説

1 基本問題 編集して伝えよう

情報が発信された日付が不明だったり古かったりするものは信頼性が低いといえる。また、情報の内容について、意見の表現のされ方や賛成できるかどうかは、客観性や信頼性には関係がない。

2 「報道文（報道記事）」は調べて分かった事実や出来事を記したもの、「随筆（コラム）」は体験や見聞きしたことについての思いを記したもの、「意見文（社説）」は根拠を明確にしながら意見を述べたものである。

3 店を取材したときの状況を、「店主」の言葉を引用して述べている。アの「思い」やイの「意見と根拠」、エ「資料の言葉」は記されていない。

3 基本問題 日本語探検3

③「鼻につく」は「嫌みに感じられる」、④「お茶を濁す」は「その場しのぎなことをする」、⑤「口車に乗る」は「言葉巧みにだまされる。おだてに乗る」、⑥「小耳に挟む」は「ちらりと聞く」という意味。

4 ア「肩を持つ」は「味方をする」、イ「思うつぼ」は「意図したとおりになること」、ウ「的を射る」は「物事の肝心なところを捉える」、エ「馬が合う」は「気が合う」、オ「鼻持ちならない」は「我慢できないほど言動が不愉快だ」、カ「虫がいい」は「身勝手である」という意味。

漢字道場3 四字熟語

42〜43ページ ステージ1

漢字

1 ❶ろう・なんにょ ❷かんこんそうさい ❸たいぜんじじゃく ❹しんぼうえんりょ ❺かんこつだったい ❻とうほんせいそう ❼ごえつどうしゅう ❽しん・たん ❾ないゆうがいかん ❿じゅんぷうまんぱん

⑪じきしょうそう ⑫かんわきゅうだい
⑬じょうじょうしゃくりょう ⑭いっちょういっせき
⑮いっきとうせん

2 教科書の要点

❶満帆 ❷東奔 ❸深謀 ❹内憂 ❺尚早 ❻閑話

❶ ①ウ ②イ ③ア ④エ

基本問題

1 ①花鳥風月 ②喜怒哀楽

2 ①イ ②エ ③ウ ④ア

3 ①新 ②敵 ③馬 ④尾 ⑤起 ⑥髪 ⑦体 ⑧耕
⑨辛 ⑩温

4 ①進・退 ②喜・憂 ③朝・夕 ④長・短
⑤十・十 ⑥千・万

5 ①同・ウ ②四・ア ③百・カ ④羊・オ
⑤薪・エ ⑥三・イ

解説

2 ①「不即不離」は、「二つのものが付きも離れもしない関係にあること」という意味。「不即」は「付かない」、「不離」は「離れない」という意味で、意味が対になる二字熟語を重ねたもの。②「完全無欠」は「完全」と「無欠」が似た意味なので、エ「謹厳実直」が正解。③「時期尚早」は「時期が尚早（早すぎる）」という意味で、上の二字が下の二字にかかっている。ウ「本末転倒」は、「本末（大切なことと大切でないこと）が転倒（逆になる）」という意味。

3 ①「温故知新」は、「昔のことを研究し新しい知識を得る」という意味。③「南船北馬」は、あちこち旅行すること。⑥「危機一髪」は、「髪の毛一本ほどのわずかな差で危機に陥りそうな状態」という意味。「一発」は誤り。⑦「絶体絶命」は、「逃れようのない差し迫った状態」という意味。「絶対」は誤り。

5 ①呉・越は中国の昔の国の名前。敵国どうしだった。
②楚の項羽が漢の軍に囲まれたときに、周囲から楚の歌が聞こえてきて、楚が漢に降伏させられたと思い嘆いたという故事からきている。
③中国の弓の名人が、細い柳の葉に、遠くから百回射て百回とも当てたという故事からきている。
④高級な羊の頭を看板にかけ、実際は安い「狗肉（犬の肉）」を売ったという故事からきている。
⑤呉の王夫差は、父の敵である越の王勾践への復讐心を忘れないように薪の上で寝起きし、ついに越を降伏させた。越の王勾践は、その恥を忘れないように苦い肝をなめたという故事からきている。
⑥飼っていた猿に「餌のトチの実を朝に三つ、暮れに四つ与える」と言ったところ怒ったので、「朝に四つ、暮れに三つ」と言ったところ喜んだという故事からきている。

恩返しの井戸を掘る

44～45ページ ステージ1

1 漢字と言葉

❶と ❷しんりょうじょ ❸げり ❹か ❺へいはつ
❻なべ ❼さんがくち ❽いじ ❾やと ❿たいざい
⓫ようちえんじ ⓬じゃり

2 ❶滞在 ❷維持 ❸診療 ❹併発 ❺泊 ❻雇

3 ❶イ ❷ア ❸ウ

教科書の要点

❶ ①自転車世界一周 ②マラリア ③看病

❷ きれいな水（別解安全な水）

❸ ①分けて ②工夫 ③助け合い

❹ ①ギニア ②赤痢 ③おかゆ ④最後の薬（別解最後のアンプル） ⑤恩返し ⑥ドンゴル村 ⑦維持費（別解維持管理） ⑧感動 ⑨感謝

おさえよう ［順に］ア・イ

46～47ページ　ステージ2

1 (1) 僕はギニア　(2) 薬・井戸
2 イ
3 例作った井戸の維持管理を村人たち自身で行えるようにすることが大切だと考えたから。
4 ギニアの井
5 (1) エ
(2) 例1筆者に渡航の負担をかけているから。
例2筆者が井戸掘りの計画が進まずに落ち込んでいたから。
6 (1) 井戸の維持費・現金（別解お金）　(2) イ

解説

1 重要 直後の段落に、筆者がシェリフに恩返しをしようと「薬」を持っていったこと、するとシェリフに、「薬も必要だが、もっと必要なのは、きれいな水を手に入れるための井戸だと聞かされた」ことが述べられている。そのことから、筆者は「ギニアに井戸を掘ること」を思いつくのである。

2 「ドンゴル村」は「シェリフのお父さんの村」であり、「バケツ一杯の水を一時間かけて谷川までくみに行って」おり、「乾季には全く雨が降らない」とある。

3 直後に着目する。「水管理委員会」を村人に組織させることで、「作った井戸の維持管理を村人たち自身で行えるように」しようとしたのである。

4 筆者は井戸掘りの計画を進めていたが、その計画が途中で困難に直面してしまったということ。

5 「立ち上がった」は、ここでは「行動を起こす」という意味。シェリフがこのような行動に出た理由は、後の部分で、「僕に渡航の負担をかけているのだからと、自分が現地の責任者となって動いてくれた」と説明されている。

6 (2) 「鳥肌が立つ」とは、恐怖や寒さによって肌がぶつぶつとあわ立つこと。ここでは感動のあまりに現れたものである。直前から筆者が目にしたものを、直後から「感動」した理由を読み取る。「現金収入がほとんどないこの村」で、おそらく苦心して集められたであろう「現金の束」を見て、筆者は井戸に対する「みんなの本気」を感じている。

48～49ページ　ステージ3

1 (1) ウ　(2) 根気のいる作業
2 例1井戸が完成したことを実感し、喜ぶ気持ち。
例2実物の井戸を見て感動する気持ち。
3 (1) この井戸は、村人総出の手作りでできた井戸　(2) ア
4 水や命の大切さ、家族の大切さ、分け合うこと、みんなで作りあげること、感謝の気持ち（など）
5 (1) ウ　(2) （僕が）日本で自分の体験を語ったり、豊かさについて子供たちと考えたりすること

解説

1 同じ段落の内容から読み取る。

2 記述対策
・考え方…同じ段落の「『水が出た。』という……まだ信じられなかった。」に着目する。水が出たことを信じられずにいた筆者は、現地に来て井戸の「底には透き通ったきれいな水がたっぷりとたまって」いる様子を見て初めて、井戸が完成したことを実感したのである。
・書き方…井戸の完成を実感できたことや井戸の完成を喜ぶ気持ちを書く。

3 (1) 「女性も子供もお年寄りもみんなが汗を流した」も内容は合うが、「……だったから。」につながらない。
(2) 後に「彼らの『自分たちの井戸だ。』という強い気持ちが伝わっ

てくる。」とあることに着目する。イは、「みんな＝村人たち」が「喜び」の主体ではなく、筆者を祝福する立場に置かれているので誤り。

4 直前の段落に、「シェリフや村人たちに心からもてなしてもらい、水や命の大切さ、家族の大切さ、分け合うこと、みんなで作りあげること、感謝の気持ちなど、本当に大切なことにたくさん気づかせてもらった」とあることに着目する。

5 **重要** (1) 直前の段落で、「恩返し」のつもりが、「シェリフや村人たちに……本当に大切なことにたくさん気づかせてもらった」と述べられている。

(2) 直前に「僕が日本で……豊かさについて子供たちと考えたりすること」も「恩返しの一つだと思う」とある。その前で、「彼らから豊かさについて教えられているような気がしてならない」と述べているように、ギニアの人々に教えられた「豊かさ」を自分の国の人々に伝えることが、「恩返し」になると筆者は考えているのである。

幸福について

50～51ページ ステージ1

漢字と言葉

1 ❶おか ❷かげ ❸ねこ ❹しょうてん ❺しぼ ❻じゅうじつかん ❼かじょう ❽いちまつ

2 ❶焦点 ❷充実感 ❸一抹 ❹過剰 ❺絞 ❻陰

3 ❶イ ❷ウ ❸エ ❹ア

教科書の要点

1 イ→ウ→ア **2** イ

3 ①幸福 ②問題 ③気持ち ④前提 ⑤宝くじ ⑥どう考えればよいのか ⑦対立 ⑧共同作業

おさえよう 〔順に〕イ・ア

52～53ページ ステージ2

1 (1) 幸福 (2) カイ…ウ トッポ…イ

2 幸福って何だろう・どうすれば幸福になれるか

3 テレビ

4 例1 幸福とは何かを先に考えることにした。 例2 まず幸福とは何かを考えることにした。

5 問題を分けて一つずつ議論していくこと（。）

6 ウ・オ

解説

1 (1) 繰り返されている言葉に着目する。三人は「幸福」について議論している。

(2) 最初のカイの発言と、その次のトッポの発言から、二人が「幸福」についてどのように考えているかが分かる。

2 ――線①の後のグーの発言「分かれたっていうより、……話が交ざってない？」に着目。グーは、「幸福って何だろうという話」、「どうすれば幸福になれるかという話」の二つが「交ざって」いるということを、「何かごちゃごちゃしちゃった」と言ったのである。

3 ――線②のグーの発言に対し、トッポが「よく分からないな。どう違うの？」と言ったことを受けて、カイが「例えばさ、……」と「テレビ」の例を出して説明していることを捉える。

4 **記述対策**

- **考え方**…議論の流れから、最終的に三人がどのような問題を考えることにしたのかを読み取る。
- カイ・トッポ…幸福についてどのように考えるか。
- グー…幸福とは何か、どうすれば幸福になれるかという二つの話が交ざっている＝「ごちゃごちゃしちゃった」
- グー・カイ…二つの話がどう違うかについて説明する。
- カイ…「まず幸福とは何かを考えるのが先かな」
- **書き方**…「幸福とは何か」ということを先に考えるという点が分かるようにまとめる。

5 **重要** 筆者が感じていることを問われている。三人の会話の後の文章から、設問の「議論の仕方」「だいじ」を手がかりにして読み取る。最後の二文に、「問題を分けて一つずつ議論していくこと。これは議論の仕方のだいじな技術である。」と書かれている。

6 グーの「幸福って何だろうという話と……話が交ざってない？」から、「議論を冷静に捉えて」いることが分かる。また、最後のカイの「まず幸福とは何かを考えるのが先かな」から、「論点を整理しようとしている」こと、「議論の順番を決めて混乱を避けようとしている」ことが読み取れる。よって、正解はウとオ。三人は、幸福についての二つの意見は別の問題であり、別々に考えようとしているので、イ「違う意見のよい点だけを採用」、エ「いくつかの考えを一つにまとめよう」は当てはまらない。

54〜55ページ ステージ3

1 幸福と幸福感は同じものなのか、違うのか

2 エ

3 例1 本人は幸福だと思っていても、本当は幸福ではない場合。
例2 本人は幸福な気持ちになっていても本当は幸福とはいえない場合。

4 例 本人が幸福だと感じていなくても、客観的に見て幸福だということ。

5 (1) イ・エ　(2) だいじなの〜だってある

解説

1 最初のカイの言葉「それがそもそも問題だってことだね。」に着目する。「それ」の指す直前の内容から議論の論点を読み取る。

2 ——線①は、初めのカイの「幸福と幸福感は同じものなのか、違うのか」を受けている。「幸福」を「本当に幸福かどうか」、「幸福感」を「幸福と感じてること」と置き換えているので、エが正解。アは「相手の発言を繰り返す」、イは「自分の考えを説明」、ウは「間違いを指摘」が当てはまらない。

3 記述対策
・考え方…「宝くじ」「麻薬」は、——線②の前の「本人が幸福だと思ってるのに……どんな場合？」という疑問に答えるための例であることを読み取る。
・書き方…「思ってる」「じゃない」などの話し言葉特有の表現を書き言葉に直し、文末は「……場合。」でまとめる。

4 重要 ——線④の後で「平和」について、「慣れちゃうとあたりまえ」だが「幸福だよね」と言っていることに着目する。この発言の三つ前のカイが言った「本人が幸福だと感じてなくても、客観的に見て幸福」ということの例として示されていることを押さえる。

5 (1) カイの最初の発言は、イ「問題点を整理して論点を提示」に、最後から四つ目の発言「逆はどうだろう。……あるかな。」は、エ「異なる視点から考えてみようと促し」に当てはまる。アは「自分と対立する主張の矛盾点を指摘」が、ウは「説得力のある例をいくつも」が、オは「自分の立場をはっきり決めてから」がそれぞれ当てはまらない。

(2) カイの議論に対する考え方は、トッポに「どっちの味方なのさ。」ときかれた後に述べられている。議論でだいじなのはどう考えるのが正しいのかということで、敵と味方に分かれて対立することではないというのである。

観察・分析して論じよう／場面に応じて話そう

56〜57ページ ステージ1

基本問題 観察・分析して論じよう

1 食品ロスを

2 「いつ」「何をすればよいか」

3 イ　4 ア

基本問題 場面に応じて話そう

1 イ

2 [2]　3 B
4 部活動とは
5 うかがう（別解 お聞きする）
6 ウ

解説

基本問題 観察・分析して論じよう

1 一つ目の段落に、「その観点から考えて、Bを選んだ。」とあることに着目する。

2 Bのポスターの『買い物の前に、』『冷蔵庫をチェック。』というキャッチコピー」について、「食品ロスを減らすために、『いつ』『何をすればよいか』が明快だ。」と説明している。

3 自分が述べたことに対して出されるかもしれない、「冷蔵庫のチェックだけで食品ロスが劇的に減るわけではない、という反論」を挙げて論じている。

4 3で見たように、自分の意見に対する「反論」を盛り込んでいるため「多面的」といえるので、アが適切。

基本問題 場面に応じて話そう

1 「こんにちは。」という挨拶と、「中学校で行われている部活動」という話題について述べている。

2 「皆さんは、小学校で何のクラブに入っていますか?」と問いかけている。

3 「部活動の様子を撮った写真がありますので、見てください。」とあるので、Bの部分で写真を示す。

5 「顧問の先生」に対しての敬語で、「聞く」のは自分なので、謙譲語を使う。「聞く」→「うかがう」「お聞きする」などと直す。

6 [2]・[4]段落で、部活動についてや、硬式テニスと軟式テニスの違いについて詳しく説明しているので、アは適切。[3]段落で写真を示し、[4]段落でラケットの振り方を「このように」とジェスチャーを使って表している表現があるので、イは適切。[3]段落で部活動の数を具体的に示しているので、エは適切。

文法の窓1 曖昧な文・分かりづらい文／漢字道場4 送り仮名

58～59ページ ステージ1

漢字

1 ❶いちじる ❷すこ ❸ほが ❹かお ❺つ ❻とうと（別解 たっと） ❼おごそ ❽さち ❾わざわ ❿あきな ⓫ほり ⓬きた ⓭もっぱ ⓮また ⓯つい ⓰くだ ⓱うるし

2 ❶岬 ❷漏 ❸甚 ❹煩 ❺但 ❻賄

教科書の要点 文法の窓1

1 ①ア ②エ ③ウ ④イ

2 例 僕は、医者になりたいです。

3 彼は笑って、テレビを見ている妹に話しかけた。

基本問題 文法の窓1

1 (1) ①私はお茶を飲みながら、本を読んでいる父に尋ねた。
②例 お茶を飲みながら本を読んでいる父に私は尋ねた。
(2) ①例 山田さんのようなうまい演奏ができないと、大会に出られない。
②例 山田さんはうまく演奏できないが、そういう人は大会に出られない。

2 ①例 僕には、この主人公が自分勝手だと思える。
②例 私の夢は、小学校の先生になることです。

基本問題 漢字道場4

1 ①ア ②イ ③イ ④イ ⑤イ ⑥ア ⑦イ ⑧ア

2 ①Aこおる Bこごえる ②Aさわる Bふれる ③Aきたる Bくる ④Aおこたる Bなまける

解説

基本問題 文法の窓1

1 (1) ②は、主語と述語を近づけると、文の意味が分かりやすくなる。
(2) どこまでが打ち消されているのかが、曖昧である。①は「できない」が「演奏」だけを打ち消すようにする。

2 ①は、主語「僕には」に対応するように、述語を「思える」などと変える。②は、主部「私の夢は」に対応するように、述部を「…なることです」などと変える。

1 基本問題 漢字道場4

送り仮名は、活用のある語では活用語尾を送るのが原則。ただし、次のような例外がある。

・形容詞

1 語幹が「し」で終わるものは「し」から送る。例「美しい」

2 その他 例「明るい」「大きい」「少ない」

・形容動詞

1 活用語尾の前に「か」「やか」「らか」を含むものは、そこから送る。例「暖かだ」

2 その他 例「同じだ」「盛んだ」「平らだ」

初恋 60〜61ページ ステージ1

教科書の要点

❶ ①島崎藤村 ②文語 ③七五

❷ ①初めし ②初めし ③そめし

❸ 作者…われ 女性…君

❹ ①林檎 ②（前）髪 ③花ある君 ④ためいき ⑤細道

おさえよう 〔順に〕ア・イ・ア

★基本問題

1 ウ 2 林檎

3 例「君」が「われ」に林檎をくれたこと。

4 イ 5 ア

★解説

1 前髪に花櫛をさしている花のように美しい君、と表現している。

2 「薄紅」とあるので、まだ熟しきっていない淡い色の林檎である。**新鮮でみずみずしい初恋のイメージが重ねられている。**

3 第二連では、恋の芽生えがうたわれている。「やさしく白き手」は「君」の手のこと。**手をのばして「われ」に林檎を渡したことが恋が芽生えるきっかけである。**

4 「こころなきためいき」とは、思わず漏らしてしまうためいきのこと。**「君」に恋する「われ」の切ない気持ちがためいきとなって思わず出てしまったのである。**

5 重要 林檎畠の細道は、「われ」と「君」が二人で会うために通ったことによりできた道。**そのことを分かっているはずの「君」が、わざわざそのことを尋ねたところを、「恋しい」と感じているのである。**

万葉・古今・新古今 62〜63ページ ステージ1

漢字

❶ ❶たく ❷おに ❸やわ ❹おだ ❺しずく

❷ ❶託 ❷穏

教科書の要点

❶ ①奈良 ②大伴家持 ③自然 ④おおらか ⑤平安
⑥紀貫之 ⑦恋愛感情 ⑧機知 ⑨細やか ⑩紀貫之
⑪仮名序 ⑫鎌倉 ⑬藤原定家 ⑭技巧 ⑮内省的

❷ ①ず ②う ③わ ④い

❸ 枕詞…ちはやぶる 導き出される語…神

❹ 序詞…むすぶ手の滴ににごる山の井の
導き出される語句…あかでも

❺ かれぬ

❻ ①エ ②ウ ③ア

おさえよう 〔順に〕ア・イ

64〜65ページ ステージ2

❶ 1 (1) ア　(2) やまと歌…葉　人の心…種

2 ウ

❷ 1 ウ

2 Ⅰあしひきの　Ⅱ山

3 ②石川郎女　③大津皇子

4 ア　5 子ども

6 エ　7 反歌

8 宝・子

9 イ

10 例1父親が防人として遠くへ行ってしまうから。
例2父親が自分たちを置いて、防人として北九州へ行ってしまうから。

11 ①B　②F　③A

解説

❶ 1 (2) どちらも植物にたとえられている。種が植物の葉のもととなっているように、やまと歌も人の心をもとにして成り立っているということを述べている。

2 「どれが歌を詠まないということがあろうか（いや、全てのものが歌を詠むのだ）。」という意味。

❷ 1 「潮もかなひぬ」が理由である。潮がちょうどよいぐあいになったから、さあ、今船を漕ぎ出そうと歌っている。

3 CはBの内容を受けて詠まれている。Bの「妹」（＝恋人）はCの作者（＝「我」）、Cの「君」はBの作者を指す。

4 「我」（私）を待っていて「君」（あなた）を濡らしたという「山のしづく」に自分がなりたかったのに、という内容の歌。あなたのそばにいたいという気持ちを表している。

5・6 直前の「まなかひに　もとなかかりて」は、「目の前にやたらにちらついて」の意味である。「ちらつく」のは「子ども」の姿。子供のことが心から離れなくて、安らかに眠れないのである。

8 「子にしかめやも」は、「子供に及ぼうか。いや、及びはしない。」という意味である。どんな宝よりも子が大切だという作者の気持ちが表れている。

9 重要 Dでは、子供が気になって安らかに眠れないほどの、子供への強い思いが読み取れる。Eでは、「銀」や「金」や「玉」のような高価な宝も子供には及ばないと詠んでいる。どちらにも共通しているのは「子供へのいとしさ」である。

10 記述対策
・考え方…防人である作者が、子供たちとの別れを思い出している歌。子供たちの母親はもういない。そのうえ、父親もいなくなってしまうので、子供たちは泣いたのである。
・書き方…父親が防人として遠くへ行ってしまうということが書かれていればよい。文末を「……から。」などで結ぶ。

11 ①は、「妹」（＝恋人）を待っていて「山のしづくに」濡れたと詠んでいるBの和歌のこと。②は、「母なしにして」「泣く子ら」を置いてきてしまったFの和歌のこと。③は、「船乗りせむと」月を待ち、「今は漕ぎ出でな」と旅立ちのときを描いているAの和歌のこと。

66〜67ページ ステージ3

☆ 1 (1) 係り結び　(2) 例強調

2 例1人目が離れてしまうという意味と、草が枯れてしまうという意味。
例2人の訪れもなくなるという意味と、草も枯れてしまうという意味。

3 (1) ア　(2) 夢・例恋しい人

4 例満足できないまま。

5 エ　6 ウ

7 例明け方（別解夜明け）

8 ア

9 清水（ながるる）・柳かげ〔順不同〕

10 例1 あまりに涼しかったので、しばらくそこで休憩してしまった。
例2 あまりに心地よい涼しさだったので、つい長居してしまった。

11 (私の)命　12 ウ　13 C

14 ①F　②A　③B

解説

2 「人目も離れぬ(人の訪れもなくなる)」と、「草も枯れぬ」の二つの意味が、「かれぬ」という言葉に掛けられている。

3 (2) この当時は、自分に思いを寄せてくれている人が夢に現れると信じられていた。夢の中で「恋しき人」に会って以来、当てにならないと知りつつも、夢を頼りにするようになったという切ない恋心が詠まれた歌である。

5 Cの和歌は、山道で偶然出会い、親しく話していた人と別れるときの名残惜しい気持ちを詠んだ歌である。

7 「夢のうき橋とだえして」は夢から覚めた状態を、「峰にわかるる横雲の空」は目覚めたときに目にした夜明けの情景を詠んでいる。

8 春の夜に見る夢が、短くはかないことをたとえた表現である。

9 重要 Eの和歌は、夏に詠まれた歌であり、「清水ながるる」と「柳かげ」が涼しさを感じさせるとともに、夏の日差しを想起させている。

10 記述対策
・**考え方**…「しばしとてこそ立ちとまりつれ」は「ほんの少しの間と思って立ち止まったのに」という意味である。その後に、「つい長く立ち止まってしまった」という内容が続くと考えられる。なぜ立ち止まったのかは、清水が流れる柳の木陰があまりに涼しかったからである。
・**書き方**…しばらく立ち止まってしまった、ということと、「涼しかったから」という理由が書けていればよい。

11 「玉の緒」は、もともとは玉をつなぐひものことだが、魂を体につなぎとめるものという意味で、命を表している。

12 下の句に「絶えなば絶えね」と思う理由が表されている。恋心を知られないように堪える力が弱まってしまうといけないので、命よ絶えてしまうなら、絶えてしまえ、というのである。

13 Cの和歌の序詞は、「むすぶ手の滴ににごる山の井の」であり、それが導き出す語句は「あかでも」である。

14 ①は、「玉の緒よ絶えなば絶えね」(私の命よ、絶えてしまうなら、絶えてしまえ)と表したFの和歌のこと。②は、「かれぬ」という言葉に二つの意味を掛けて、「人目も離れぬ」ことと「草も枯れぬ」ことを表したAの和歌のこと。③は、「恋しき人」を夢に見て以来、夢を頼りに思うようになったというBの和歌のこと。

おくのほそ道

68～69ページ ステージ1

1 漢字 ❶あらわ ❷かかく ❸とびら ❹く

教科書の要点

1 ①江戸 ②紀行 ③松尾芭蕉 ④曾良 ⑤東北 ⑥名句

2 ①か ②しょう ③ひょう ④こうしょう ⑤お ⑥きゅう ⑦ず ⑧すぐっ ⑨わ ⑩おい

3 ①旅人 ②生涯 ③道祖神

4 ①過客 ②古人 ③漂泊 ④千歳

5 ①季語…雛　季節…春　切れ字…ぞ　大意…イ
②季語…夏草　季節…夏　切れ字…や　大意…ア
③季語…卯の花　季節…夏　切れ字…かな　大意…エ
④季語…五月雨　季節…夏　切れ字…や　大意…ウ

おさえよう 〔順に〕イ・ア

70～71ページ ステージ2

1 1 例月日は永遠にとどまることのない旅人であり

2 ②船頭 ③馬子 3 エ

4 (1) 道祖神の招きにあひて取るもの手につかず

(2) 例1 旅に出たくてたまらず、落ち着かない気持ち。
例2 旅に出たいと強く思っている気持ち。

5 (1) 江上の破屋 (2) 股引の～据ゆる

6 エ

❷
1 Bの季語…蟬 季節…夏
Dの季語…天の河 季節…秋

2 ①A ②E ③C ④B

❶解説

1 「百代」は「永遠」、「過客」は「旅人」という意味。

3 芭蕉は、尊敬する詩歌の道の先人たちを思い浮かべている。

4 (2) 記述対策
・考え方…まるで「そぞろ神」にとりつかれたように旅のことばかり考えているのである。
・書き方…「旅に出たい」ということが書けていれば可。

5 (1) 「住める方」は芭蕉が住んでいた場所を指す。それは去年の秋に帰ってきた「江上の破屋」である。

(2) 芭蕉がした準備は、股引の破れ目を繕ったこと、笠のひもを付け替えたこと、三里というつぼに灸を据えたことの三点。

6 重要 「草の戸」は芭蕉が住んでいた家。住む人が変われば、雛人形を飾るような家になるだろうと思っている。全てのものが変化するという無常観も感じられる句である。

❷
1 Dの「天の河」は、和歌では七夕の伝説を踏まえて詠まれることが多いが、俳句では天の川の美しさそのものを詠むことが多い。秋の季語である。

2 ①Aの「日の光」には、芭蕉がこのとき訪れていた「日光」が意識されている。②Eの「ふたみ」は掛詞で、貝の「蓋と身」と、次の旅の目的地である「二見」が掛けられている。③Cの「五月雨」は「梅雨」のこと。「早し」と率直に表現することで、その激しさが伝わってくる。④Bにおいて蟬の鳴き声は静かではないが、蟬の鳴き声が岩にしみ込むようだと表現することで、いかにも静かな情景が浮かんでくる。

72～73ページ ステージ3

❶
1 ウ

2 大門の跡は一里こなたにあり（。）

3 北上川、南～見えたり。（別解 と見えたり）

4 北上川

5 エ 6 高館

7 ウ 8 イ

9 功名一時の叢となる

10 卯の花・白毛・兼房

❷
1 例 すばらしいと話に聞いていた

2 頽廃空虚の叢

3 エ

❶解説

1 藤原氏三代は東北地方で百年にわたり栄華を極めていたが、芭蕉が訪れたときは「秀衡が跡は田野になりて、金鶏山のみ形を残す。」という状況だった。「一睡のうち」は「僅かな間」を指す。三代にわたる栄華も僅かな間で滅びてしまったことを述べている。

2 門と建物が一里（約三・九キロメートル）離れていたということから、規模の大きさが分かる。

4 「北上川、南部より流るる大河なり」に着目する。

5 「すぐる」は、「えりすぐる」という意味。

6 「この城」は、芭蕉が今いる場所を指す。それは高館である。

7 杜甫の「春望」という詩を踏まえている。「国の都が破壊されても山河はそのまま存在しており、春になって草や木が生い茂っている」という意味で、人間の営みと自然の姿を対照的に描いている。

8 重要 芭蕉が見ているのは、かつて藤原氏が権勢を誇った場所。

しかし、今は自然だけが残されている。つまり、「国破れて山河あり」と同じ状態なのである。芭蕉は、人の営みのはかなさを感じ、涙を流したのである。

9 勇士たちが戦ったことが夢であるかのように自然しか残っていないのである。「功名一時の叢となる」は、「功名を立てたのも一時のはかないことで、今は草むらになっている」という意味。

10 「兼房」は、源義経の家臣。白く咲き乱れる卯の花に、兼房の白髪を振り乱して懸命に戦う様子を思い浮かべ、その奮戦をしのんだ句。

❷

1 耳を驚かせていたというのは、話を聞いて(そのすばらしさに)驚いていたということ。

2 「頽廃空虚の叢」とは、「崩れ廃れて、何もない草むら」という意味。光堂は風雨をしのいでいなければこうなるはずだった。

3 「五月雨がその場所だけは降らないで、残しておいたのだろうか、光堂を」という意味。光堂を覆う建物（鞘堂）を建てたことで、風雨にさらされることがなくなった光堂が、昔の姿をとどめて美しく輝いていることを表現している。

論語

74～75ページ ステージ1

漢字 ❶ちつじょ ❷しょこう ❸きはん ❹ほどこ

教科書の要点

❶ ①愛情 ②道徳 ③儒教

❷ 書き下し文

❸ (1) ①2・1 ②1・4・3・2
(2) 3・2・(×)・1
(3) 6・1・2・3・5・4
(4) 10・1・2・(×)・8・3・4・5・7・6・9

❹ ①同ぜず ②過ちて改めざる ③己の欲せざる所は ④人に施すこと勿かれ ⑤之を楽しむ者に如かず

❺ ①読み…し 意味…先生 ②読み…い 意味…言われた（別解言った） ③読み…な 意味…（しては）ならない

❻ ①過ち ②調和 ③学ぶ ④楽しむ ⑤恕

おさえよう 〔順に〕ア・イ

76～77ページ ステージ2

✪
1 孔子
2 例過ちをしたことに気づいても改めない（こと）。
3 而・矣〔順不同〕
4 イ 5 ア
6 君子ハ和シテ而不ズレ同ゼ。
7 (1) ウ (2) 罔し…エ 殆ふし…イ
8 之を好む者に如かず
9 及ばない（。）
10 ⓒ→ⓑ→ⓐ
11 (1) 恕 (2) エ
12 例自分がしてほしくないことは、他人にしてはならない。
13 可・乎〔順不同〕

✪解説

2 「是」は指示語。直前の「過ちて改めざる」を指す。

3 置き字は、漢文では接続詞や前置詞などの役割や意味を持っているが、日本語にはそれに当たる言葉がないので読まない。

4 「君子」は「徳が備わっており、見識、人格ともに優れたりっぱな人」、「小人」は「徳が少なく、度量の狭い人」。

6 書き下し文は「君子は和して同ぜず（不）。」なので、読む順番が変わっているのは「不同」の部分だと分かる。したがって、「不」

の左下に「レ点」を書く。

7 (1) 学んだら、そのことについて自分で考える必要がある、ということを説いている。

(2) **重要** 「学びて思はざれば則ち罔し。」は、学ぶだけで考えなければ、本当の理解には到達しないということ。「思ひて学ばざれば則ち殆ふし。」は、考えるだけで学ばなければ、独断に陥って危険であるということ。

10 知ることは好むことに及ばない、好むことは楽しむことに及ばないので、「之を楽しむ者」→「之を好む者」→「之を知る者」となる。

11 (1) 孔子の答えは、「子曰はく、」以降に書かれている。

12 「勿」は「してはならない」という意味。

13 助動詞や助詞は平仮名に改めるので、「べき」「や」となる。

古典の言葉／日本語探検4／漢字道場5

78〜79ページ ステージ1

漢字

1 ❶しゅぎょう ❷ごい ❸ていこく ❹ざいばつ ❺まゆ ❻そしょう ❼ばいしょう ❽きそん ❾そうじ ❿りんり ⓫こうれいか ⓬さぎ ⓭だっきゅう ⓮しんきんこうそく

2 ❶帝国 ❷訴訟 ❸語彙（彙） ❹詐欺 ❺財閥 ❻賠償 ❼毀損 ❽梗塞

基本問題 古典の言葉

1 ①イ ②イ ③イ ④ア ⑤ア ⑥ア ⑦イ

2 ①イ ②ウ ③オ ④エ ⑤ア

3 ①ウ ②イ ③ア ④エ

4 ①〇 ②〇 ③× ④〇

基本問題 日本語探検4

★ ①ウ ②イ ③ア

解説

基本問題 古典の言葉

1 ②「木石」は、木や石のように心のないものを表現しており、人間は木や石ではないので「情」を持っているということ。③「窮鳥」は、困っている人などをたとえている。⑤「秘」は「秘密」、「花」は人の心を動かすことを表現している。⑦「跡」は「果たしたこと」、「求めたるところ」は「理想としたもの」を表現している。

2 ②「竜頭蛇尾」は、頭は竜のようにりっぱだが、尾は蛇のように細いこと。③「他山の石」は、よその山から出た、粗悪な石のこと。④「和光同塵」は「老子」にある言葉。「和光」は「才能の光を和らげて隠す」、「塵」は「俗世間」という意味。⑤「青天の霹靂」は、晴れた空に突如とどろく雷鳴のこと。

3 ア「児孫の為に美田を買わず」は「子孫に財産をあえて残さないようにすること」、イ「連理の枝」は「男女や夫婦の愛が深いこと」、ウ「株を守りて兎を待つ」は「古い習慣などにこだわって新しいことに対応できないこと」、エ「覆水盆に返らず」は「一度してしまったことは取り返しがつかないこと」という意味。

4 ①「曲学阿世」は「学問の真理を曲げ、権力者や世間にこびること」、②「青雲の志」は「出世して高い地位に就こうとする志」、③「驕る平家は久しからず」は「思い上がった行いをする者はいずれ滅びる」、④「瓜田に履を納れず」は「疑われるような行動は避けなさい」という意味。

故郷

80〜81ページ ステージ1

漢字と言葉

1 ❶すきま ❷ぎんみ ❸できあい ❹おく・もの ❺ぬ ❻さげす ❼あざけ ❽びんぼうにん ❾は ❿きょうさく ⓫とうや ⓬ふそん

❷ ❶距離 ❷親戚 ❸境遇 ❹貝殻 ❺忙 ❻艶

❸ ❶イ ❷ウ ❸ア

教科書の要点

❶ ①ルントー（別解閏土） ②ホンル（別解宏児）
③シュイション（別解水生） ④ヤン（別解楊）

❷ ［右から順に］2・1・5・4・3

❸ ①わびしい ②寂寥 ③やるせない ④神秘 ⑤蔑む
⑥感激 ⑦寂しさ ⑧厚い壁 ⑨ため息 ⑩名残 ⑪新しい

おさえよう ［順に］イ・イ

82〜83ページ ステージ2

✪
1 (1) 例わびしく、いささかの活気もない様子。
(2) 寂寥の感
2 もともと故〜のだから。（別解いのだから）
3 ウ　4 イ
5 やるせない表情
6 ウ

✪解説

1 (1) 故郷は、「鉛色の空の下、わびしい村々が、いささかの活気もなく、あちこちに横たわって」いる様子であった。
(2) 「寂寥の感」とは、もの寂しい気持ちのこと。わびしく、活気のない故郷の姿に、もの寂しさを覚えたのである。

3 直後の段落に、今回の帰郷の目的が説明されている。「私」は、「故郷に別れを告げに来た」のであり、「一族で住んでいた古い家」を他人に明け渡し、母たちを「『私』が今暮らしを立てている異郷の地」へ引っ越させるために、故郷へ帰ってきたのである。

4 **重要** 屋根の草が風になびいている様子から、屋根の手入れができていないことが分かる。家屋の手入れができないほど暮らしが困窮しており、家を売ることになったのである。

5 「やるせない」とは、「気分が晴れない」という意味。

6 やるせない表情であった母は、引っ越しの話をすることがつらかったのである。

84〜85ページ ステージ3 (1)

❶
1 例・海には五色の貝殻があること。
例・すいかに危険な経歴があること。
例・高潮のとき砂地で跳ね魚が跳ねること。［順不同］
2 ウ　3 エ
4 美しい故郷

❷
1 イ
2 Ⅰ 例1「私」と再会できた喜び。
例2「私」と久しぶりに会えた喜び。
Ⅱ 例1 互いの立場が隔たってしまった寂しさ。
例2「私」との関係が昔とは違ってしまったと感じた寂しさ。
3 ウ

❶解説

2 ルントーは、「私」や「私」の友達が知らない不思議な話をたくさん知っていた。「高い塀に囲まれた中庭から四角な空を眺めているだけ」の「私」は、そんなルントーに憧れを抱いていた。

3 直前に着目する。ルントーが家へ帰らねばならず、その「別れがつらくて」泣いたのだ。

4 **重要** 「ルントーとの思い出」という設問文の表現に注意する。最後の段落の「今、母の口から」以降は現在の場面で、その前は子供のときの回想である。ルントーの名前が子供の頃の思い出をよみがえらせ、「私はやっと美しい故郷を見た思いがした」のである。つまり、ルントー＝美しい故郷の象徴と考えられる。

❷

1 「私」は、「感激で胸がいっぱい」で言いたいこともたくさんあったが、ルントーのあまりの変わりように、思い出と現実の隔たりを感じ、とっさに言葉が出てこなかったのである。

2 記述対策

・**考え方**…ルントーが最後に「うやうやしい態度」に変わり、「私」を「だんな様」と呼んだことから、ルントーは、互いの立場や境遇の違いを、再会した時点で認識していたことが分かる。

・**書き方**…Ⅰは「私」と久しぶりに再会できたこと、Ⅱは互いの立場が隔たってしまったことが書けていればよい。

3 重要 ルントーの態度や言葉から、「私」はルントーが境遇や身分の違いをわきまえて振る舞おうとしていることを知った。昔のように心を通わせ合う対等な関係を期待した「私」には、ルントーが意識する「境遇や身分の違い」が、「悲しむべき厚い壁」に感じられたのだ。

86〜87ページ ステージ3 (2)

1 イ　**2** ウ

3 ・無駄の積み重ねで魂をすり減らす生活
・打ちひしがれて心が麻痺する生活
・やけを起こして野放図に走る生活　〔順不同〕

4 ④香炉と燭台　⑤新しい生活

5 例1 多くなれば、その希望は実現する
例2 増えれば、希望はかなう

解説

1 「胸を突かれる」とは、予期しないことに驚き、心を動かされるということ。「私とルントーとの距離は全く遠くなったが、……ホンルはシュイションのことを慕っている」とあるように、ホンルとシュイションの関係が、昔の「私」とルントーの関係のようであったことに驚き、心を動かされたのである。

2 「私」は、故郷や故郷の人々との関係を「自分の周りに目に見えぬ高い壁があって、その中に自分だけ取り残されたように、気がめいるだけである。」と感じている。

3 ――線③の前の、「私のように、……」「ルントーのように、……」「他の人のように、……」の後に書かれている。

4 重要 「私の望むもの」は、直前の「私のいう希望」で、若い世代が「新しい生活」を持つことである。

5 記述対策

・**考え方**…「希望」とは、「地上の道のようなもの」とある。「道」を「希望」と置き換えて考えると、――線⑥は同じ希望を抱く人が多くなれば、希望は実現するのだと読み取れる。

・**書き方**…同じ希望を抱く人が多くなれば、それは実現するという内容を書く。

漢字道場6 紛らわしい漢字

88〜89ページ ステージ1

漢字

1 ❶きゅうとう　❷へんざい　❸こうてつ　❹ぜんじ　❺とうじょう　❻かへい　❼がいとう　❽じじょでん　❾じょうせい　❿れいじょう　⓫ついらく　⓬かっしょく　⓭えっけん　⓮いっかつ　⓯しょうさん

2 ❶弾劾　❷謄本　❸契約　❹暫定　❺壮観　❻弊害　❼撤回　❽荘

教科書の要点

1 ①イ　②ア　③エ　④ク　⑤ウ　⑥ケ　⑦キ　⑧オ　⑨カ

基本問題

1 ①イ　②ア　③イ　④イ　⑤ウ　⑥ア　⑦ア　⑧ウ

2 ①犠　②穏　③諭　④概　⑤迭　⑥徹

3 ①且　②○　③緒　④購　⑤○

解説

基本問題

1 ①アは「暫時」、②イは「戸籍謄本」、③アは「誤解」、④アは「貨幣」、⑤アは「駆逐」、イは「墜落」、⑥イは「一喝」、ウは「褐色」、⑦イは「偉人」、ウは「緯度」、⑧アは「山峡」、イは「挟む」などと用いる。

2 ①は「義」「儀」「議」、②は「隠」、③は「輸」「愉」「癒」、④は「慨」「既」、⑤は「送」、⑥は「撤」などの紛らわしい漢字に気をつける。

3 ①「旦」は「一旦」「元旦」、③「諸」は「諸君」「諸悪」、④「講」は「講義」「講演」などと用いる。**紛らわしい漢字は、部首の意味で見分けるとよい。**「購」の「かいへん」はお金に関するもの、「講」の「ごんべん」は言葉に関するものである。

何のために「働く」のか

90〜91ページ　ステージ1

漢字と言葉

1 ❶いっち　❷うらや　❸かえり　❹こいびと　❺ほうしゅう　❻ふくし　❼はんばい　❽かこく　❾しょうもう　❿た

2 ❶販売　❷報酬　❸消耗　❹福祉　❺耐　❻顧

3 ❶イ　❷ア　❸ウ

教科書の要点

1 働く

2 人間関係

3 他者からのアテンション

4 ①やめる　②重圧　③働く　④自分の存在　⑤ねぎらい　⑥アテンション　⑦サービス業　⑧制限　⑨可能性（別解チャンス）　⑩再確認　⑪安心感

おさえよう　〔順に〕ア・イ・イ

92〜93ページ　ステージ2

1 1　見知らぬ者〜いる集合体　2　イ

3　（「）他者からのアテンション（」）・（「）他者へのアテンション（」）〔順不同〕

2 1　例1 よいのか悪いのか判定がしにくいという問題。
例2 サービス業は正当に評価をするのが難しいという問題。

2　人間として〜るチャンス　3　ウ

解説

1 1　一文目の「社会というのは、……」に、社会がどのようなものかについての筆者の考えが述べられている。

2　直前にある「それ」は、すぐ前の、「働くことを『社会に出る』といい、働いている人のことを『社会人』と称」することを指し、「そういう」は、前の段落の内容を指す。人は、働くことによって、**社会の中にいてよいという承認が与えられる**ので、働くことを「社会に出る」、働いている人を「社会人」というのである。

3　「それ」の指す内容を、——線②の前の部分から捉える。筆者は一つ前の段落で、「社会の中での人間どうしのつながり」を「アテンション」であると述べている。つまり、**人は、社会で働くことによって、「アテンション」を与えられる**のである。筆者は、この「アテンション」なしでは、働くことの意味はありえないと述べている。

2 1　記述対策
・**考え方**…サービス業は形のないサービスであるため、そのサービスがよいのか悪いのかの判定がしにくい。筆者はこれを「『評価』の問題」と述べている。
・**書き方**…よいのか悪いのかの判定がしにくく、評価が難しい、という内容を書く。

2　筆者は、人とのコミュニケーションが中心となるサービス業においては、さまざまな「**偶発性**」があり、**自分がそこから何かをもらえる可能性も無限にある**と述べている。同じ内容を述べているのは、後の「人間としての何かに目覚め、大きなものを得るチャンスも増える」という部分である。

3　重要　筆者は、「なぜ働いているのか」という問いに対して、「他者からのアテンションを求めているから」という答えを示している。「**他者からのアテンション**」によって**人は、社会の中での自分を再確認し、自分を認めて生きていける**のである。「お金」や「地位や名誉」を得るのが目的ではないので、ア・イは不適切。「何か大きなもの」を得るのは、サービス業における可能性であり、働くことの理由ではないので、エも不適切である。

いつものように新聞が届いた――メディアと東日本大震災

94～95ページ ステージ1

漢字と言葉

1 ❶あや ❷ぶんせき ❸かんき

2 ❶喚起 ❷分析

3 ❶イ ❷ウ ❸エ ❹ア

教科書の要点

1 新聞社・東日本大震災

2 ①危ぶまれた ②諦めなかった ③使命感

3 ウ

4 ①東日本大震災 ②いつも ③伝えなくてはいけない ④ライフライン ⑤再生へ 心ひとつに ⑥災害の大きさ ⑦復興へと歩む ⑧つなぐ ⑨継続 ⑩死者 ⑪防災 ⑫使命 ⑬未来の社会

おさえよう 〔順に〕イ・イ

96～97ページ ステージ2

1 (1) ウ
(2) （大切な）ライフライン（の一つ）・支援物資（の一つ）〔順不同〕

2 (1) 例新聞を配りに行くため。
(2) イ

3 災害の大き

4 ①例同じ被災者の立場から、主観的な報道も必要だと感じたから。
②例名前が紙面に載ることで、その人の安否が分かるから。
③例被災者は、日々の生活に密接に関わる情報が欲しいから。

5 人と人とをつなぐメディア

解説

1 重要 「パソコンもない」「停電が続いてテレビは見られない。」「携帯電話は電池切れで充電もできない。」という状況が説明されている。そんな中で、「**新聞は大切なライフラインの一つ**」であり、「**何が起きたかを知ることができる新聞は支援物資の一つ**」だったのである。

2 (1) 直後に「新聞を配りに行かなくては。」という言葉がある。
(2) 「配達員の女性」が「家族や知り合いは……と止めた。」にもかかわらず、「『**私だって報道機関の一員。読者が待っているから。**』と販売店に向かった」ことに着目する。

3 直後に「災害の大きさを……記録し続ける。」という一文があり、その後に「それが何より大切だと思った。」とある。

4 ①新聞は客観的な報道が原則であるが、筆者の勤める新聞社の社員は**被災者でもあるので**、**同じ被災者という立場から**「**主観的な報道も必要だ**」と感じ、署名記事を増やしたと述べている。②「できるだけ個人名や地名を盛り込もうとした」のは、「**名前が紙面に載ることで、その人の安否が分かるからだ。**」とある。③「生活情報」のページにも力を割いたことについては、「東北の被災者にとって、**日々の生活に密接に関わる情報こそが欲しい。**」と述べている。

5 4で見たような取り組みを述べた後で、「新聞は**人と人とをつなぐメディア**でありたい。」ということが述べられている。

98～99ページ ステージ3

1 Ⅰ例日本中を発行エリアとする新聞。
Ⅱ例県単位や東北などのブロック単位で発行する新聞。

2 エ

3 (1)・例1冷めた印象の「死者」という言葉を使いたくなかったから。
例2「死者」という言葉には冷たい印象があるから。
・例1被災地で苦しむ人々に「死者」という言葉を目にしてほしくなかったから。
例2被災者が「死者」という言葉を目にすることを避けたかったから。〔順不同〕
(2) 例「死者」という言葉を使った。
(3) 地方紙の記
4 イ
5 エ

解説

2 **重要** ――線②を含む段落の最後の二文で、被災した人々が「そのときに必要としている情報を継続して発信し続ける」ことが地元紙の役割だと述べている。

3 (1) 記述対策
・**考え方**…記者の考えについて、「死者」という言葉には冷めた印象があり、被災者のことを考えると使いたくなかったと述べている。
・**書き方**…「死者」という言葉は冷めた印象を持つので被災者を思うと使いたくない、苦しむ被災者の目にこの言葉が触れてほしくないという二つの理由を書く。

(3) 整理記者の体験ではなく、地方紙全体の作り方を述べている部分に着目する。

4 直後の記事の内容に着目すると、「福島産の米を買った人」の「被災地を応援したいと思っている人はその何十倍もいる」というコメントが掲載されていたことが分かる。

5 「人々がそのときに必要としている情報を継続して発信し続ける」という「地元紙の役割」や、「地方紙の記者は、……地域の変化をニュースにしていく。」などの記述から、「地域の情報」に特化するという内容が述べられている**エ**が正しいと分かる。

話し合いで意見をまとめよう／今の思いをまとめよう

100～101ページ　ステージ1

1 **基本問題** 話し合いで意見をまとめよう

1 卒業制作・絵・劇か合唱
2 山田さん…感謝・励まし　佐藤さん…あかし
3 ア
4 イ

2 ウ
3 ウ

基本問題 今の思いをまとめよう

1 イ
2 ①オ　②イ　③エ　④ア　⑤カ

解説

1 **基本問題** 話し合いで意見をまとめよう

2 山田さんは、佐藤さんの、絵を描いて飾ってもらうのがいいという意見に対して、「自分たちの記念にしかならない気がする」ことから、「学校への感謝の気持ちと、在校生への励ましの気持ちを込めて、劇か合唱をしたい」と述べている。これに対して、佐藤さんは、「私たちがここに通っていたというあかしが、この学校のどこかにあるって、すてきなことだと思うんだよね。卒業生たちの心のよりどころにもなるし。」と述べている。

4 山田さんも佐藤さんも、卒業制作は、自分たちらしさがあって、記念になるものがよいと考えている。そこに二人の相違点を盛り込み、**自分たちが学校に通っていたあかしとして後に残り、在校生のためにもなる案を選ぶ**。

2 **基本問題** 今の思いをまとめよう

③「拝啓」で書き出したときは「敬具」、「前略」で書き出したときは「草々」で結ぶ。

文法の窓2 文法のまとめ

102～103ページ ステージ1

漢字

1 ❶るりいろ ❷しょうぞうが ❸にしきえ

教科書の要点

1 ①一文節 ②打ち消し ③形容詞 ④推定 ⑤様態 ⑥伝聞 ⑦断定 ⑧過去 ⑨副詞

基本問題

1 ①イ ②ア ③イ ④ウ

2 ①エ ②ウ ③イ ④ア ⑤イ ⑥ウ

解説

1 ①は、上に「は・も」などを入れることができるので、補助形容詞。②は、「いかにも若者らしい」と言えるので、形容詞の一部。③は、直前に動詞の連用形の音便があるので、完了の助動詞「た」が濁ったもの。④は、上と切り離せないので、「たまに」という副詞の一部。

2 ①は、「分からない」を「分からぬ」としても意味が通じるので、打ち消しの助動詞で、エが正解。アは補助形容詞、イは形容詞、ウは形容詞の一部。②は、「どうやらプロ野球の選手だったらしい」という意味になるので、推定の助動詞で、ウが正解。他は形容詞の一部。③は、「そうだ」の上に「降る」という動詞（用言）の終止形があるので、伝聞の助動詞で、イが正解。他は様態の助動詞。④は、「穏やかだ」という形容動詞の終止形の活用語尾で、アが正解。形容動詞は、「穏やかだ」→「穏やかなこと」のように、「～なこと」という形になれるかで見分ける。イは過去・完了・存続の助動詞。ウ・エは断定の助動詞。⑤は、「に」の上に名詞があるので、格助詞で、イが正解。ア・エは形容動詞の連用形の活用語尾。ウは副詞の一部。⑥は、上に動詞の連用形の音便があるので、接続助詞で、ウが正解。ア・イは副助詞。エは格助詞「で」＋副助詞「も」。格助詞＋副助詞は「も」を取っても意味が通じるが、副助詞の場合は「も」を取れないと覚える。

漢字道場7 間違えやすい言葉

104～105ページ ステージ1

漢字

1 ❶げし ❷ごくさいしき ❸ふほう ❹けびょう ❺じゅみょう ❻けいだい ❼べんぎ ❽もみじ ❾だみん ❿はんぷ ⓫きゅうち ⓬ひゃくせんれんま

2 ❶表彰 ❷汎用 ❸佳境 ❹銘記 ❺果敢 ❻括弧

基本問題

1 ①イ ②ア ③イ ④ア ⑤ア ⑥イ ⑦イ ⑧ア ⑨ア ⑩イ ⑪イ

2 ①きじ ②いっこう ③ふんべつ ④くふう

3 ①責 ②堕 ③韻 ④憾 ⑤飽 ⑥架 ⑦穫 ⑧憶 ⑨琴線 ⑩過分

4 ①一喜一憂 ②自画自賛 ③以心伝心 ④無我夢中 ⑤意味深長 ⑥心機一転 ⑦七転八倒 ⑧言語道断

5 ①支 ②心 ③深

解説

2 それぞれ、もう一つの読みは、次のとおり。①せいち、②いちぎょう、③ぶんべつ、④こうふ。

3 ④「遺憾」は、残念に思うこと。⑤「飽食」は、腹いっぱいに食べること。⑩「過分」は、自分の身にふさわしい程度を超えること。「寡聞」は、見聞が狭く、知識が少ないこと。謙遜して言うときに使う。

4 ③「以心伝心」は、心が通じ合っていること。⑤「意味深長」は、言葉などに含みがある様子。⑥「心機一転」は、何かをきっかけとして、気持ちが望ましい方向に変わること。⑦「七転八倒」は、苦しんで転げ回ること、または、転んでは起き、起きては転ぶこと。

レモン哀歌

106〜107ページ　ステージ1

教科書の要点

❶ 智恵子・死の床・レモン
❷ 白く・トパァズ・青く
❸ ①イ　②ウ　③ア
❹ ①（二つの）レモン　②愛　③すずしく光る

おさえよう　〔順に〕ア・イ

基本問題

1 智恵子
2 イ
3 あなたの青〜の健康さよ
4 ウ
5 写真の前に

解説

2 智恵子がレモンを噛んだことで、意識が正常になったことに注目する。意識が正常になったことで、二人は心を通わすことができた。そのような力を貸してくれたレモンを、単なる食べ物ではなく、「天のもの」と神聖なものとして捉えている。

3 「もとの智恵子となり」とは、心身を病んでいた智恵子が、健康だった頃の智恵子に戻ったかのように見えた、ということを表している。

4 重要 レモンは死の間ぎわに二人の心を通わせてくれたものである。そして、「すずしく光る」からは爽やかさや清らかさが感じられ、作者にとっての智恵子を象徴した表現だといえる。遺影の前にレモンを供える様子は、智恵子の死を悲しみ嘆くのではなく、智恵子をしのんで愛を再確認していることを表している。

5 前半は、智恵子が死の床にあった過去のことを振り返っている。後半は、智恵子の死後、現在の作者が智恵子への思いを表している。

生ましめんかな

108〜109ページ　ステージ1

教科書の要点

❶ 原子爆弾・生命
❷ かくてあかつきを待たず産婆は／血まみれのまま死んだ。
❸ イ・エ
❹ ①原子爆弾　②赤ん坊　③（自分の）痛み　④生命　⑤産婆

おさえよう　〔順に〕ア・イ

基本問題

1 ウ
2 生命・（血まみれのまま）死んだ
3 例 生ませよう（という意味。）
4 ウ

解説

1 原子爆弾の負傷者たちが集まる地下室は「地獄の底のような」状態であり、命を落とした人も中にはいた。新しい生命が生まれてくることを知らせる声は、その状況とはあまりにそぐわない声であったため、「不思議な声」と表したのである。

2 この後、「新しい生命」が生まれたことと「産婆は／血まみれのまま死んだ」ことが表されている。

3 重要 「生ましめんかな」は、なんとかして生ませよう、という強い意志を感じさせる表現である。文語が用いられ、荘厳さも感じられる。また、「生ましめんかな」の繰り返しから、新しい生命が生まれてくることが、その場にいた多くの人の願いであったことや、その気持ちが強いことなども読み取ることができる。

4 自分の命を懸けて生命の誕生を助けた産婆や、痛みを忘れて生命の誕生を願った人々からは、人間の心の優しさや美しさが感じられる。また、原子爆弾の犠牲になって多くの人々が命を落としていった中で人々が新しい一つの生命を守ったことからは、生命が新しい世代へと受け継がれていくという希望や、生命がかけがえのない尊いものだということが伝わってくる。

最後の一句

110〜111ページ ステージ1

漢字と言葉

1 ❶しらが ❷ゆうふく ❸お・た ❹りょうわき ❺かいちゅう ❻ごうもん ❼きょうさ ❽しゃめん

2 ❶陳述 ❷和睦 ❸赦免 ❹懐中 ❺両脇 ❻伺

3 ❶オ ❷エ ❸ア ❹ウ ❺イ

教科書の要点

1 ①太郎兵衛 ②いち ③長太郎 ④初五郎

2 〔右から順に〕4・5・2・1・3

3 ①桂屋太郎兵衛 ②いち ③願(い)書 ④(西)奉行所 ⑤平気 ⑥情の剛い ⑦間違いはございますまい ⑧憎悪 ⑨驚異 ⑩生い先の恐ろしい ⑪小娘 ⑫貫徹

おさえよう 〔順に〕ア・ア・イ

112〜113ページ ステージ2

1 イ

2 (1) 例1父親が罪人ならば、子供も無礼なことをするものだという考え。

例2罪を犯すような者の子供だから、大胆なことをするのだという考え。

(2) エ

3 ウ

4 親の命乞い

解説

1 いちは、「お奉行様にお願いがあって参りました。」と言っている。後で同じことを言ったいちに、男が「お奉行様には子供がものを申しあげることはできない」と言っているので、いちの言葉が男にとって意外で大胆なものだったと分かる。

2 (1) 記述対策

・**考え方**…男の態度は初めから丁寧さに欠けるが、いちの父親がお仕置きを受ける罪人だと分かってから、よけい態度が大きくなり、「子供までが」という言い方をしていることから考える。

・**書き方**…「父親が罪人だから子供も同じようなことをする」ということが書けていれば可。

3 重要 普通なら子供にとっては怖い所であるはずの奉行所に来て、大人を相手にしていても、いちの言葉や行動は冷静で迷いのないものであることから読み取る。

114〜115ページ ステージ3

1 女房…かつがつ返事をしたばかり

いち…ちとの臆する気色もなしに

2 祖母の話を 〜 帰ったこと（別解ったこと、）

3 ③例私ども四人の命をさしあげるので、父をお助けください。

④例自分も姉や姉弟といっしょに、父の身代わりになって死にたい。

4 まつ…ウ 長太郎…オ とく…ア

5 例1初五郎が率直に死にたくないという子供らしい態度を示したから。

例2初五郎の意思表示の仕方が、子供らしいものだったから。

解説

1 いちについては、いちが一部始終を陳述する場面から捉える。

3 いちの願書の内容は、いちが年寄衆に言った言葉から捉える。

4 重要 取調役はいちの陳述を聞いた後で、妹のまつから順に「姉といっしょに死にたいのだな」と質問している。まつはうなだれており、恐怖心を感じているが、迷いはなく「はい。」と答えている。長太郎は「私が一人生きていたくはありません」とはっきり答えている。とくは返事をすることもできずにいる。この三人の様子から考える。

5 記述対策
・**考え方**…初五郎はまだ六歳なので、取り調べを理解できていないだろうが、「死ぬるのか」と問われたので、「活発にかぶりを振っ」て正直に「死にたくない」ことを表現している。その子供らしい態度が大人の心を和ませたと読み取れる。
・**書き方**…初五郎の反応が正直で子供らしいものであったということをまとめる。

風の唄

116〜117ページ ステージ1

教科書の要点
1 ①（渡部）東真 ②（瑞樹）映子 ③曽祖母
2 ［右から順に］4・3・5・1・2
3 ①柿（の絵） ②凡庸 ③誰か（別解 他人） ④葬送

おさえよう ［順に］ア・ア

☆基本問題
1 生きるのが下手・天才
2 例 二年生の秋、映子の部屋で油絵のカンバスを見つけたとき。
3 エ

☆解説
1 最初に出会った頃、東真は映子のことを「守ってやりたい」「放っておけない」存在だと思っていたが、実は映子は絵の天才だった。東真は、映子が自分の思っていたような存在ではなかったことに気づいたのである。

3 **重要** 映子の描いたほかのカンバスを荒々しくつかんでいる様子や、「自分がどのくらい見当外れの愚か者だったか思い知ったのは、……」とあることから考える。最初に「映子は天才なのだ。」と書いてあることも大きな手がかりである。

118〜119ページ ステージ2

☆
1 ウ
2 例1 映子は、自分の描きたいものしか描けず、他人のために描くことはできないから。
例2 自分が描きたいものしか描けない映子は、誰かのためには描けないから。
3 (1) 曽祖母
(2) 例1 他人のために絵を描ける
例2 誰かのために、絵を描くことができる
4 自分の内から突き上げて、自分の意思も感情も支配してしまう激しい力
5 イ

☆解説
1 ——線①の直後に、「東真、あの柿を描いて。」「大ばあちゃんは、そう言ったんだ。」とある。
2 記述対策
・**考え方**…映子の「柿でも花でも人でも、他人のためには描けないよ。……」という言葉に着目する。
・**書き方**…「無理やわ。」と言ったことの理由に当たる「自分が描きたいものしか描けない。」という部分を明確に書く。
3 (2)「私のために描いてくれるやろ」「あんたなら描けるやろ。他人のために描けるやろ。」という、ささやきの内容に着目する。映子ができないと言ったことを、東真ならできると伝えているのである。
4 東真の絵に対する思いが書かれた「そうだ、俺なら描ける。」で始まる段落に着目する。ここで示されている、東真にはない激

しい力が、映子の持っている力である。

5 **重要** 東真は、曽祖母の声を聞いて、「俺なら描ける」「誰かのために、描くことはできる。それは……できる。」と気がつく。他人のためには描けないと言った映子とは違う、自分なりの絵を描く意味を見いだした東真は、映子に対するわだかまりが消え、急いで映子を追いかけたのだ。

自然との共存──小笠原諸島

120～121ページ ステージ1

基本問題

1 (1) 目的は、世界自然遺産に登録された小笠原の生態系を探ることだ。
(2) 固有種・世界自然遺産
(3) ①プラナリア ②カタツムリ ③排除（別解 駆除）

2 (1) 人の手による保全活動
(2) 先進的なエコツーリズム

3 (1) アクセス手段（別解 交通アクセス・移動）・精神的・経済的（別解 身体的・精神的）
(2) 例 本土との間に航空路を開設すること。

4 ア・エ

5 ア

6 二十三（別解 23）

7 例1 海で遊ぶ観光客が多いから。 例2 交通の便がいいから。

8 イ

9 Ⅰ 例 豊かな自然に対する理解を促し、村民の暮らしを支える観光資源となること。
Ⅱ 例 外部との往来が増え、外来種が持ち込まれて、貴重な自然がおびやかされること。

解説

1 (3) 資料アでは、「外来種対策などが不十分」であることで、「世界自然遺産から抹消される可能性がある」ことにも言及されている。

2 資料イ-(1)では、二つ目と三つ目の段落で自然環境の現状と保全について、四つ目の段落で村で行われているエコツーリズムについて述べられている。

3 (1) 「このこと」は、直前の段落で述べられている「小笠原村と本土とのアクセス手段」が「制限されている状態」であることを指している。また、直後に「例えば」とあり、「このこと」が村民の日常生活に与える影響について具体的に述べられている。

4 **重要** 資料アも資料イ-(1)も、小笠原の生態系について触れており、外来種対策が必要だとしている点は共通している。

5 資料ウは、「内地の医療機関」へ移送するため、「海上自衛隊の飛行艇」などを要請する件数を表しており、平成十八年度から二十九年度までの数値を見ると、毎年二十件から三十件はあるということが分かる。

8 資料カは、「小笠原の自然環境や歴史・文化を楽しみながら学べるさまざまなエコツアー」を紹介したものである。下の部分に、「小笠原諸島の生態系や……ご協力をお願いします。」とあり、小笠原の自然を守るための配慮が促されている。

9 記述対策
- **考え方**…メリットとしては、資料イ-(1)やカから読み取れるように、「宝」である豊かな自然に人々が触れる機会が増えていることや、村民が暮らしていくための「観光資源」となっていることなどがある。デメリットとしては、資料アやイ-(1)から読み取れるように、「外来種」が持ち込まれて自然がおびやかされていることがある。
- **書き方**…**考え方**で述べた、メリットとデメリットの要素がそれぞれ盛り込まれていればよい。

恋歌をよむ

122〜123ページ　ステージ1

基本問題

1 序詞…イ　掛詞…ウ
2 好きな人と〜きの気持ち
3 尾羽が長い・夜の長さ
4 「おき」…「置き」と「起き」
「ひ」…「日」と「(思)ひ」
5 (1) 恋心
(2) イ
6 山鳥の尾・白露

解説

1 アは「枕詞」、エは「本歌取り」の説明。

3 **重要** 「山鳥はキジ科の鳥で、尾羽が長いのが特徴です。この歌の作者は、皆がイメージしやすいこの山鳥の尾を使って、自分が感じる夜の長さを具体的に伝えようとしています。」とある。

4 掛詞は、多くの場合、自然の情景と人間の心情が重ねられる。

5 (2) ――線④の直後に、「この歌では、夜に置いて昼になると日に当たって消えてしまう白露の姿に自分自身を重ねて、自分も夜は起きていて昼になるとあなたへの切ない思いのために消えてしまいそうだと表現している」とある。

6 「あしひきの……」の歌では、「山鳥の尾」を利用して作者が感じる「夜の長さ」を、「をとにのみ……」の歌では、「白露」を利用して「切ない思いのために消えてしまいそう」な「自分自身」を表現している。

「おくのほそ道」の旅

124〜125ページ　ステージ1

基本問題

1 エ
2 親密感・強調
3 例1 仲間との別れの悲しさが深まり、足取りが重くなったということを表したかったから。
例2 仲間との別れの悲しみを、足取りが重くなったように書くことで表したかったから。
4 純朴な土地の人々との交流・舟遊び・印象深い・旅の速度
5 舟・新たな旅をもたらす小道具

解説

1 **重要** 「宇宙規模」という言葉から、「実際の天体としての『月』と『日(太陽)』の意味も含んでいます」という表現に着目する。芭蕉は、単なる暦のうえでの意味だけでなく、天体という意味も含めて「月日」を旅人にたとえているというのである。

2 「舟」という、ほかから隔離された狭い空間を仲間と共有する様子を描くことで、親密感がより伝わるのである。

3 **記述対策**
・**考え方**…――線③の後の一文に着目する。仲間との親密感を味わった分、別れはつらくなる。芭蕉は仲間との別れの悲しみを、歩みを遅く描くことで表したのである。
・**書き方**…「仲間との別れの悲しみ」を、「足取り」や「歩み」の遅さで表現したという内容をまとめる。文末は理由を表す言い方で結ぶ。

4 「那須野」では馬のエピソードが、「最上川」「象潟」では舟のエピソードが描かれている。「徒歩の旅にときおり舟や馬が加わることで、場面が印象深いものになったり、旅の速度に効果的な変化が生じたり」することを、筆者は、芭蕉が「舟と馬を小道具として上手に使っている」と述べている。

プラスワーク 聞き取り問題① 話し合い

126ページ 〔解答の漢字や片仮名の部分は、平仮名で書いてもかまわない。〕

(1) 例新しくできる公園の名前
(2) 例公園を利用するのは主に子供たちだから。
(3) 例地元で親しまれている場所
(4) 例少し堅い印象。
(5) イ

解説

(3) 全員の提案が出された後で、司会が内容を整理している言葉に注意する。

(4) 丸山さんは、「花山神社公園」という名前について、「少し堅い印象の名前だと思いました」と、自分が感じたことを述べている。

(5) 丸山さんは「**田中さんの案にある、『ふれあい』という言葉はとてもよい**」と述べているので、**イ**が正解。**ア**は「別の案を出している」が、**ウ**は「事実と異なると反論している」が、**エ**は「自分も案を挙げている」がそれぞれ誤り。

放送文

それでは、聞き取り問題を始めます。

これから、グループでの話し合いの内容と、それについての問題を五問、放送します。放送は一回だけ行います。聞きながら、メモを取ってもかまいません。それでは、始めます。

司会　これから、「新しくできる公園の名前」について話し合います。私たちの住む花村市では、今年新しくできる公園の名前を募集しています。校長先生の呼びかけで、各クラス、一つずつ案を出すことになりました。皆さん、順番に発表してください。まずは田中さんからどうぞ。

田中さん　田中です。私は、「ふれあいわんぱく公園」という名前を提案します。公園を利用するのは主に子供たちなので、子供たちに分かりやすい名前がよいと思ったからです。

司会　では次に、林さんお願いします。

林さん　林です。私は「花山神社公園」という名前を提案します。公園の隣の花山神社は、地元ではよく知られています。名前を聞いただけで公園の場所が分かるのがよいと思います。

司会　最後に、丸山さんどうぞ。

丸山さん　丸山です。私は「けやきの丘公園」という名前を提案します。公園ができる丘には、美しいけやき並木があり、市民に親しまれています。並木の風景は公園の特徴にもなると思います。

司会　それでは、出された提案を整理したいと思います。田中さんは「ふれあいわんぱく公園」という案でした。子供たちに分かりやすい名前がよいという理由です。林さんは「花山神社公園」、丸山さんは「けやきの丘公園」という案ですね。どちらも地元で親しまれている場所から名づけています。田中さんの提案は、子供たちに分かりやすい名前、という点でほかの二つと異なります。皆さん、何か意見はありますか。はい、林さん。お願いします。

林さん　田中さんの「ふれあいわんぱく公園」の案についてですが、公園を利用するのは主に子供たちだという点に疑問があります。私は毎朝家の近くの公園でジョギングをしていますが、大人の人をたくさん見かけます。公園は、幅広い世代が利用するのではないでしょうか。田中さん、どうですか。

田中さん　確かに林さんの言うとおりですね。いろいろな世代の人が親しみを感じる名前のほうがよいかもしれません。

司会　丸山さんは、何か意見がありますか。

丸山さん　林さんの「花山神社公園」は、少し堅い印象の名前だと思いました。中学生の私たちが考えるのだから、もう少し親しみやすい名前がよいのではないでしょうか。林さん、どう思いますか。

林さん　堅い印象、と言われると、確かにそうかもしれません。

司　会　丸山さん、もう少し親しみやすい名前がよいということですが、ほかに名前の案はありますか。

丸山さん　はい。田中さんの案にある、「ふれあい」という言葉はとてもよいと思います。私と田中さんの案を合わせて「けやきの丘ふれあい公園」はどうですか。

林さん　うん、よい響きだと思います。私は賛成です。

田中さん　田中です。私も賛成です。

問題文

以上で、話し合いは終わりです。それでは、問題です。

(1) 校長先生の呼びかけとは、どのような内容でしたか。解答欄に当てはまる言葉を書きなさい。

解答文 花村市に□は何がよいかを考えて、各クラスから一つずつ案を出すこと。

(2) 田中さんが「子供たちに分かりやすい名前」がよいと思ったのは、なぜですか。

(3) 司会が話していた、林さんと丸山さんの提案の共通点を、解答欄に当てはまるように書きなさい。

解答文 □から名づけた点。

(4) 丸山さんは、林さんの「花山神社公園」という名前の案に対して、どのような印象だと述べていましたか。

(5) この話し合いの内容として当てはまるものを、次の**ア・イ・ウ・エ**から一つ選び、記号で答えなさい。

ア 田中さんは林さんの意見を受けて、別の案を出している。
イ 丸山さんは、田中さんの案のよいところを指摘している。
ウ 丸山さんは林さんの意見に対して、事実と異なると反論している。
エ 司会は全員の提案がそろった後に、自分も案を挙げている。

これで、聞き取り問題を終わります。

プラスワーク　聞き取り問題②　グループ・ディスカッション

127ページ

〔解答の漢字や片仮名の部分は、平仮名で書いてもかまわない。〕

☆

(1) 立場……反対
理由……例プラスチックのごみによる環境破壊

(2) 例軽くて（お年寄りや子供でも）持ち運びしやすいこと。
例一度開けてもふたを閉めることができること。〔順不同〕

(3) 例落ちても割れにくい点。

(4) 例1 外国に頼っている
例2 国内で完全にリサイクルできていない

(5) ウ

解説

(4) 和田さんは、プラスチックごみの処理が国内では完全にできないため、外国にごみを輸出していると述べている。

(5) 和田さんは小川さんの意見に対して、「確かに……」と認めているので**ウ**が正解。**ア**は「議論に偏りが出ないよう呼びかけている」が、**イ**は「インターネットで調べて」が、**エ**は「あくまでも受け入れていない」がそれぞれ誤り。

放送文

それでは、聞き取り問題を始めます。

これから、グループ・ディスカッションの内容と、それについての問題を五問、放送します。放送は一回だけ行います。聞きながら、メモを取ってもかまいません。それでは、始めます。

司　会　これから「ペットボトルを使うことに賛成か反対か」について話し合いたいと思います。発言する人は、最初に自分の立場を明らかにしてから意見を述べてください。はい、和田さん。

和田さん　私は、ペットボトルの使用に反対です。なぜなら、今、世界的にプラスチックのごみによる環境破壊が問題になっているからです。みんながペットボトルを使うのをやめれば、プラスチックのごみが減らせると思います。

司　会　では次に、村上さん、お願いします。

村上さん　はい。私は、ペットボトルは使用してよいと思います。なぜなら、ペットボトルは軽くてお年寄りや子供でも持ち運びしやすいからです。また、一度開けてもふたを閉めることができるのも便利です。

司　会　ほかに意見のある人はいますか。はい、小川さん。

小川さん　私も、ペットボトルの使用に賛成です。理由は、ペットボトルは災害に備えての保管に向いていることです。例えば、地震が起こった場合、ガラス瓶だと割れる危険がありますが、ペットボトルなら落ちても割れにくいので安心です。一人一人がきちんとリサイクルごみに出せば、環境への負担も少ないのではないでしょうか。

司　会　なるほど。防災の観点でもペットボトルは活用しやすいということですね。その点について、和田さんはどう思いますか。

和田さん　はい。確かに小川さんの意見のとおり、災害に備えての保管にはペットボトルが適していると思いました。しかし、私は普段の生活ではペットボトルの使用をやめるべきだと思います。新聞で読んだのですが、現在国内ではプラスチックのリサイクルが完全にできておらず、処理できないプラスチックごみは外国に輸出しているそうです。自分たちが出したごみの処理を外国に頼るというのは、おかしいのではないでしょうか。

司　会　ペットボトルを使うことに賛成の人は、これについてどう思いますか。はい、村上さん。

村上さん　私は和田さんの話を聞くまで、国内で完全にリサイクルできているものだとばかり思っていました。確かに、これは問題ですね。

和田さん　はい。レジ袋も、今では多くのお店で有料となり、その結果マイバッグを持つ人が増えました。このように社会全体が取り組めば、人々の意識も変わっていくのではないでしょうか。

問題文

以上で、グループ・ディスカッションは終わりです。
それでは、問題です。

(1)　和田さんは、ペットボトルの使用について賛成、反対、どちらの立場でしたか。また、その理由としてどのようなことを挙げていましたか。解答欄に当てはまる言葉を書きなさい。

解答文 □が問題になっているから。

(2)　村上さんは、ペットボトルのよい点としてどのようなことを挙げていますか。二つ書きなさい。

(3)　小川さんは、ペットボトルのどのような点が防災に向いていると言っていましたか。

(4)　和田さんは、プラスチックのリサイクルについて、どのような問題点を挙げていますか。解答欄に当てはまる言葉を書きなさい。

解答文 プラスチックごみの処理を□という問題点。

(5)　このグループ・ディスカッションの内容として当てはまるものを、次の**ア**・**イ**・**ウ**・**エ**から一つ選び、記号で答えなさい。

ア　司会は、賛成の人が多いことで議論に偏りが出ないよう呼びかけている。

イ　和田さんは、リサイクルについてインターネットで調べて分かった事実を述べている。

ウ　小川さんの、災害に備えての保管にペットボトルが適しているという意見に和田さんは同意している。

エ　村上さんは、リサイクルについて自分の考えと異なる事実を知っても、あくまでも受け入れていない。

これで、聞き取り問題を終わります。

定期テスト対策 得点アップ！予想問題

1 生命は　130ページ

1 口語自由詩
2 不充分・欠如を抱き
3 虫や風
4 イ・オ
5 エ

解説

2 どれも生命が自分自身だけでは成り立たないことを表す表現である。

3 この詩では生命を花にたとえている。花の欠如を満たす「他者」は、めしべとおしべの仲立ちをする「虫や風」であり、第三連では「虻」である。

4 欠如を満たしてくれる他者のことを、「どこかの花のための／虻」「私という花のための／虻」とたとえている。

5 「私」は「どこかの花のための／虻」、「誰か」は「私という花のための／虻」とあることから捉える。

2 二つのアザミ　131ページ

1 (1) 裸足で薊を　(2) 明と暗を持
2 ウ
3 エ

解説

1 (1) 梶井基次郎の「闇の絵巻」の中にある、「裸足で薊を踏んづける！」という表現を指している。

(2) 梶井基次郎を含む「優れた二人の書き手の作品」によって、「野の花としてのアザミ」が「明と暗を持つ、言葉としての『薊』」になったと述べられている。

2 「色が深まる」という比喩的な表現に着目する。筆者は言葉としての「薊」を知り、明と暗のイメージを持ったのである。「色が深まる」とは、そのイメージが深まっていくことを意味している。

3 文章の最後の一文が、筆者自身の体験に基づいた「言葉」についての考えである。アは、文章中に書かれておらず、イは、「不可欠である」とまでは筆者は述べていない。ウは、「全て」「より美しく」が限定しすぎているため誤り。

3 俳句の読み方、味わい方／俳句五句　132ページ

1 ア
2 闘志
3 季語…万緑　季節…夏
4 例我が子　5 ア
6 イ・エ
7 ①F　②D　③E　④C

解説

1 「や」が切れ字で、「たんぽぽや」で切れる。

2 自分の信念を貫こうとする作者の強い気持ちを、「闘志」と表現している。

5 「分け入つても分け入つても」という反復は、どこまでも続いていくかのような山々を感じさせる。心の中に迷いを抱えながら深い山を歩き続ける作者の姿が想像できる。

6 体言止めとは、体言（名詞）で文を終える表現技法。「山」という体言で終えることによって、句末に余韻が感じられる。

7 ①は、五・七・五という俳句の定型によらない自由律の俳句であるFの句のこと。③は、「万緑」と「吾子の歯」にさまざまな対比がされているEの句のことである。

4 形　133ページ

1 ⓐ恨　ⓑとら
2 例（中村）新兵衛だとは思わなかった
3 （中村）新兵衛
4 Ⅰ造作　Ⅱ容易
5 例「形」が実力を支えている

解説

2 ――線①に含まれる「猩々緋の武者」は、新兵衛とは別人である。敵は、新兵衛かどうかを「猩々緋」で判断しているため、猩々緋を身に着けていない武者を新兵衛とは気づかず、びくともしなかったのである。

4 「勝手」とは、ここでは「様子」という意味。――線③の後を、「いつもは」「今日は」という言葉に着目して読む。敵の様子がいつもと違うため、新兵衛の戦いぶりもいつもとは大きく違い、突き伏せることさえ容易ではなかったのだ。

5 新兵衛は「形」そのものにはそれほど力はなく、重要なのは自分の実力であると考えていたが、敵兵は「形」を見て実力を判断しており、「猩々緋の武者」という「形」に脅威を感じていた。脾腹を貫かれる直前まで、新兵衛がそのような敵兵の認識に気づけなかったことが、悲劇の結末を招いたのである。

5 百科事典少女　134ページ

1 ⓐ釣　ⓑかいどう
2 多くの部分を背負って
3 エ　4 ウ

解説

2 ――線①の後のRちゃんの言葉に着目する。

3 「そこを見つめ続けていると、……とでもいうかのようだった。」の一文に着目すると、Rちゃんが「ん」の世界を夢想しながら言った言葉であることが分かる。Rちゃんは、「ん」がどうなっているかを、期待を持って想像している。

4 「ん」の世界を思い浮かべるRちゃんに対して、邪魔にならないようにしている。また、直前のRちゃんとの会話では、Rちゃんの発言に対して「私」はうなずいて同意している。

6 絶滅の意味　135ページ

1 生態系全体の仕組みが壊れてしまうこと
2 海からなくなる（別解激減してしまった）
3 一見関係な
4 例生態系の仕組みはたいへん複雑だから。

解説

1 ある生物の絶滅が他の生物の絶滅を引き起こすことがあり、そのことで生態系全体の仕組みが壊れてしまうかもしれないと述べている。

3 ラッコの例は、ラッコを捕りすぎた結果、人間は海藻という生態系の恵みが受け取れなくなったということを示している。

4 最初の段落の内容に着目する。一文目が――線③と同じ内容で、その理由を二文目で「生態系の仕組みはたいへん複雑で」と述べている。

7 恩返しの井戸を掘る　136ページ

1 (1) 例おかゆを鍋いっぱいに作ってきてくれたこと。
(2) イ
2 Ⅰ心配　Ⅱ安心

3 (1) 最後の薬 (2) 本当に申し

解説

1 (2) 直後の「ギニアでもおかゆを食べるのか。」「似たようなものはあるけど、……特別にこしらえた。」という会話文から読み取る。

2 二つ目の段落に、「うわさを聞いた村人たちもお見舞いに来てくれる。」とあり、彼らの様子について、「安心させるように」「心配そうに」などと述べられている。

3 (2) 自分に与えてくれたのが「最後の薬」だと知り、筆者は「村人がマラリアになったら」薬を与えることができないではないかと「一瞬訳が分からな」くなるが、その後、「本当に申し訳ないことをさせてしまった。」と思っている。

8 幸福について　137ページ

1 トッポ…例喜びを感じること。
カイ…例充実感を得ること。

2 Ⅰ気持ちの問題　Ⅱ前提

3 今まで考えていなかったことに気づかされるとき（だ。）

4 例ほかの人の発言から何かを学ぼうとする姿勢。

解説

1 トッポは、「喜びを感じることが幸福なんじゃないかな」、カイは、「スポーツの練習」を例に出して、「幸せな気持ちになることがある」のは、「充実感」を味わうときだと言っている。

2 三人の会話の後の文章に着目する。グーの発言を受けて、幸福は気持ちの問題だという前提を疑ってみるべきなのかもしれない、と述べている。

3 最後の段落に着目する。「議論していて楽しいのは」の後に、「今まで考えていなかったことに気づかされるとき」とある。

4 最後の文に「その姿勢があれば、議論することがもっと楽しくなるはずだ。」と筆者の考えが述べられている。「その姿勢」が指す内容を直前の文から読み取る。

9 初恋　138ページ

1 まだあげ初めし前髪

2 イ　3 ウ

4 例1「われ」と「君」が林檎畠で何度も会っていたから。
例2「われ」と「君」が会うために林檎畠に通っていたから。

5 林檎畠の ~ かたみぞ

解説

1 当時、前髪を結い、花櫛をさすのは、子供から大人になる頃（十六、七歳）の女性の風俗であった。「あげ初めし」で、前髪をあげ始めたばかりの年頃であることが分かる。

2 「薄紅の秋の実」は林檎のこと。林檎の持つ爽やかさや甘ずっぱさ、「薄紅」の淡い色合いから初恋の印象が伝わってくる。

3 「われ」の思いを「君」が受け止め、「われ」が恋が実った喜びに浸っている様子を、酒に酔いしれるイメージにたとえて表現している。

4 二人が林檎畠に通って会い続けたため、自然と地面が踏み固められて道ができたのである。

5 「君」は「林檎畠の木の下に自然と地面が踏み固められてできたこの道は、誰が踏み始めて作った記念の跡なのでしょうか」と「われ」に尋ねている。

10 万葉・古今・新古今　139ページ

1 ちはやぶる　2 ウ

3 例春の野に愛着を感じ、離れたくなかったから。

4 イ

5 Ⅰ雪　Ⅱ例めでたい

6 ウ

7 ①F ②E ③C ④A

解説

1 Eの「ちはやぶる」は、「神」を導き出す枕詞である。

2 「東の野にかぎろひの立つ見えて」とあることから、日の出の光が東に見えていると分かるので、作者の背後の月は西の方角にある。

3 Bは春の野へすみれを摘みに行ったときに詠んだ歌である。春の野に心をひかれて「一夜寝にける」と表現したところに、春の野に対する作者の愛着が表れている。

4 「刈りばね」は「切り株」のこと。切り株を踏んでしまうでしょうから、けがをしないように、「背」（夫）に「沓はけ」と呼びかけているのである。

5 「吉事」は「めでたいこと」。「新しき年の初め」とあるように、新年にめでたいことが雪のように重なればよいという思いを詠んでいる。

6 句切れは意味や内容、リズムの切れ目で見分ける。Fの和歌は「なかりけり」でいったん意味が切れる。

7 ①は、秋の寂しさを夕暮れの緑の木々が立つ山の風景全体から感じている、Fの和歌のことである。②は、川に紅葉が落ちて流れる様子を「たつた河から紅に水くくる」と表現した、Eの和歌のことである。③は、旅に出る夫に向かって、切り株を踏んでしまうから履き物を履くように言っている、Cの和歌のことである。④は、「東の野」に「かぎろひ」（＝日の出の空を赤々と染める光）が見え、振り返ると（西の空に）「月かたぶきぬ」とある、Aの和歌のことである。

11 おくのほそ道 140ページ

1 ⓐとらえて ⓑくるわせ

2 旅人 3 エ

4 松尾芭蕉

5 漂泊の思ひ

6 例1 旅の途中で死ぬことも覚悟していたから。
例2 旅に生きるということを覚悟したから。

7 江上の破屋

解説

3 「古人」は、芭蕉が尊敬していた詩歌の道の先人のことを指している。

4 「予」は「私」という意味であるから、「おくのほそ道」の作者である、松尾芭蕉のことを表す。

5 ――線④は、旅をしたくてたまらない気持ちを表している。

6 帰る場所である家を人に譲ったのは、旅から帰ってこられないかもしれないと覚悟していたからである。

7 「草の戸」も「江上の破屋」も、芭蕉の住んでいた家を表した言葉。「草の戸」は、草ぶき屋根の小さな家のことである。

12 論語 141ページ

1 ウ 2 君子

3 ア

4 例独断に陥ってしまうから。

5 (1) イ
(2) 例自分がしてほしくないことは、他人に対してもしないという思いやりの気持ち。

6 一言にして以つて終身之を行ふべき者有りや（。）

解説

1 「是を過ちと謂ふ」の「是」は、直前の「過ちて改めざる」という内容を指している。

3 Bでは、「君子」の態度と「小人」の態度を、「和」と「同」の点から述べている。「君子は人と調和するが何にでも同調はしない。小人は何にでも同調するが人と調和はしない。」という、君子と小人の態度の違いを述べている。

4 自分で考えるだけで、先人の考えや他人の意見を学ばなければ、独りよがりになってしまうからである。

5 (2)「恕」は、思いやりや慈しみのこと。直後の一文で、「自分がしてほしくないことは、他人にしてはならない」と説明している。

6 下点の付いた「有」は、上点の付いた「者」の後に読む。「行」には一レ点が付いているので、「之」→「行」の順に読み、二点の付いた「可」に返る。「而」は置き字なので読まない。

13 故郷 142ページ

1 隔絶

2 Ⅰ若い世代　Ⅱ新しい生活　3 ア

4 例同じ希望を目指して行動する人が多くなること。

解説

1 「隔絶」は、「隔たり、かけ離れること」という意味である。

2 前の段落に「希望を言えば、……新しい生活を。」とある。

3 「偶像」とは、信仰の対象となるような像のこと。「手製の偶像」とは、自分で作り出し自分で信じているもののことである。

4 最後の一文に着目する。「道」は、「希望」のたとえである。

14 いつものように新聞が届いた ――メディアと東日本大震災 143ページ

1 防災・減災〔順不同〕

2 (1) ウ　(2) 高さ五十七

3 あの震災で

4 例1震災を記憶にとどめて、災害に強い未来の社会を築くため。 例2震災の記憶の風化を防ぐことで、未来に起こりうる災害に備えるため。

解説

2 (1) 二つ目の段落の最初に「津波の威力を伝えることで、防災意識を喚起する」とあることに着目する。

(2) ――線②の直前の三つの文では、具体的な数値を挙げて、津波の脅威を伝えている。

3 ――線③の直前に「それは」とあり、その前の一文を指している。

4 記者たちが「今もなお」震災と向き合っているのは、犠牲者を出さない方法を発信し続けることで、震災の「記憶の風化」を防いで、これから起こりうる災害に備えることが大切だと考えているからである。

15 最後の一句 144ページ

1 少しもたゆたわず(に)

2 例願いが聞き届けられたらすぐに殺されて、父親には会えないが、それでもよいのかということ。

3 ウ

4 (「)お上のことには間違いはございますまいから。(」)

解説

1 「たゆたう」は、「ためらう。動揺する」という意味。「少しもたゆたわずに」は、いちの一切ためらいのない様子を表している。

2 佐佐は、願いが聞き届けられても父親には会えないと話し、「それでもいいか」と確認している。強い脅しの言葉である。

3 いちが最後に言い足した言葉は、佐佐を驚かせた。「お上のことには間違いはございますまいから。」は、「お上のおっしゃることには間違いはないでしょうから。」という意味。本当に「お上」のことを信じていたら、わざわざ言う必要のない言葉であり、いちは「間違いはないのですね」と念押しをしたのである。奉行という権力者と商人の娘という関係から考えれば、権力に対してくぎを刺すような発言はあってはならないものであり、佐佐はいちの言葉に、権力に対する反抗と皮肉を感じ取ったのである。

4 「最後の一句」とは、3にあるように佐佐を驚かせた、いちが最後に言い足した言葉のことを指している。いちの言ったこの「最後の一句」が、作品の題名になっている。

6 5 4 3 2 1
D C B

教科書ワーク
国語

特別ふろく②

定期テスト対策に!

聞き取り問題

こちらにアクセスして，ご利用ください。
https://www.kyokashowork.jp/ja11.html

★自宅学習でも取り組みやすいよう，放送文を簡単に聞くことができます。

★学年ごとに最適な学習内容を厳選しました。

（1年:スピーチ・会話／2年:プレゼンテーション・ディスカッション／3年:話し合い・ディスカッション）

★聞き取り問題を解くうえで気をつけたいポイント解説も充実。

放送文を聞きながら書き込めるメモ欄

▼本冊

放送文の内容もすべて掲載で確かめやすい！

▼解答解説

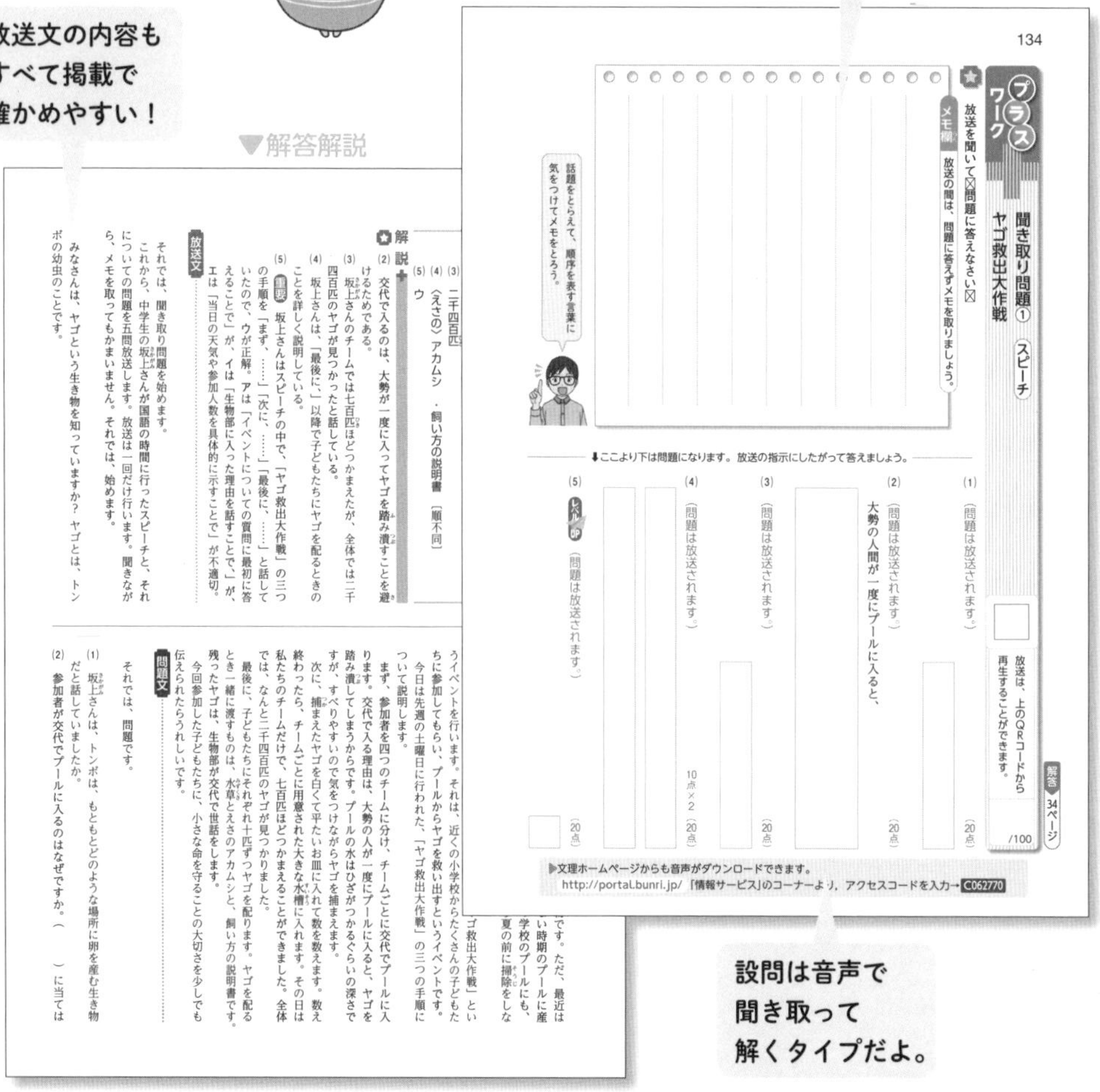

設問は音声で聞き取って解くタイプだよ。